河北省社会科学发展研究课题"金融科技赋能河北省制造业企业生产率的作用机制及空间效应研究"（202403053）

中央高校基本科研业务专项资金资助项目"法经济学视阈下企业数字化转型的驱动机制与治理策略研究"（N2423014）

中国制造业企业
数字化转型效率研究

Research on the Efficiency of Digital Transformation in Chinese Manufacturing Enterprises

王 迪/著

中国财经出版传媒集团

经济科学出版社
Economic Science Press

·北京·

图书在版编目（CIP）数据

中国制造业企业数字化转型效率研究／王迪著．
北京：经济科学出版社，2024.7. -- ISBN 978 - 7 - 5218 -
6159 - 4

Ⅰ. F426. 4 - 39

中国国家版本馆 CIP 数据核字第 2024R5T598 号

责任编辑：杜　鹏　常家凤
责任校对：徐　昕
责任印制：邱　天

中国制造业企业数字化转型效率研究
ZHONGGUO ZHIZAOYE QIYE SHUZIHUA ZHUANXING XIAOLÜ YANJIU
王　迪／著

经济科学出版社出版、发行　新华书店经销
社址：北京市海淀区阜成路甲 28 号　邮编：100142
编辑部电话：010 - 88191441　发行部电话：010 - 88191522
网址：www. esp. com. cn
电子邮箱：esp_bj@ 163. com
天猫网店：经济科学出版社旗舰店
网址：http：//jjkxcbs. tmall. com
固安华明印业有限公司印装
710 × 1000　16 开　12.5 印张　240000 字
2024 年 7 月第 1 版　2024 年 7 月第 1 次印刷
ISBN 978 - 7 - 5218 - 6159 - 4　定价：99.00 元
（图书出现印装问题，本社负责调换。电话：010 - 88191545）
（版权所有　侵权必究　打击盗版　举报热线：010 - 88191661
QQ：2242791300　营销中心电话：010 - 88191537
电子邮箱：dbts@ esp. com. cn）

序

　　数字化转型是数字经济时代的核心战略导向，正逐渐成为国家、产业与企业间的核心竞争力量。本书在理论上，从索洛模型到内生增长模型、制度内生性理论及数据要素赋能，强调了技术、制度、数据要素的存在及内生性问题，即制造业企业数字化转型效率研究的底层逻辑，并且制度理论也可以为企业数字化转型在制度层面的基础逻辑进行解释。基于此，本书围绕制造业企业数字化转型效率的制度内生性视角出发，侧重围绕产权制度、制度耦合、制度环境三个方面分别对数字赋能制造业企业生产效率、制度影响制造业企业生产效率、数字化转型空间溢出效应进行分析与研究。本书在研究基础与作用机制分析的基础上，聚焦中国 2011～2021 年 A 股上市制造业企业数据，对制造业企业数字化转型效率研究中相关变量进行测度与分析，并进行实证检验。首先，基于产权视角，研究了数字化转型对不同产权制造业企业生产效率的影响。其次，基于制度耦合视角（正式制度与非正式制度两个方面），研究了数字化转型的非线性影响。最后，基于地区制度环境的空间发展视角，考察了数字化转型对制造业生产效率的空间效应。基于理论与实证的阐述与检验，本书提出中国制造业企业数字化转型效率提升的有效对策。

　　本书的创新之处如下。(1) 理论创新。创新性地将制度内生性和数字赋能的动态影响机制对制造业企业生产效率加持作用进行系统性分析。该视角的研究有利于从微观层面分析企业生产效率提升的动力机制。本书创新地构建三维制度内生性的研究视角，即产权差异、制度耦合、制度环境，以此探讨制度创新、数字创新对制造业企业生产效率的直接和间接影响、非线性影响及空间异质性等。（2）研究方法的应用。一是采用具有截面相关性的面板数据模型、面板分位数回归方法，实证研究了数字化转型对生产效率的影响，有利于弥补该方法在研究企业数字化转型中的空白。二是在对生产效率影响的门槛效应研究中，把面板数据平滑转移模型（PSTR）作为 Hansen 静态面板门槛模型的延伸与拓展，利用连续型的平滑转移函数刻画门槛变量的影响，该方法更符合数字化转型的非线性影响的渐变过程而非突变过程，在现有研究中比较鲜见，所得到的研究结果也具有一定的创新性。三是采用 Python 技术，利用文本分析法，基于数字技术应用、数字化生产方式、业务模式转型三个层次构建了制造业企业数字化转型的评价体系，进一步丰富和完善了该领域的相关内容。（3）实证研究的发现。一是制造业企业数字化转型具有一个动态发展的过程，存在着路径依赖等问题。从企业层面建立一个有利于数字化转型的机制有利于效率驱动；同时由于企业的路径依赖，存在着"不愿转""不敢转"等问题，本书认为企业在长期发展中早已经形成一套惯用的制度安排，缺少去改变发展路径的意愿，即制造业企业呈现出转型意愿不强、动力不足的表现。二是本书从产权视角出发，对不同所有制结构的制造业企业数字化转型效率进行研究，发现国有企业中高技术行业的数字化转型效率高于非国有企业中的相关行业，其主要原因在于制度安排、规模优势及政府隐性担保等；同时也发现国有企业中非高技术行业的数字化转型效率低于非国有企业中的相关行业，其主要原因在于创新意识、组织柔性等。三是在正式制度与非正式制度水平从低到高的发展过程中，两者对数字化转型效率的影响存在着同向作用，且具有较强互补性，但作用强度不同，变迁速度有所差异。四是考虑到制度环境的差异，本书从空间地理的研究视角将地区按照制度环境高低进行划分，检验数字化转型对制造业生产效率影响的空间异质性。

　　本书提出对策建议如下。（1）在制造业企业数字化转型支持体系完善方面，进一步加快制造业企业数字化转型进程，遵循资源禀赋原则采取针对性的政策倾斜，加强对制造业企业管理组织结构的优化。（2）在数字化转型的制度环境优化方面，构建适宜的正式制度环境，加强非正式制度建设，基于对现有非正式制度的尊重，确保正式制度的有效提供。（3）在数字化转型发展空间格局强化方面，实施差异化数字化转型发展的空间战略，消除市场分割和区际制度壁垒。（4）在数字化转型与数字治理协调方面，加强基础设施建设支撑，深入推进数字化转型和制造业深度融合，强化政策驱动支持，优化数字化转型的发展环境。

王　迪

2024 年 6 月

目　录

第 1 章

绪 论

在快速更迭的数字经济时代，企业的传统生产运营模式已经无法满足数字变革时代发展的客观需求，数字化转型对于实体企业特别是制造业企业的未来发展显得格外关键。本章的结构安排如下：首先，对本书的研究背景与意义展开阐述。其次，对相关文献展开系统性梳理与述评。再次，阐释本书的技术路线，并对所运用的研究方法进行说明。最后，对本书的研究创新与不足进行归纳总结。从全书的行文逻辑看，本章对应"问题提出"部分。

1.1 研究背景与意义

1.1.1 研究背景

数字经济的发展方兴未艾，社会生产方式、生活方式和治理方式面临着深刻变革（戚聿东和肖旭，2020）。数字化转型是数字经济时代的核心战略导向，正逐渐成为国家、产业与企业间的核心竞争力量（陈东梅等，2020；郑帅和王海军，2022）。在数字化转型发展过程中，各个行业均呈现一定程度的数字化转型态势，数字化转型已不再是一道"选择题"，逐渐成为众多产业发展中的"必答题"（Loebbecke and Picot，2015；Richter et al.，2018；Butschan et al.，2018）。在数字经济时代，数字化转型成为一种潮流趋势，在地区层面、产业层面、组织层面的高质量发展中起到了关键性作用（Hess et al.，2020）。国际数据公司（Internet Data Center）公布的数据表明，在世界排名前1000名的企业名单当中，67%的企业将数字化转型作为其核心发展战略规划，同时投入大量的时间与资金开展数字化改造工程。埃森哲发布的《2022年中国企业数字化转型指数》显示，数字化转型成效显著的中国企业比例不断提高，由2018年的7%增长至2022年的17%并保持稳定上升趋势，企业的数字化转型指数由2018年的37分增加至2022年的52分，企业营业收入也持续增加，近六成以上的企业表示未来1~2年将加大数字化投资力度。然而，伴随着高度不确定的世界经济环境，面对源源不断的外部压力，企业进行数字化战略部署与数字化投资将更具有导向性也更精细化。

自改革开放以来，特别是党的十八大以来，我国在党的领导下全面深化改革，形成巨大的制度优势，取得历史性成就。党的二十大报告指出，要"坚持把发展经济着力点放在实体经济上""促进数字经济和实体经济深度融合"。其中，制造业是我国国民经济中的支柱产业和实体经济的核心基础。自2010年起，制造业产业增加值一直保持全球首位，但在其迅猛发展的同时也暴露出一系列的问题。其中，"大而不强"是我国制造业发展过程中一直被诟病的主要问题，包括生产效率低、创新能力差、产品附加值低等。伴随着数字经济时代的到来，数据成为一种独立的生产要素在制造业生存发展中扮演着更加重要的角色。数据要素实现了与传统要素跨时空融合，衍生出一系列新业态、新模式，有效地推动了制造业数字化转型步伐。在传统生产运营模式难以契合数字经济时代发展需要的现实背景下，数字化转型已然成为实体企业尤其是制造业企业未来发展的现实需求。

当今世界各国正面临着一场技术变革，数字化转型发展更为受到各国政府的高度关注（Zaki，2019）。其中，世界各主要经济体为支持制造业的数字化转型，出台了一系列的政策措施，用以提升制造业企业在国际市场上的竞争优势与市场份额，如美国的"先进制造业伙伴计划"、德国的"工业4.0计划"、日本的"社会5.0"等。中国政府高度重视制造业企业的数字化转型，出台了一系列政策助力信息化与工业化融合。"十四五"规划提出，推进数字技术与实体经济的深度融合；党的二十大报告中明确提出"以实体经济建设为关键点，实现现代化产业体系构建""制造业高端化、智能化发展"，为新时期推动制造业数字化转型的快速发展指明了方向。

不同于传统成本、收入的价值判定方式，在数字经济时代，效率成为主要的衡量方式，是数字化转型主效应之一。2015年《政府工作报告》中第一次明确提出要"加大研发生产投入，促进全要素生产率的进一步提升"，党的十九大报告以及党的二十大报告中也再度强调要提升全要素生产率。2023

年《政府工作报告》中提出要着力培育壮大战略新兴产业并突出企业科技创新主体地位。因此，优化传统要素资源配置，挖掘引领创新的新动力，着力提升全要素生产率尤为关键。一个国家整体生产效率的提升有赖于企业生产效率的提升，企业生产效率的提升在中国经济高质量发展的过程中扮演着重要角色（张莉等，2019）。经济增长理论认为，劳动力要素、资本要素和技术进步是经济增长的源泉。自改革开放以来，中国经济在"人口红利"、出口贸易和高投资等多重力量拉动下，取得了巨大的发展。但随着我国步入经济结构调整、新旧动能转换的新常态，增加传统要素投入难以满足经济的可持续发展。在此背景下，制造业企业数字化转型目前正在如火如荼地进行。但是，数字化转型能否带来制造业企业生产效率的提升却是一个引人深思的问题。

在数字经济快速发展的时代背景下，制造业企业面临着追加传统生产要素投入仍无法维持可持续发展的困境，迫切需要依靠数字技术手段来实现进一步发展的新动力。当新技术被应用和推广时，其潜在的社会和经济影响是不确定的（Fuchs，2017；Loonam et al.，2018；Kuester et al.，2018；Ferreira et al.，2019）。一方面，数字化转型可以提升企业的生产效率。另一方面，传统生产方式会制约企业的数字化转型发展，产生更高的转型成本，从而抵消数字化转型所带来的生产效率提高（Cowen，2011；Brynjolfssonand Mitchell，2017）。关于数字化转型对制造业企业生产效率的研究，无论是在理论上还是在实证研究上，尚无统一定论，即数字化转型可能会提高制造业企业的生产效率，但也可能陷入数字化悖论（Gebauer et al.，2020；余典范，2021），阻碍了制造业企业生产效率的提升。基于中国的制度背景，深入剖析制造业企业数字化转型的效率问题是本书阐释的核心主题。

1.1.2　研究意义

1.1.2.1　理论意义

第一，本书进一步丰富了索洛悖论的内涵。索洛悖论是索洛于1978年（Solow）提出的，他指出，技术变革无处不在，但是统计数据并不能清楚地表明技术如何对经济增长产生影响。对于制造业企业来说，数据要素的出现使得制造业企业可以克服人力资本等传统生产要素的限制。制造产品可以通过手工技术或工业技术两种方式生产，前者对劳动力投入需求更大，对资本投入需求较少，而后者恰恰相反。因此，研究数字化转型对于制造业企业生产效率的影响是否会陷入"数字化悖论"极具理论意义，它将赋予索洛悖论在数字经济时代的新内涵。

第二，本书拓展了制度理论的解释范围。首先，将数字化转型的过程看作是新制度建立替代旧制度建立的过程，从制度动态效率的角度来看，即高效率制度替代低效率制度的过程；其次，依据路径依赖理论对企业所谓的"不愿转""不敢转"等企业数字化转型的动机行为加以解释，认为企业在长期发展中，早已经形成一套惯用的制度逻辑，很难去改变发展路径，即制造业企业呈现出转型意愿不强的表现；最后，企业行为往往离不开环境的影响。在考察制造业企业数字化转型对生产效率的影响过程中，加入制度因素的考量将使得分析体系更加系统化。

第三，本书细化了技术溢出效应的应用。数字化转型发展过程中知识溢出效应明显，其中技术溢出是最主要的形式。就制造业企业而言，制造业企业层面的"数字鸿沟"是带动区域经济发展差距拉大的重要原因。本书在数字化转型的背景下，从区域制度环境层面考察数字化转型对制造业生产效率影响的空间溢出效应，揭示区域制造业空间发展的异质性以及"数字鸿沟"的产生，这将丰富技术溢出效应的逻辑内涵。

1.1.2.2 现实意义

第一，针对国家层面而言。目前，中国实体经济处于调整阵痛期，实体企业处于价值链的底层，面对经济下行的压力，数字化转型扮演着非常重要的角色。此外，作为产业数字化主要阵地的制造业无疑是数字经济的主体。伴随着第四次工业革命的到来，数字化转型赋能传统制造业向先进制造业转型升级无疑成为加快我国迈向制造强国的重要助推力。

第二，针对企业层面而言。企业管理者应对自身企业深入了解，以便其科学地进行战略决策。面对数字化转型这把"双刃剑"，如何科学合理地制定生产规划来规避风险是企业健康发展首先需要回答的问题。在企业数字化转型发展的过程中，企业管理者可以结合自身企业产权性质，采取方向性的要素投入措施，进而有效提升生产效率。同时，企业管理者可以依据企业数字化转型过程中受到内部与外部制度的激励与约束，采取有效的配合与协调措施，促进企业可持续发展。

第三，针对政府层面而言。政府在支持制造业企业数字化转型方面的干预程度与干预方向对企业生产效率产生重要影响。一方面，从异质性层面来看，政府对不同地区、不同行业、不同性质的制造业企业数字化转型的政策支持不能"一刀切"。另一方面，政府出于扶持企业的出发点，对制造业企业数字化转型进行干预，但政府涉入范围和深度对其生产经营至关重要，如果不能控制在合理范围，将会产生事与愿违的结果。

1.2　文献综述

1.2.1　数字经济及其结构性问题研究

1.2.1.1　数字经济的发展过程

20 世纪 90 年代，对数字经济的分析始于报端。在《美国的知识生产与分配》一书中，美国杰出经济学家弗里茨·马克卢普（Fritz Machlup）指出，"将信息产品或服务供给到市场当中的企业"被看作经济领域中的重要组成（弗里茨·马克卢普，2007）。他率先认识到了经济社会中信息商品和服务的特殊属性，并建立了一套信息经济测度新体系。马克·波拉特（1977）将信息相关产业划分为两部门。此时，信息经济的含义已超出技术范畴，特别是第二信息部门的提出为后来信息经济内涵的延伸提供了新视角，但这一分类仍以度量为目的，没有解释信息经济的实质。唐·塔斯考特（Tapscott，1996）首次提出数字经济这一专有名词。而后，伴随着数字经济的快速更迭及其在其他经济领域的渗透，其内涵也变得更为丰富。

美国商务部在 1998 年正式将数字经济列入官方统计数据，之后，世界各国对数字经济表现出浓厚兴趣并出台相应的发展战略。《G20 数字经济发展与合作倡议》将数字经济作为一种新兴经济行为，特别强调其在提高效率和优化经济体系方面所起的重要作用。2019 年 6 月，数字货币 Libra 白皮书的发布进一步提高了全世界对数字经济的重视程度。按照联合国安理会发布的《2021 年数字经济调查报告》，现阶段全世界所有国家都处在数字经济发展的不同阶段，表明各国的数字资源禀赋各异。近年来，数字经济的发展越来越受到各个国家的重视，在数字技术的助推下，经济社会发生了颠覆式变革（翟云等，2021），云办公、线上教育、远程医疗等方式正在加速社会生产和生活方式的革新，对企业的复产和实体经济的复苏提供了有力的支持，也在一定程度上倒逼各行业加快数字化转型升级的步伐（吴静，2020）。

1.2.1.2　数字经济的测度及维度

由于对数字经济的理解方式不同，对数字经济的范畴划定和统计口径也不一致，各个国际组织、政府统计部门及有关学者对数字经济采取的测算方法、选取的评价指标及最后的测度结果都不尽相同，但其中最常用的测度方法主要有增加值测算和综合指数编制。

美国、英国、加拿大等国家习惯从狭义层面理解数字经济，中国、俄罗斯和韩国等国家则从广义层面理解数字经济。然而，理解方式的不同带来的测算口径差异往往导致测算结果的显著不同。例如，美国经济分析局（BEA）测算的 2018 年美国数字经济占国内生产总值（GDP）的比重仅为 9%，① 而中国通信院对其测度的结果却高达 60.2%，正是由于美国采用的是窄口径，而中国采用的是宽口径。这种宽口径的统计形式不仅涵盖了数字产业化部分的数据，还包括产业数字化的内容。根据中国信息通信研究院发布的数据，中国的数字经济规模正快速扩张。截至 2021 年，中国数字经济的总体规模达到了 45.5 万亿元，而 2002~2021 年，数字经济占 GDP 的比重也从 10% 增长至 39.8%。具体到产业数字化方面，在 2021 年，产业数字化规模达到了 37.18 万亿元，占据了整个数字经济的比重达到 81.7%。② 这表明，产业数字化在中国的数字经济中扮演着重要的角色，并占据着主导地位。

综合指数编制的方法侧重于对数字经济发展水平的衡量和比较，众多国内外的机构和组织构建相应的数字经济指数。经济合作与发展组织（OECD）、联合国贸易与发展会议、阿里巴巴、毕马威及腾讯研究院等都曾发布各自编制的数字经济指数。在学术研究中，多数学者也选择了建立指标体系的方式，但学者们的研究视角却不相同。王军等（2021）提出的指标体系包括数字经济载体、数字产业化、产业数字化、数字经济发展环境。万晓榆和罗炎卿（2022）则设计了涵盖数字基础设施、数字产业、数字融合三个维度的指标体系。

BEA 从基础设施（以 ICT 产品和服务为主）、电子商务和收费的数字媒体三部分对数字经济进行分类（Barefoot and Curtis, 2018）。任保平（2019）

---

① https://www.bea.gov/system/files/2022-11/new-and-revised-statistics-of-the-us-digital-economy-2005-2021.pdf。

② 《中国数字经济发展报告（2022 年）》。

指出，数字经济从发展类型和测度标准上来看主要包括两个层面，即产业数字化与数字产业化。张蕴平等（2021）明晰数字产业化和产业数字化的不同，数字产业化强调数字化、网络化、信息化等有关数字技术在实体经济发展中的运用及对经济社会全产业链的改造和升级；产业数字化着重强调数字技术对传统意义上的产业转型升级所起到的作用。刘淑春（2019）提出数字经济发展对现代化经济整体架构和数字中国、网络大国的关键作用，从五大方向对世界主要大国的数字经济发展竞争力进行了测度，指出数字经济是我国经济可能实现跨越式发展的关键路径。中国通信研究院也做了许多开创性工作，其提出产业数字化和数字产业化的基本框架，而后在"两化"的基础上，陆续将数字化治理和数据价值化纳入其中，"四化"框架已经基本成型，涵盖了数字经济的不同方面和要素。2021 年 6 月，国家统计局正式公开明确了数字经济产业范围，将其分为五大类。

1.2.1.3 数字经济相关经济效应研究

在研究初始阶段，数字经济的界定标准非常困难，主要是因为数字技术的运用早已经渗透到每一个产业中，很难将其分门别类地作区分。从已有的研究来看，分析主要集中于较为单一的方向上来进行数字经济相关经济效应的研究，学者们从数字普惠金融、工业智能化、互联网发展等方向的数字经济的分支来研究其对经济、就业、创新等方向的影响。其中，张勋等（2019）对数字普惠金融在我国经济发展中的作用展开探讨。孙早和侯玉琳（2019）分析研究了工业智能化对劳动力资源结构的影响。

随着互联网、大数据、人工智能等数字技术的快速发展，数字经济对经济发展的影响越来越明显。从已有研究可以发现，许多学者均致力于探索数字经济的经济效应和对经济发展的推动作用。孙焱林等（2022）的研究集中于数字经济相关经济效应的研究，以更清晰的界定形态作为研究对象。他们认为，数字经济的发展可以开拓和重塑生产生活、社会治理等方面，具有创新性的生产方式和发展模式。荆文君和孙宝文（2019）提出了数字经济推动国家经济高质量发展的综合分析研究框架。他们指出，数字经济能够为经济发展带来创新的生产方式和发展模式，对提升经济质量具有积极作用。付晓东（2020）指出，数字经济的最大吸引力在于它突破了传统的生产方式。数字经济通过渗透、拆解和整合现有产业，加速了农业、工业和服务业的数字化和智能化转型，从而提高了生产力。根据张永恒和王家庭（2020）的研究，他们对生产要素错配程度与数字经济发展水平进行了测算，并发现数字经济在改善我国要素错配程度方面起到了显著作用。与此同时，受到数字产业化与产业数字化的双重影响，各地加快建设产业创新平台，将具有极强竞争力的产业集聚起来，重构现代制造业生态网络，促进全要素生产率的逐步提高（杨路明和施礼，2021）。

针对数字经济对微观经济主体影响的研究，现有文献主要集中在从"互联网＋"的视角探讨其对企业创新和绩效的影响（沈国兵和袁征宇，2020）。借助于"互联网＋"，知识以更低的成本实现实时的、动态的共享（杨德明和刘泳文，2018）。同时，通过对互联网商业模式创新的探索，挖掘隐性深层次的客户需求，最终实现互联网、云计算、AI和实体经济的融合发展，助推企业创新水平的提升（程力茹，2013）。

1.2.2 企业数字化转型及其相关效应研究

企业数字化转型的最初理解源于生产过程中传统信息技术的运用（Peppard，2007），而后随着适用范围的逐渐扩大，对信息技术的应用过渡到企业的其他环节（Venkatraman，2017；Iansiti and Lakhani，2020）。大数据、人工智能和生物计算等最新进展预示着信息技术时代的到来，使得数字化转型的技术手段更为丰富（Downes and Nunes，2013）。学者们逐渐展开了多角度的认知，研究发现企业数字化转型不单是数字技术的运用，更是促进企业的生产方式发生重组与变革的全过程（Zhu et al.，2021）。

随着企业数字化转型理解方式的加深，学者们开始将视角转移到企业数字化转型动机方面的讨论。有学者从企业管理者角度展开，认为管理人员意愿是推动企业数字化转型的关键（Horváth and Szabó，2019）。然而，也有一些学者站在客户的角度考虑，将数字化客户行为视为数字化转型的原因之一。除此之外，还有研究表明，经济动机更强烈（Björkdahl，2020）、行业竞争压力更大（Verhoef et al.，2021）、政府支持力度更大的企业更倾向于数字化转型（Nadkarni et al.，2019）。

1.2.2.1 企业数字化转型的内在逻辑演变

学者们在关于企业数字化转型的研究中提出了不同的观点。其中一些学者对数字化转型的逻辑内涵演变进行了梳理，探讨了其发展过程中的关键驱动因素。从技术视角来看，企业数字化转型是指各类先进的数字技术在企业生产经营过程中的广泛运用（Lee et al.，2015）。王华等（2018）也认为数字化转型不仅是技术应用，还需要与企业的业务转型和组织变革相协调。数字化转型需要与企业的战略目标和业务需求相契合，同时涉及组织结构、流程、文化和人才的变革。也有研究发现，数字化转型本质上是利用数字技术对企业的生产、销售等环节进行改造（Fizgerald et al.，2018）。胡青（2020）指出，数字技术可以全面渗透到企业内部，有效地缓解供需双方的信息不对称（肖旭和戚聿东，2019）。戚聿东等（2021）认为，企业数字化转型是一种"智能链接"，将导致企业的业务流程和生产模式发生变革。吕铁（2019）也认为，数字化转型不仅可以改变传统的商业模式，还可以对生产要素和组织结构进行创新变革。从这一特点可以看出，数据作为一种新型生产要素，蕴含着巨大的经济价值，而企业数字化转型也正在逐步成为企业增值的重要方式。

总体而言，学者们对企业数字化转型的研究，从"技术角度"过渡到"组织变革角度"。现阶段，关于数字化转型的逻辑和内涵，相关研究仍存有意见分歧，究竟是重点强调数字技术层面，还是重点强调转型后果层面。前者认为，数字化转型是数字技术的产物，而且是不同技术的组合（Bharadwaj et al.，2013）；后者则认为，数字化转型是由数字技术所引致的企业战略、商业模式、管理模式等方面的数字化变革（Nambisan，2017）。

另外，从逻辑阶段演变来看。数字化转型的演变可以划分为"信息化、数字化、数字化转型"等几个阶段。在中国背景下，信息化这个词更常用，一般是指信息技术的广泛使用造成运用主体或所属领域出现变化的过程（孙琳琳等，2012）。信息化的关键在于信息的产生与运用。国外文献中关于信息化的论述较少，而较早的文献主要集中在信息化的狭义理解方面（Brynjolfsson and Hitt，2000）。总的来说，信息化就是传统信息通信技术的运用，而数字化主要指近年来新兴的大数据、人工智能、物联网、云计算等新一代数字技术的应用（Li et al.，2017）。还有学者对数字化转型进行了三个阶段的划分，即数字信息化（digitization）、数字信息化（digitalization）、数字化转型。尽管前两个阶段都被翻译为数字信息化，但是意义却有所不同。数字信息化的第一阶段是把模拟信息转变为数字信息（Loebbecke and Picot，2015）。第二阶段是利用数字技术对已有业务流程进行改造（Schallmo et al.，2019）。数字信息化的第一阶段是第二阶段的基础（Michael et al.，2018）。第三阶段则涉猎数字化转型过程中企业经营模式发生的战略性变革（Sebastian et al.，2017）。

1.2.2.2 企业数字化转型的表现形式

首先，数字化转型的核心表现形式是数字技术的运用（Park et al.，2015）。对数字技术的内涵和表现形式的理解是研究数字化转型过程的关键。信息系统学者倾向于将数字技术看作是信息通信技术的最新延展（Sturgeon，2021）。学者们将数字技术分为四个层次（Yoo，2010）。其中，设备层包括物理层面，如计算机硬件、计算机控制和连接到其他层的逻辑设备（Bharadwaj et al.，2013）；网络层包括物理特性（如光纤电缆、无线电波）和逻辑特性（如媒体访问）；服务层提供应用程序功能，如访问、创建、储蓄和操作内容（Yossef et al.，2021）。内容层包括各种形式的数据，如文本和声音等（Seo，2017）。

学者们讨论了数字技术的特定表达方式，指出数字技术与现有的技术、产品和服务相结合，其表达方式由数字化组件、数字平台和数字基础设施三个要素所组成。数字化组件是嵌入在特定功能和价值的产品或服务中的应用程序（Lyytinen et al.，2016）；数字平台是通用的共享服务和架构（von Briel et al.，2018）；数字基础设施是指为通信、协作、计算提供能力并支持资源集合能力的数字技术工具或系统（Nambisan et al.，2017）。基于上述研究，我们将数字技术定位为信息通信技术的改进，包括物理方面，如数字硬件；逻辑方面，如间接网络接入和操作；结果方面，如数据、分析平台和基础设施。

其次，数字化转型的表现形式是数字化商业模式，即企业使用先进的数字技术（如大数据、人工智能、物联网）改造、升级制造和生产的过程。随着市场竞争的加剧，企业准备实施商业模式创新战略，以夺取更多的市场份额（Bertani et al.，2021）。商业模式创新是提高企业盈利能力的必要条件。一些研究发现，企业可以通过远优于同行的数字技术（如大数据分析）成功实现数字化商业模式创新，促进收入增长和运营效率的提高，增加市场机会（Westerman，2018）。根据现有研究，通过建立连接机制，如新平台、新网络和智能互联产品，数字化转型实现了企业与客户、合作伙伴以及相关政府部门的高度互联。

然而，传统的商业模式并没有被完全取代（Ciulli and Kolk，2019）。相反，数字化商业模式是基于传统商业模式发展而来的。

最后，数字化转型的表现形式是产业数字化。早期的研究是建立在产业关联理论基础上，有学者把信息技术看作是产业发展与转型升级的催化剂（Lee et al.，2009）。伴随着数字技术的出现，有研究学者认为，产业数字化是指数字技术的应用过程，如制造业中智能机器人的使用（Pedersen et al.，2016）。随着数字技术的逐渐渗透，技术及其在相关产业的应用形成了一个良性的交流互动格局。

一部分学者提出，产业数字化可以在某种程度上促进我国经济结构的转型升级（Güler and Büyüközkan，2019），也有另外一部分学者从产业结构发展角度出发，提出产业数字化转型可以促进产业间生产要素的合理化流动（Fossen and Sorgner，2019）。因此，产业数字化主要指的是数字技术在产业方向的应用，侧重将数字技术应用到产品和服务当中，用以提高企业生产和经营效益，其客体为数字技术，主体多为传统优势产业（Attaran，2021）。产业数字化本质上是以数字技术为支撑，以数据为关键要素，以价值释放为中心架构，对产业生态链上下游各环节进行数字化升级、转型和重塑的过程（Pisano et al.，2015）。

1.2.2.3　企业数字化转型的动因

从已有关于企业数字化转型动因相关研究可以发现，大多数国内外学者认同"融合发展观"。部分国外学者提出企业数字化转型的目的是提高组织效率、提升企业效能，而这正是"业绩融合"的目的（Bresnahan and Trajtenberg，1995；Tambe and Lorin，2012）。陈志详和迟家昱（2016）考察了在资源和环境的双重作用下，整合发展的竞争优势是企业数字化转型的重要动力。王节祥等（2018）在对"互联网＋"作用机制的个案分析中表示，跨界交融是实现行业龙头企业经营方式数字化转型的重要途径。

学界普遍认为，技术创新是企业数字化转型的核心驱动力。王吉发等（2014）通过构建因子识别模型，确定了影响企业数字化转型战略决策的关键原因，其中包括技术和设备的先进性。除了技术创新之外，在数字化转型的研究背景下，如何通过优化组织结构提升企业效率也是企业数字化转型关注的重点之一。张大鹏等（2017）研究分析了领导个性和组织创新对企业数字化转型的积极影响。许爱玉（2010）认为，企业数字化转型取决于企业高管的能力水平。杨瑛哲和黄光球（2017）认为，数字技术能够打破原来组织管理平衡的状态，企业组织管理结构由"金字塔"转变成"扁平式"，与此同时，企业智能化、数字化发展对企业职工的技术水平、专业素养都有一定的要求。陈煜波和马晔风（2018）对数字人才进行了分析，认为现阶段劳动力市场上数字技术人才需求大于供给，数字化人才供需影响着企业数字化转型的进程。刘德胜和张玉明（2010）以制造业上市企业数据为研究样本，实证发现合理的专业人才占比是制造业企业转型升级的动力源泉。

1.2.2.4　企业数字化转型的经济效应研究

目前，对企业数字化转型的经济效应研究主要基于企业特征展开。

一方面，数字化转型对企业的发展起到了正向推动效应。具体来说，数字技术所带来的"红利"能改善企业内部财务状况，提升企业研发创新能力（王才，2021），也促使企业通过供应链集成助推企业效益提高（李琦等，2021）。赵宸宇等（2021）指出，数字化转型对企业来说具有重要意义，可以提升企业的信息处理水平，加速企业内部知识和信息的流通，并有效节约企业在生产和运用等环节的成本（祁怀锦等，2020），从而优化企业的组织结构。胡青（2020）的研究表明，数字化转型对企业内部的运营和组织管理具有正向推动作用。与此同时，数字化转型也影响着企业的外部表现，借助于数字技术，企业信息公开披露水平和股票流动性得以提高，资本市场环境有明显的改善（张永珅等，2021）。除此之外，信息技术的广泛使用改善了企业的外部信息壁垒，减少了财务部门的技术成本以及企业需要承担的审计开支。

另一方面，数字化转型推动企业发展的看法受到了一些学者的质疑，这部分研究学者认为，现阶段大多数的企业还存在转型困难的情况。吴非等（2021）指出，目前我国企业组织系统与数字化的兼容程度相对较低，导致企业数字化转型的成本过高，且需要较长时间，难以实现平稳的数字化转型。董江涛（2019）认为，由于缺乏健全的制度保障，企业数字化转型以"追寻利益"为目标可能对企业的可持续发展造成负面影响。余江等（2017）提出，在企业数字化转型过程中，会产生学习时间成本，从而阻碍数字化价值的最大限度发挥。戚聿东等（2020）明确指出，现阶段企业数字化建设尚不健全，转型阶段中的运营和管理成本将削弱其对企业效益的提升作用。

总而言之，数字化转型给企业提供了发展机会，企业应当主动迎接数字化变革（Li et al.，2018），借助数字化转型赋能企业创新（周文辉等，2018）。然而，在数字化转型方面，企业管理者陷入左右为难的困境。一方面，其需要借助数字化策略来优化企业原有的组织结构，完成数字化转型，如海尔集团、鱼跃医药（Hansen and Sia，2015）。另一方面，其又要担心数字化变革所遇到的一系列未知的挑战，如数字化转型可能会破坏现有的程序与组织架构（谢康等，2016）。

1.2.2.5　企业数字化转型与企业创新的研究

第一，信息化与企业创新的研究。信息化的发展可以有效地降低交易成本，促进创新生产及组织之间的分工与协作，进而提高创新效率（Kleis et al.，2012）。信息化可以帮助企业迅速且有效地分析、发布和记录海量信息（Setia and Patel，2013），并将企业内部和企业外部信息渠道连接在一起，以增加信息的广度和深度（Liu et al.，2013）。信息化能够增强企业的知识吸收，特别是显性知识方面，以便于推动企业创新（Zhang et al.，2018）。

第二，互联网与企业创新的研究。互联网加速了信息的传播，优化并改进信息获取渠道，促进了新兴经济体的包容性创新发展（Paunov and Rollo，2016）。以互联网为基础的商业模式创新，可以充分挖掘目标客户隐藏需求，更好地实现企业创新水平的提高（程立茹，2011）。

第三，数字化转型与企业创新的研究。首先，数字化转型与产品创新密切相关。传统意义上的消费模式正在逐渐向数字化方向转型，随着数据的采集和分析，隐藏的客户群体个性化需求逐渐显露出来。此外，企业对新场景缺乏充分的了解和正确的预期，导致面临高度不确定性（Matt et al.，2015）。企业如果不能及时适应数字化节奏，就会被市场所淘汰，企业只有不断提高产品创新，才能在激烈的市场竞争中胜出。在实际应用过程中，企业的大数据分析能力在数字化转型对创新的影响中起到了举足轻重的作用。谢康等（2020）指出，大数据分析能力是挖掘数据价值的先决条件，同时也是企业利用大数据促进产品创新的关键。其次，数字化转型与管理创新密切相关。随着数字化转型的不断深入，企业的管理理念、组织架构等方面都受到很大影响。刘政等（2020）指出，数字化转型可以减少数据使用的边际成本，同时也提升了组织信息决策的成本。最后，数字化转型与模式创新密切相关。罗贞礼（2020）认为，数字技术的运用将有助于迅速打破企业既有的边界，实现从传统型商业模式转向创新型商业模式。陈冬梅等（2020）认为，数字化转型的核心是商业模式的重塑，重塑后的商业模式将各市场主体进行重新定义，形成更多维的价值创造模式。陈劲等（2019）指出，数字化转型不仅是信息数字化、流程数字化，而是以业务数字化为目标，继而发展出新型商业模式，形成企业自身核心竞争力。

1.2.3 数字化转型对企业生产效率的影响研究

1.2.3.1 生产效率的影响因素研究

生产效率在某种意义上可以被看作是全要素生产率，全要素生产率是衡量经济高质量发展的重要指标（蔡昉，2013）。全要素生产率可以反映出企业生产效率的改变，从而映射出企业的发展水平（唐松等，2019）。同时，全要素生产率也能反映出一个国家的财富与经济命运。因此，已有研究主要将研究视角集中于国家层面与企业层面，以此来研究生产效率的影响因素问题。

在国家层面，生产效率的影响因素研究重点在以下几个方面。在创新方面，内生增长理论认为，创新对生产效率的提升起到了关键作用（Dinopoulos and Thompson，1998）；在教育方面，教育对全要素生产率的影响主要通过提高人力资本途径，即劳动力通过提高吸收和学习新技术的能力来提高全要素生产率（Erosa et al.，2010）；在基础设施方面，公共基础设施的建立可以为企业节约更多的时间与成本投身于生产环节，即公共基础设施的有效利用可以促进生产效率的增长（Straub，2008）。

在企业层面，目前已有研究从企业内部和外部两个方面因素探讨其对企业全要素生产率的影响。首先，在企业全要素生产率的内部影响因素方面。蒋长流和江成涛（2020）指出，通过监督企业研发投入的合法性，可以确保研发资金转化为现实生产力，从而保障企业的创新能力，推动企业全要素生产率水平的提升。其次，在企业全要素生产率的外部影响因素方面。开放的市场环境更有利于技术创新，进而提高生产效率。此外，也有一些学者从人力资本和制度等因素对全要素生产率的影响进行了探讨。孙正等（2020）指出，营改增政策的实施通过促进企业增加研发投入，从而优化产业结构，对全要素生产率产生积极的影响。戴魁早（2011）也得出企业研发投入对全要素生产率具有明显的促进效应的结论。

1.2.3.2 信息通信技术与生产效率

在研究初期，学者们将信息通信技术当作一种生产要素来考察其对生产效率的影响。已有研究大多从国家或产业层面考察两者之间的关系，但是没有确切的证据给予证明，直到 1987 年索洛悖论的提出，打破了这一僵局。在 20 世纪 90 年代早期，以企业为样本的调查研究发现，计算机等设备的投入在提高企业生产效率方面起着重要的作用（Rai et al.，1997）。学者们除了采用信息通信技术投入的数据以外，还有一部分研究根据使用数据量来分析信息通信技术对生产效率的影响。

当前，有关信息通信技术对生产效率的正向促进作用已经得到了大部分学者的认可，但针对信息通信技术对生产效率的作用机理尚存在不同程度的分歧（Cardona et al.，2013）。已有学者对两种效应进行了区分，并指出直接效应指信息通信技术作为一种生产要素投入生产，其间与其他要素之间是较为独立的关系，进而对生产效率产生直接影响；间接效应指信息通信技术的投入通过改变其他要素的投入效率，进而对生产效率带来间接的影响（Mittal and Nault，2009）。蔡跃洲和张钧南（2015）在上述研究的基础上，将信息通信技术对生产效率影响的直接效应和间接效应分别称作"替代效应"和"渗透效应"。此外，也有学者提出"互补效应"的存在，即信息通信技术发生作用的同时需要其他一些要素投入的补充，如人力资本的投入与信息通信技术共同作用于生产效率（Pieri et al.，2018），正是这种互补机制的存在，能够解释很多直接效应和间接效应难以解释的经济现象。

1.2.3.3　数字化转型与生产效率

现阶段，数字化转型与生产效率关系的研究受到了国内外学者的广泛关注。从研究视角出发，可以从多个层面来进行问题的探讨。从产业层面的视角来看，刘平峰和张旺（2021）提出数字化转型可以从两个方面促进制造业生产效率的提升，一方面是资本赋能型数字化技术，另一方面是劳动赋能型数字化技术。宋炜等（2022）认为，数字化转型可以对工业生产效率的提升起到助推作用。从企业层面的视角来看，可以划分为内部、外部两个方面因素影响的研究。外部影响因素是指，数字普惠金融的发展、数字化相关政策支持等可以提高企业全要素生产率（陈中飞和江康奇，2021；黄键斌等，2021）；内部影响因素是指，企业的数字化转型对全要素生产率的直接影响也得到了一定程度的验证（赵宸宇等，2021）。

从研究观点出发，当前关于数字化转型与生产效率的研究可以分为两大类。

一类观点认为，数字化转型可以显著提升生产效率。这些学者认为人工智能、大数据、区块链等数字技术可以通过提升管理效率与生产技术等途径增加企业价值。巴苏和费纳德（Basu and Fernald，2007）对比分析美国企业转型前后的发展情况并指出，新模式、新业态的产生既能提高生产效率又可以有效降低信息的不对称性，优化资源配置。格雷茨和迈克尔（Graetz and Michaels，2015）分析了数字化转型过程中工业机器人的经济贡献，认为机器人的使用能够提升劳动生产率和全要素生产率，降低产出价格。王开科等（2020）分析认为，数字化转型深入传统模式中可以有效促进产业创新发展，加快产业转型的步伐，提高产业的生产效率。邱子迅和周亚虹（2021）通过准自然实验的方式构建数字化转型变量，采用 DID 的方式实证检验出大数据试验区的设立有效地促进区域技术创新发展，从而大幅度提升地区生产效率。

另一类观点认为，数字化转型会阻碍生产效率的提升，即存在生产率悖论。生产率悖论也被称为索洛悖论。由索洛（Solow，1987）提出之后，学者们针对生产率悖论展开了一系列的研究。在国家层面的讨论。IT 的投入对生产效率的影响在各国之间存在差异（Acemoglu et al.，2014），至今没有统一的定论。现有关于 IT 投入与生产率之间的研究，主要集中在国家或产业等层面，涉及生产活动主体微观企业的研究尚不充足。其中，阿西莫格鲁与雷斯特雷波（Acemoglu and Restrepo，2018）认为，由于人工智能等数字技术的过度使用，造成了资本和劳动力的不匹配，从而对生产率产生负面影响。关于生产率悖论造成原因的分析，可以从已有的研究中找到一些证据。有学者认为，是测算误差导致的生产率被低估，并找到了一些可能导致的原因，如一些定性的产出指标无法准确地衡量，如产出的速度、产出的质量等（Brynjolfsson and Hitt，1996）。此外，还有研究认为，生产率悖论的另一种原因归咎于企业运营管理不当，例如，企业的决策层不重视信息技术的投资而将个人利益考虑得更重要时，会给企业生产经营带来负面影响。然而在数字经济时代，数字经济的快速发展带来了生产生活方式的便捷，与此同时也带来了一系列不确定性风险。近些年来，随着数字化转型的快速发展，其是否会带来和信息技术一样的数字化转型的"数字化悖论"，特别是针对微观企业层面的考察更是一个值得深入研究的主题。从现有的文献来看，有研究发现，数字化转型带来便捷的同时使得国家的工业生产率有所下降（Watanabe et al.，2018）。其中 AI 智能技术的应用会在一定程度上替代低端劳动力，导致资本与劳动力匹配效率降低，进而阻碍生产效率的提升（Acemoglu and Restrepo，2018）。

陈丛波和叶阿忠（2021）基于区域空间视角研究发现，数字化转型对本地区经济发展韧性产生不利影响的同时，也会对周边地区产生不利的溢出效应。刘达禹等（2021）的研究表明，数字化建设对区域经济增长和生产率的提升存在门槛及瓶颈效应。

1.2.4　文献述评

第一，关于数字化转型对企业生产效率影响的研究，目前仍存在诸多尚未挖掘的空白地带。现阶段，企业数字化转型的效应研究大多是从理论上阐释，少部分的实证研究多以调查问卷、访谈等方式获取一手数据，然而从二手数据的角度研究企业数字化转型效率影响的文献仍然比较少。少数研究尝试对企业数字化转型进行衡量，但却忽略了企业数字化转型的系统性，其中较为典型的研究是以是否对数字技术进行投入来衡量数字化转型与否，或将"数字化"与"信息化"画等号。数字化转型并非这么简单，它涉及企业战略规划、企业文化、企业管理思维模式等全方位的创新变革，即企业在生产运营的过程中结合数字技术，并将其运用到日常流程、商品创新等环节，使生产方式发生全面创新变革的过程，因此，现有研究对企业数字化转型的衡量忽略了企业数字化转型的系统性。

第二，现有文献中部分关于企业数字化转型效率的研究中，对数字化转型效率研究的作用机制分析与实证检验较为缺乏，特别是从制度经济学视角考量尚处于"真空"地带。企业数字化转型作为战略层面的重大变革，势必会带来企业能力和组织架构等方面的改变，但现有文献中企业数字化转型对生产效率影响的作用机制的相关探讨尚显不足。本书为了找到企业数字化转型对企业生产效率的作用机制，依据制造业企业数字化转型效率研究中的制度内生性，分别从数字赋能制造业企业生产效率的作用机理、制度影响，制造业企业生产效率的作用机理、数字化转型空间溢出效应的作用机理方面进行理论探讨与数理推导。另外，企业数字化转型带来经济效益的过程中，离不开制度因素的约束与保障。本书创新性地基于制度内生性视角出发，采用针对性的较前沿的实证方法检验产权差异、制度耦合及区域制度环境视角下的数字化转型对制造业企业生产效率的影响。

第三，多数关于企业效率的研究都是从企业自身视角出发，很少从空间地理层面考察。中国经济发展已由高速增长转向高质量发展的新重要阶段，其中作为供给侧结构性改革的本质要求，全要素生产率的提升是中国经济增长形式转变的关键点。此外，企业生产效率除了受到企业自身数字化转型的影响外，还受到周边区域层面的数字化转型的影响。因此，本书从区域层面数字化转型对焦点企业生产效率的空间溢出效应出发，考察数字化转型对制造业生产效率的空间异质性影响。

1.3 研究框架与方法

1.3.1 研究框架

第1章，绪论。首先详细地论述了研究背景、理论意义与现实意义。其次，对国内外相关研究进行了较为系统的梳理。再次，进一步对本书的研究内容、技术路线图、研究方法等方面展开论述。最后，对本书可能的创新与不足进行归纳与总结。

第2章，研究基础与作用机制分析。针对制造业企业数字化转型效率研究过程中所涉及的理论基础进行分析，分别从研究基础与作用机制两个方面来进行阐述和分析。在研究基础方面，分别从要素禀赋：来自索洛模型；制度理论及制度内生性，包括交易成本理论、制度变迁理论；数字要素赋能依次展开阐述，揭示制造业企业数字化转型效率研究的底层逻辑，即制造业企业数字化转型中涉及的制度内生性和数字赋能的动态影响机制。在此基础上，围绕制度内生性的三个视角阐释制造业企业数字化转型效率的作用机制，即产权制度、制度耦合、制度环境，据此分别从数字赋能制造业企业生产效率的作用机理、制度影响制造业企业生产效率的作用机理，以及数字化转型的空间溢出效应的作用机理展开数理推导及机理分析。

第3章，中国制造业企业数字化转型的回顾与现状分析。首先，从企业数字化转型的发展历程入手，探讨数字化转型的背景和相关事实。其次，对现有制造业企业数字化转型的相关政策措施进行梳理，包括对国家现行的制造业数字化转型相关法律制度进行总结和分析，以了解企业在数字化转型过程中的法律制度保障。最后，从企业自身的角度出发，分析制造业企业数字化转型的动机，包括企业自发驱动数字化转型的原因和动因，以及数字化转型对企业的潜在好处和竞争优势。

第 4 章，中国制造业企业数字化转型的生产效率测度及特征事实分析。梳理已有对制造业企业数字化转型测度的研究现状，重点分析文本分析方法测度制造业企业数字化转型的依据。进一步，依据本章对制造业企业数字化转型的测度结果，分别从不同层面展开分析。本章对中国制造业企业生产效率的测度与分析，主要采用加总数据的生产效率测度方法与企业数据的生产效率测度方法进行测度并进行区域性的特征分析，同时采用莱文森和佩特森（Levinsohn and Petrin）的方法（LP）方法对中国制造业企业全要素生产率测度并按照不同所有制、不同技术安排水平的制造业企业进行特征分析。

第 5 章，基于产权视角的数字化转型影响分析。首先，基于 2011～2021 年中国制造业上市企业的数据，通过建立公共因子模型检验不同所有制结构制造业企业数字化转型对生产效率的影响。其次，借助面板分位数回归方式对不同所有制结构制造业企业生产效率异质性问题进行检验。最后，从作用路径出发，检验不同所有制结构制造业企业数字化转型对生产效率影响的中介机制。

第 6 章，制度耦合下数字化转型的非线性分析。本章依据诺思（North）对制度的划分，分别从制度耦合的正式制度与非正式制度的双重视角出发。一方面，运用面板数据平滑转移模型（PSTR），分别实证检验正式制度与非正式制度在数字化转型效率影响过程中所发挥的转移效应特征。另一方面，对数字化转型效率的非线性影响中的正式制度与非正式制度安排的制度耦合性给予分析。

第 7 章，区域制度环境差异下数字化转型的空间效应分析。本章以区域制度环境的差异为划分依据，将全国省际层面的地区进行划分。基于此，本章通过空间地理加权回归模型（GWR）的构建，分析数字化转型对制造业生产效率的空间溢出效应并对产生的空间异质性进行实证检验。

第 8 章，主要结论与对策建议。首先，依据上述理论分析与实证检验得出的分析结果，梳理并归纳本书研究的主要结论。其次，针对研究得出的主要结论，从不同角度提出详细的对策建议。最后，提出本书未来的研究展望。

1.3.2　研究方法

依据研究内容，本书建立起对文献述评、研究基础与作用机制分析、特征事实分析、数据测度分析、实证分析和对策建议的基本研究逻辑，运用多种研究方法对研究主题进行系统性分析。

第一，文献分析法。本书通过对国内外有关数字经济、数字化转型及其效应、企业生产效率及其影响因素等方面的相关文献进行参阅、梳理、总结，借此提出研究的主要问题，并在总结梳理的过程中对相关理论、测度方法等进行学习，为后续研究涉及的理论分析、数理推导、实证检验提供重要基础依据。

第二，理论分析法。本书在理论分析方面主要从研究基础与作用机制入手，包括经济理论的阐释、数理推导的证明以及影响路径与作用效应的论述。具体而言，涉及索洛增长模型到内生增长模型、制度理论及制度内生性、数据要素赋能等理论基础。此外，还包括制造业企业数字化转型效率的制度内生性作用机理、数字赋能制造业企业生产效率的作用机理、制度影响制造业企业生产效率的作用机理，以及数字化转型空间溢出效应的作用机理的理论阐释与数理推导。

第三，文本分析法。本书采用文本分析方法对核心解释变量进行刻画，涉及 Python 的文本抓取技术。同时，使用包括 Citespace、ArcGIS 等可视化分析软件，对中国制造业企业数字化转型的特征事实进行刻画。

第四，计量分析法。本书采用多种计量经济学分析法，包括随机前沿模型和 LP 方法衡量制造业企业生产效率。同时，运用面板分位数回归模型、动态公共因子模型、面板平滑转移模型以及空间地理加权回归模型来实证检验数字化转型对制造业企业生产效率的相关效应。

1.4　研究创新与不足

1.4.1　创新之处

（1）理论创新。本书创新性地借助制度内生性和数字赋能的动态影响机制等理论工具，从学理角度，对制造业企业生产效率加持作用进行系统性分析。该视角的研究有利于从微观层面分析企业生产效率提升的动力机制。本书创新地构建三维制度内生性的视角即产权差异视角、制度耦合、制度环境，以此探讨制度创新、数字创新对制造业企业生产效率的直接和间接影响、非线性影响及空间异质性等。

（2）研究方法的应用。一是本书采用具有截面相关性的面板数据模型、面板分位数回归模型的方法，实证研究了数字化转型对生产效率的影响，有利于弥补该方法在研究企业数字化转型中的空白。二是在对生产效率影响的门槛效应研究中，本书把面板数据平滑转移模型（PSTR）作为 Hansen 静态面板门槛模型的延伸与拓展，利用连续型的平滑转移函数刻画门槛变量的影响，该方法的应用在现有研究中比较少见，所得到的研究结果也具有一定的创新性。三是本书采用 Python 技术，利用文本分析法，基于数字技术应用、数字化生产方式、业务模式转型三个层次构建了制造业企业数字化转型的评价体系，进一步丰富和完善了该领域的相关内容。

（3）实证研究的发现。一是制造业企业数字化转型具有一个动态发展的过程，存在着路径依赖等问题。从企业层面建立一个有利于数字化转型的机制有利于效率驱动；同时由于企业的路径依赖，存在着"不愿转""不敢转"等问题，本书认为企业在长期发展中早已经形成一套惯用的制度安排，缺少去改变发展路径的意愿，即制造业企业呈现出转型意愿不强、动力不足的表现。二是本书从产权视角出发，对不同所有制结构的制造业企业效率进行研究，本书发现，国有企业中高技术行业的数字化转型效率高于非国有企业中的相关行业，其主要原因在于制度安排、规模优势及政府隐性担保等；同时也发现国有企业中非高技术行业的数字化转型效率低于非国有企业中的相关行业，其主要原因在于创新意识、组织柔性等。三是在正式制度与非正式制度水平从低到高的发展过程中，两者对数字化转型效率的影响存在着同向作用，且具有较强互补性，但作用强度不同，变迁速度有所差异。四是考虑到制度环境的差异，本书从空间地理的研究视角将地区划分为高制度环境与低制度环境，检验数字化转型对制造业生产效率的空间异质性。

1.4.2　不足之处

一方面，由于制造业数字化转型的效应不同于其他行业的企业，如服务业中的金融业等，本书尚未能对各类型企业数字化转型的效应进行全部分析，仅围绕实体经济的代表——制造业企业展开，后续会将更多行业类型的企业纳入数字化转型的大框架研究中。另一方面，为保证研究样本数据的充分性，本书尽可能多地挖掘现有的相关数据，选取了 A 股上市的制造业企业作为样本（考虑到数据的可得性问题，选取上市制造业企业数据为研究对象，且数据样本涵盖高技术制造业、高技术民营企业、非高技术国有企业、非高技术民营企业，具有较好的代表性），而未将非上市企业纳入研究的范围，同时由于当前"中国工业企业数据库"截至 2014 年，时间范围尚未能达到数字化转型研究的时效要求，今后将继续跟踪可用数据，尝试进行数据范围的延伸。

第 2 章

研究基础与作用机制分析

第 1 章在考察研究背景和总结已有研究的基础上，提出了本书研究的核心主题内容。本章试图构建对研究主题理论分析的框架体系，为后续实证分析奠定坚实的理论研究基础。首先，本章以相关理论为研究基础，包括要素禀赋：来自索洛模型、制度内生性及制度理论、数据要素赋能理论，从而揭示了制造业企业数字化转型效率问题研究的底层基础逻辑。其次，本章阐述制造业企业数字化转型效率的制度内生性机理，从制度内生性的产权视角、制度耦合视角和制度环境视角展开分析。最后，本章通过数理推导与机理阐释相结合的方式，对数字赋能制造业生产效率的作用机理、制度影响制造业企业生产效率的作用机理，以及数字化转型空间溢出效应的作用机理给予证明与分析。这既是全书的机理支撑，也为后续实证研究提供作用机制。在全书的行文逻辑上，本章属于"理论逻辑"部分。

2.1 研究基础

在经济增长的背景下，未被充分利用的要素通常被视为外生要素，而已经得到充分利用的要素被视为内生要素。最初，人们将土地和资本视为内生变量，随后将劳动力要素纳入内生变量的范畴，而后又逐渐将技术要素纳入其中，使其从外生要素转为内生要素。其中，根据罗默（Romer，1990）提出的内生增长模型，技术进步是经济发展的主要动力。同时，一些制度经济学家和发展经济学家对制度要素内生性的研究（科斯，2014），以及随着数字经济的快速发展，大数据、云计算、区块链、AI 等新兴数字技术正逐渐渗透社会和经济的各个领域，数据要素已成为继制度要素后促进经济发展的主要驱动力量，推动着数字经济和实体经济的深度结合。因此，伴随着"技术——制度——数据"等要素的逐渐释放，对"推动经济增长的内生的要素禀赋构成"的研究走过了一段动态发展的认识过程，如图2.1所示。

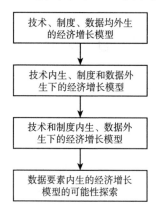

图 2.1 增长模型的动态发展阶段

资料来源：笔者自行整理绘制。

2.1.1 要素禀赋的贡献：来自索洛模型

索洛（Solow）是新古典主义经济增长理论的重要代表人物，他在某种意义上对哈罗德多马模型进行了补充与完善。索洛修正了哈罗德多马模型的不合理假定，即劳动力和资本不可替代，没有技术进步，从而建立了索洛的经济增长理论。

索洛增长模型的生产函数表达式如下：

$$Y = K^{\alpha}L^{1-\alpha} \qquad (2.1)$$

其中，Y 是产出，K 是资本存量，L 是劳动力。

式（2.1）两侧同时除以 L，得：

$$\frac{Y}{L} = \left(\frac{K}{L}\right)^{\alpha} \qquad (2.2)$$

根据

$$y = \frac{Y}{L}, k = \frac{K}{L} \qquad (2.3)$$

可将式（2.2）整理为：

$$y = k^{\alpha} \qquad\qquad (2.4)$$

索洛增长模型的基本假设是生产函数规模报酬不变，劳动力和资本是互补的。该模型采用了柯布道格拉斯生产函数，并对哈罗德多马模型当中的技术进步假设进行了相应的修订和调整。此外，模型假设储蓄将完全转化为投资，并且投资的边际收益率递减。

索洛增长模型稳态的基本条件是：

$$0 = sf(k^{*}) - \delta k^{*} \qquad\qquad (2.5)$$

索洛增长模型将投资作为内生变量，同时将储蓄率、技术进步率和人口增长率视为外生变量。尽管索洛增长理论在新古典理论的基础上有所发展，但它没有纳入技术进步这一重要因素作为模型的一部分，而是将其视为外生变量。因此，索洛增长模型也无法提供对经济持续稳定增长的合理解释。为解决这一难题，内生增长理论逐渐出现在历史舞台。20 世纪 80 年代的内生增长理论是研究全要素生产率增长的常用理论，它很好地解释了生产率增长的根本原因。内生增长理论也被称为新增长理论、后新古典内生增长理论、新的新古典增长理论，其"新"的主要原因在于它是新古典理论在理论上的不断延伸和拓展。

具体分析而言，内生增长理论认为，技术进步是内生变量，而个体偏好和制度因素被视为外生变量。内生增长理论的基本模型如下：

$$\begin{cases} Y = AK \\ \Delta K = sY - \delta K \end{cases} \qquad\qquad (2.6)$$

其中，Y 表示产出，K 表示资本存量，sY 表示投资，s 表示投资系数，δ 表示折旧系数，δK 表示折旧。调整后的公式为：

$$\frac{\Delta Y}{Y} = \frac{\Delta K}{K} = sA - \delta \qquad\qquad (2.7)$$

由于相关技术是内生解释变量，在式（2 - 7）中，sA > δ，经济则会持续增长。

内生增长理论对技术进步的根源也作出明确解释。技术进步来源于劳动投入中包含的人力资本投入以及物质投入中包含的研发创新，通过该种方式，可以将技术进步等因素内生化。由于技术进步产生要素收益增加，随之带来经济增长。内生增长理论与新古典理论的最大区别在于，长期经济增长方式的关键取决于内生因素还是外生因素。内生增长理论指出，内生因素是经济增长的核心，因而诸如政府等经济决策主体能够展开行动干预增长率的变化。

熊彼特内生增长理论是内生增长理论的一个重要分支，它从企业创新的角度解释技术进步的发生及条件，与其他内生增长理论有所不同。熊彼特最著名的观点是"创造性破坏"，这一概念描述了新的生产单元不断替代过时的生产单元，从而推动创新的过程。这种"创造性破坏"的影响贯穿经济的各个方面，包括经济增长、经济波动、结构调整以及市场运作。与传统的古典经济学相比，熊彼特（Schumpeter）的理论将经济视为动态的、有机的过程，强调竞争和创新的重要性。在这个过程中，旧技术的企业家和工人面临困境，而新技术的企业家和工人则获得新的机会和发展前景。通过竞争和创新，市场规则不断重塑，产生胜利者和失败者。

数字化转型在技术发展和迭代速度方面具有破坏性的特征。尤其是基于数字化转型的信息通信产业代表了前沿科学技术的最新突破。在数字化转型过程中，企业通过应用先进的技术和解决方案，提高生产效率、降低成本，增加产品附加值，从而在市场上取得竞争优势。此外，数字化转型还促进了产业内企业的比较优势，吸引资金和人才流入，推动本产业的扩张，并对其他较为落后的产业产生挤压效应。总体来说，数字化转型赋予企业和产业新的竞争优势，并以一种"破坏性"的方式重塑市场结构。

2.1.2 制度内生性及制度理论

2.1.2.1 制度内生性

新古典经济增长理论与新增长理论是建立在新古典经济学基础之上的，新增长理论对技术进行了内生性分析，但忽略了对制度因素的考量。西蒙·史密斯·库茨涅兹（Kuzenets，1981）认为，经济可持续发展体现为向人民供给各种不同商品能力的提高过程，而这种能力的实现必然依赖于新技术的发展以及对新技术所要求的制度与观念相适应的调整基础之上。韦森（2001）将制度视为"约束机制"与"激励机制"的深层次融合，即制度的两大主要功能。国家的经济发展并非依赖于生产要素的简单叠加，而是需要在一定的制度条件下，技术、资本、劳动力等要素才能发挥驱动效应。在不同的制度条件下，即使是相同的要素投入，产出效率也会存在很大的差异。

"内生性"最初指的是在经济学模型中，那些依赖于自身变化而对经济增长产生影响的变量。而后随着研究的深入，内生性的范围得到了拓展，强调致力于实现某一目标的影响变量。具体到制度内生性，在传统经济学的研究中，常常将产权清晰界定、信息完美和无交易摩擦等假设视为隐含的前提，这种观点将制度视为一个固定且不可改变的变量，而经济增长被归因于资本、劳动等要素的变化。然而，一些经济学家，包括林毅夫等突破了以新古典经济学为主导的研究范式，提出制度具有天然的内生性，甚至在某种程度上决定经济增长的重要因素（林毅夫，2015）。实际上，忽视制度及制度变迁无法对经济增长作出令人满意的解释。

制度与经济发展之间存在着双向关系。一方面，制度对经济发展的水平和进程产生影响；另一方面，经济发展也常常引发制度的变迁。制度在更广泛的理论框架中被视为内生变量，在该框架中，经纪人的行为和他们追求最大效益的行为受到经济、政治和社会层面的约束。新制度经济学通过"制度内生性"的假定，将人类社会的生产活动和经济主体的行为置于制度框架中进行分析，将经济主体的行为、要素发展和经济增长与相应的制度发展相互关联。因此，在不同的相关制度约束下，经济主体的行为和要素发展会呈现出不同的发展模式和增长效率。许多研究也拓展了新古典经济学框架，引入了制度内生性的假定来分析现实问题。例如，一些研究关注制度对经济增长的影响，通过将制度纳入研发驱动的增长模型来分析不完善的产权制度对经济发展的影响（Eicher and García-Peñalosa，2003）。此外，也有研究考察制度质量对产出的影响（Tebaldi and Mohan，2008）。在国内较早的研究中，胡书东（2000）以重工业为研究对象，发现财政体制产生的制度环境对其具有重要影响，进而挖掘出中国财政体制的内生性。上述研究均有助于我们更好地理解制度内生性的理论框架内容。

在现代经济社会发展过程中，越来越多的经济学家认同一种更加有效的制度安排对于经济增长起着决定性作用的观点，这也是新制度经济学派的制度内生性的核心观点。有效的制度安排可以提供稳定的法律和政治环境，保护产权、促进契约执行和市场竞争，降低交易成本，提高经济活动的效率和创新的潜力。相比之下，较弱或不完善的制度安排可能导致资源的低效配置、投资的不确定性和风险、市场失灵以及对创新和发展的限制。

2.1.2.2 交易成本理论

新制度经济学认为，在现实经济运行中，一项解决交易成本问题的制度安排将直接影响市场主体的经济绩效表现，其中制度变迁则是人们为降低生产的交易成本所作出的努力。

交易成本理论是一种运用比较制度方法来研究经济组织问题的理论。科斯（Coase）、威廉姆森（Williamson）、阿尔坎（Alchian）、德姆赛茨（Demsetz）等是交易成本理论的奠基者，他们从理论和实践两方面对交易成本进行了定义，并将其运用在产业组织、公司治理等方面。其中，交易成本理论为数字化转型过程提供了重要的理论指导（Adner，2019），可以很好地阐释企业数字化转型效率问题。

英国经济学家科斯率先提出交易成本，其杰出的学术贡献其中之一是使用交易成本理论揭示了企业的核心本质。科斯（1937）在《企业的性质》中指出企业存在的主要原因是交易成本的减少。其他经济学家在对企业的存在现象进行解释时，将价格机制看作为调节经济体制的手段，同时还指出必须制定具体的计划才能保证机制的正常运行。但科斯指出，价格机制的运行需要付出成本，即市场持续运行是有成本支出的，为了更好地降低这种成本支出，应该成立一个相关组织，并允许企业家来合理地、有效地配置企业各类资源，由此减少市场运行的整体成本，企业存在的初始原因是为了更好地降低交易成本，即相较于市场能更科学有效地降低交易成本。

威廉姆森作为交易成本经典理论的重要奠基者，其将科斯的研究成果进行了拓展。威廉姆森对交易成本的成因、交易成本的类型、交易成本的内涵等方面均进行了深入研究。此外，他还提出资产专用性所引起的效率损失与其相关联的交易成本有关。与此同时，有限理性和机会主义被认为是交易成本产生的原因。威廉姆森的交易成本理论建立在契约的基础之上，他将经济活动交易看成契约签订的过程，并进行多方面的分析研究。由于市场的不确定性以及信息的不完全性等问题，契约签订者在签订契约前不能预见未来将会发生什么。因此，要有效防止契约双方的投机行为，尤其是在缔约之后，要防范对方或许会利用自身的资产专用性来进行"敲竹杠"，使得交易合作双方在契约签订前投入大量的时间与精力来明确双方的权利与义务，而为此所付出的所谓的代价即威廉姆森强调的"事前交易成本"，它还包括事前议价成本等。与此对应，事后交易成本则强调解决纠纷时产生的监督成本等。此后，还有张五常等学者皆为交易成本理论作出了突出贡献。

本书根据已有研究（Rindfleisch，2020），将交易成本理论进行了总结与划分，具体如表 2.1 所示。

表 2.1　　　　　　　　　　交易成本的划分（依据时间）

项目	过去	现在	未来
人物	科斯	威廉姆森	约查伊·本克勒
时期	20 世纪 30 年代工业早期	20 世纪 70 年代工业晚期	21 世纪数字经济时期
代表作	Nature of the Firm（1937）	Transaction Cost Economics and Governance of Contractual Relations（1937）	Coase's Penguin, or, Linux and the Nature of the Firm（2002）
核心思想	Fisher Body	Fisher Body	Wikipedia
机会主义	不重要	重要	机会之一
组织模式	企业、市场	企业、市场和混合	企业、市场和非市场
技术态度	未考虑	矛盾	批判

资料来源：笔者自行整理。

　　制度经济学相较于其他经济学而言更贴近现实，因为它始终坚持着交易成本的存在，人们并非知识完备。经济活动中的信息获取成本很高，人们的决定往往受到有限理性和信息不完全性的制约，在此条件下，问题研究的过程不能在新古典经济学理论所假设的交易成本为零的情况下进行。

　　就企业生产环节而言，企业产出可以通过总产出减去相应的交易成本来估计。在这种情况下，净产出要低于总产出。从图 2.2 中可以看出，净产出曲线在总产出曲线的下方。其中，Y 表示企业的产出量，Z 表示企业的投入量。企业如果只进行 OA 单位的投入，则不能够满足 OB 单位的产出。如果要满足企业 OB 单位的产出，需进行 OE 单位的投入。由于交易成本的存在，F^+ 曲线是指总产出曲线 F 减去交易成本后的净产出曲线。

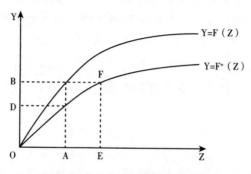

图 2.2　总产出曲线和净产出曲线

通常在技术特定的情况下，净产出曲线比总产出曲线要低，并且两者之间的差距会越来越大。在某些情况下，由于过高的交易成本存在将阻碍交易的发生，出现市场失灵的情况。可见，即使技术水平再高，也难以避免无效率情况的存在。就企业层面来看，仅发展数字技术是不够的，要有能与技术匹配的制度，如果不能很好地相匹配，很可能导致交易成本的增加，进而抵消数字化转型效应的发挥。在国家层面也是如此，政府应制定高效、合理的制度安排来降低交易成本。

交易成本理论提供了制造业企业何时应进行数字化转型以及何时不应进行数字化转型的观点。在制造业企业中，交易成本是指为了制定生产计划和协调各部门之间的沟通所需的成本。伴随企业规模的扩大和组织结构的复杂化，如果不能有效地进行优化，企业的内部交易成本可能会持续增加。

随着数字化转型水平的提高，数据和信息的共享能力得到增强，极大地提高了市场主体间的信息交流效率。通过企业间的数据共享，供应链中的下游厂商能够实时跟踪产品生产情况并及时获得预警和反馈，从而省去了过去频繁的会议和人员沟通，提高了分工效率并降低了相关的交易成本。此外，对于企业和消费者而言，通过线上交易可以减少线下消费需求匹配所需的时间和精力，从而提高了交易的效率和质量。通过数字化转型，企业能够实现交易全流程的效率和质量升级，使得交易过程更加高效、便捷和可靠。

2.1.2.3　制度变迁理论

从本质上来说，企业转型是一种以高效率的制度构建替代低效率的制度构建的动态过程，但为什么高效率制度的建立常常很难替代低效率制度的建立呢？主要原因在于，制度变迁的过程中存在"路径依赖"。制度变迁是新制度经济学的一个重要理论，类似于旧制度经济学或奥地利学派的代表性人物诺思（North）指出，技术变革虽然给经济发展注入了动力，但是人们如果没有通过制度变迁逐步建立起包含产权制度、法律制度等在内的一系列创新制度作为基本保障，技术变革的成果将无法巩固，经济发展将无法持续稳定地繁荣。

为了更好地理解制度变迁，诺思（2008）从三个方面对制度范畴加以区分：第一，从制度生产的角度分析，可划分为宪法等人为制度和习惯法等演化制度；第二，从制度形式的角度分析，可划分为正式制度如法律制度、政治制度等，以及非正式制度如习俗、行为习惯等；第三，从制度运行层次的角度，可划分为制度本身与组织，后者是在前者的基础上创立的，如"政治团体""社会团体""组织团体"等具体结构。结合以往的核心思想，诺思假设制度变迁的推进者是企业家们，当技术进步、要素市场价格变动、信息成本变动引起相对价格变动，就可能带来潜在的获利机遇，企业家需要掌握相应的知识，才能抓住这样的机遇。其中，获取知识的过程可以表现为可观测成本变化的过程，即在契约签署和执行过程中发生变更或再协调而引起可观测的盈亏变动。当企业家的选择偏好发生变化时，前面提到的相关知识获取的变化过程仍然存在。当出现盈利的机遇时，企业家则会选择新的交易或者去改变以往的旧交易。然而，交易是在相应的规则下进行的，当企业家改变交易的同时，已有的规则很大概率不符合新的交易，为了满足新规则，企业家往往需要通过重新进行协商谈判等途径来制定新的规则，而获取知识的过程就是新规则形成的过程，企业家可以从正式规则的设计中获取并交流知识，也可以在学习、创新和模仿的过程中逐渐演化成正式规则和非正式规则。

路径依赖理论最初是为了解释技术进步的过程，但是诺思将其运用在制度演化的问题当中，使得该理论获得了广泛的积极传播与运用。路径依赖理论强调一种制度的产生，无论它的效率与否，在一段时期内会稳定存在并对后续的制度选择产生深远的影响，因此陷入一条特定的"路径"当中，而制度变迁则会沿着这条路径进行演化。路径依赖理论存在着多种情形，其中一种情形是选择特定的初始制度后，制度演化的过程中出现了报酬递增的情形，推动了社会经济的发展，其他相关的制度安排也会朝着同一方向发展，从而引起制度变迁并形成良性的路径依赖。另外一种情形是选择某种制度后，在制度演化的轨迹中制度效率开始下降，其对生产生活产生一定的阻碍作用，但与之共存的组织会竭尽全力地维护它以保护自身的利益，与此同时社会将陷入无效率制度当中并处于一种锁定的状态，这种状态属于恶性的路径依赖。可以看出，初始的选取对下一步的抉择起到了关键作用，之所以无法轻易改变主要是因为交易成本过高所导致的。对于组织来说，制度一旦建立起来，它将会给特定组织团体一种既得利益，而组织团体会对这种制度有很大的需求，因此会巩固和加强该制度，即使有更有效率的制度，他们也更乐于继续坚持已有的制度体系。如果改变现有的制度，前期的投入将失去意义，在经济学意义上被称为"沉淀成本"。不管是社会还是政治、经济总是向着一个特定的方向进行不断发展，任何国家都不例外，均会沿着同一条道路来发展，尽管先后顺序会存在一定的差异，但是最后的实际结果却是一致的，其目标具有统一性的特点。这也是为什么诺思从制度的角度解释各国不能沿着相同的发展路径进行发展，以及一些国家始终无法摆脱落后的经济体制和低效制度而产生恶性循环的原因。

在制度变迁理论的基础上，可以进一步衍生出制度效率理论，特别是制度的动态效率理论。学术界普遍认为，制度的效率呈现出递减规律。因此，有学者将其总结为"先增后减"的规律。制度变迁的收益是指一单位制度变迁成本投入带来的制度收益。"先增后减"是指制度变迁初期成本过高，导致制度收益处于较低水平，而后随着增加至最高点再下降，呈现倒"U"型。上述观点可以用图 2.3 来解释说明。

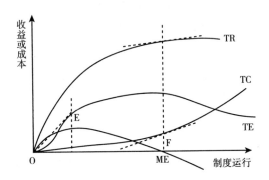

图 2.3　制度成本和制度收益的变化

从图 2.3 中可以看出，制度变革的发生一定是收益大于成本的，即总收益曲线 TR 通常处于 TC 之上，当然也存在 TR 处于 TC 之下的情形，但从长远来看，TR 必然处于 TC 之上。因此，可以得出净收益 TE = TR − TC，从而得到边际效益曲线 ME，E 点的边际效益最高，F 点的边际效益最低。其中，F 点是制度变革的最佳效果点，此时边际收益最大。

制度效率理论提供了一个非常适用的理论框架，用于研究企业数字化转型的问题。首先，在制度均衡的条件下，对现有的制度进行变革，既不能使改革家获得极大的收益，也不能使其在制度变革中获得更多的动力。随着数字技术的发展进步，企业将会产生更多的利益获取机会，加快数字化转型的进程。具体而言，数字技术的快速发展与广泛应用，将会扩大企业制度选择的余地。一方面，数字技术的应用会产生规模报酬增加，有利于企业相关制度的完善。另一方面，数字技术的应用造成组织结构更加复杂，倒逼企业制度更加完善，进而引起企业制度效率的提高。

其次，通过比较企业数字化转型前后的变化，将数字技术手段运用到企业生产当中，视作是一种高效的制度逐步替代低效的制度的进程。因此，数字化转型可以被视为一种新的制度逻辑在组织和场域层面得到了利益相关者的认同。从本质上来讲，企业数字化转型是一种新的制度逻辑在组织和场域层面构建与传播其合法性的过程。

进一步来看，新的制度逻辑可以被视为"数字主导"的制度逻辑逐渐取代"制造主导"的制度逻辑的全过程，并在组织和场域层面逐渐获得"数字化"合法性的动态发展过程。在数字化转型初期，由于认知上的障碍等阻力的影响，数字化转型的目标是获取认知的合法性。过渡到转型的中期阶段，随着管理部门、制造部门等局部试点被普遍接受，在组织内部建立了一个合法性的桥梁，可以将组织局部试点渗透到更大的场域层面，逐渐获得规范合法性。再到转型的后期，相关的制度、政策、标准越来越多，加之权威机构的介入使得企业逐渐转向规制的合法性，并且认知合法性与规范合法性一直伴随并逐渐强化。

2.1.3 数据要素赋能

数据作为数字经济时代的新兴生产要素，具备符合核心生产要素的特征，概括为"量大价廉"的特征。当前，由于数字技术的加速应用，其在社会生产与生活中产生了大量的数据要素，使得这些数据具有了较大规模的可获取性。再加上数字技术的迅猛发展，数据搜集、分析和应用的成本也因此急剧下降。

根据新古典分配理论，传统的生产要素在使用过程中会遵循边际报酬递减的规律。在经济发展的初期阶段，劳动力和资本要素相对充足，它们对产出的贡献较大，单位要素投入得到的产出较高，从而促进经济的快速发展。当经济发展模式由劳动密集型转向资本密集型，进而再由资本密集型转向技术密集型时，经济增长幅度将呈现出阶段性的下降，导致这一现象的原因之一是传统生产要素存在边际报酬递减。随着经济社会发展到一定程度，维持经济持续稳定增长变得非常困难。在传统经济增长动力不足的情况下，数据要素作为数字经济的核心关键要素，为经济增长注入了新的动力。具体将数据要素纳入生产函数的函数表达式形式如式（2.8）所示：

$$Y_t = A(L)^\alpha (K)^\beta (D)^\gamma \qquad (2.8)$$

从价值创造的角度来看，当数据要素与传统生产要素相互融合时，数据要素才能发挥其作用，传统生产要素受到数据要素的激发而产生新的价值。数据要素和传统生产要素之间的相互作用主要体现在数据要素能够增强其他生产要素的转换效应。在数据要素的影响下，各种类型生产成本均会大幅降低，使传统生产要素的生产效率得到提升，从而创造出更多的价值，这就是所谓的数据要素的"赋能"。

第一，数据要素对劳动要素的赋能作用。数据要素的投入导致了生产流程中要素组合模式的优化，从而提高生产效率。首先，数据要素可以直接节约传统劳动而产生更多的价值。其次，通过对数据要素的高效使用，可以使劳动要素的组合方式得到很大程度的优化，进而使生产效率得以提升。除此之外，数据要素可以将真实世界中的信息以某种技术的方式投影到虚拟空间中，让真实世界中的信息与虚拟网络进行有效衔接，节约了采购、生产、销售等活动的成本，从而提升企业生产效率。

第二，数据要素对资本要素的赋能作用。根据数字经济的发展实践，数据要素的生成与数字产业化和产业数字化的融合紧密相连，它们的形成和应用与数字技术的融合应用过程相互统一，其自身就有了融合发展的倾向。在产品生产过程中，企业可以利用数据要素对生产原料进行优化组合，从而使原料的使用更加有效；在产品运输过程中，企业可以利用数据要素对生产出的产品进行实时的监测和调配，从而降低企业损耗，同时还能为企业节约大量的交通和经营费用；在产品销售过程中，企业利用数据要素，能够更加准确地捕捉目标顾客，使企业在获得更多的发展机遇的同时还可以使企业获得更多的客户数据，并把这些数据转化为价值。由此，数据要素既可以在资本的投入和生产过程中对资本的边际产出产生直接影响，又可以在资本的配置效率和资本结构优化等方面赋能，从而间接地提升资本的产出效率。

2.2　作用机制

2.2.1　企业数字化转型效率：一个制度内生性视角

在前述制度内生性理论内容的基础上，本节进一步探讨企业数字化转型效率的制度内生性机理与结构性问题。

关于制度对经济效率的影响可以从以下两个层面进行分析。首先，在宏观层面，制度对经济效率的提升主要体现在有效的区域制度环境和制度安排方面。其中，较合理的制度安排可以极大地降低经济主体在交易过程中的不确定性，从而减少其在经济社会活动中的交易成本。同时，通过建立稳定、可预测的区域制度环境，可以促进经济参与者之间的合作，推动资源配置的有效性和效率。其次，在微观层面，制度对经济效率的提升主要体现在有效的产权制度方面。良好的产权制度可以有效地解决市场经济中的激励与约束问题。产权的明确界定和保护可以鼓励企业进行创新投资行为，增强市场经济的竞争性和公平性，从而提升经济效率。

什么样的制度是有效的呢？诺思指出，投资的增加、劳动投入的增加、技术的进步等因素都不能充分地解释经济发展的原因。制度问题是决定经济增长的关键因素，一个能为经济主体提供适当刺激的制度对促进经济发展来说至关重要（曹沛霖，2019）。有效的制度应该是与社会生产力的发展需求相适应，并能促进生产力的提高。反之，无效的制度安排则会严重滞后于社会生产力的发展，从而在一定程度上阻碍生产力的提升。从制度内生性的角度来审视，制度往往通过制度变迁的形式来提升经济效率。有效的制度变迁是指低效率制度被高效率制度所取代的过程（卞历南，2011）。因此，制度内生性的作用机理在于，制度需要在克服总阻力的基础上顺利运行并使外部利益得以实现，最终形成一个良好的"路径依赖"。这一过程可以概括为以下几个阶段：保证制度的需求—制度非均衡—制度的有效供给—制度的变迁—制度的路径依赖。

对于技术与制度的关系以及其对经济发展的影响，有两种不同的看法。技术决定论认为技术起到决定性作用，推动经济和社会的变革，而制度则被技术所塑造和决定。制度决定论则认为正式产权、组织和市场等制度创新要素为技术创新提供了动力。然而，这两种看法都有很大的局限性。

技术决定论不能说明在没有重大技术进步的情况下，经济社会仍然会出现获得更高的生产率和更低的成本的现象。与此形成鲜明对比的是，制度决定论将技术创新与制度创新的主次关系，与客观经济发展规律背道而驰（文魁和徐则荣，2013）。按照马克思的生产力与生产关系的基本原理，技术创新是一种"生产力"，而制度创新则是一种"生产关系"，两者是相互依存、相互促进的，是一种辩证的关系。也就是说，制度是由技术、自然资源等非制度因素所决定的，而技术进步又必须由制度来保证。数字化转型可以看作是数字技术的产生及其应用范畴。因此，数字化转型的研究中离不开制度内生性的探讨，两者往往会产生效应共同作用于制造业企业生产效率。基于此，本书侧重制度内生性视角的三个方面，即产权视角、制度安排及制度环境视角，依次对数字化转型效率问题进行系统性的分析，具体如图2.4所示。

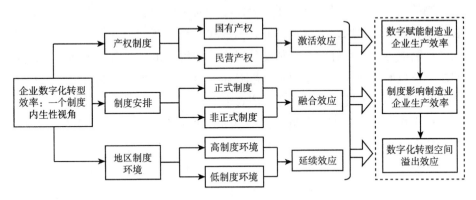

图 2.4　作用机理框架

资料来源：笔者自行整理绘制。

　　基于产权制度视角。作为微观经济主体，企业层面的制度主要包括产权制度、组织制度和管理制度等多个方面。然而，其中最具决定性意义的是产权制度，它可以分为国有企业产权制度和民营企业产权制度两大类别。企业产权制度的改革一定程度上会产生"激活效应"，例如，从单一所有制向多元所有制的转变，能够有效激活企业主体对更具效率的制度的追求，促使制度需求的产生。中国作为代表全民行使管理权的国家，通过由政府主导的自上而下的制度变迁，实现了国有企业产权制度的改革。其中，数字化转型作为一项高风险、高投入的企业战略，在国有企业中，其比较制度优势在资源禀赋和政府隐性担保方面。然而，国有企业也需要履行好国有经济的社会责任。相比之下，民营企业的产权则通过市场主导的自下而上的诱致性制度变迁来实现，其数字化转型过程中的比较制度优势在于对市场把握的灵活度，但其天然要素禀赋的比较劣势在一定程度上会制约数字化转型对生产效率的提升效应。由于产权性质的差异，企业数字化转型对生产效率的影响路径也会有所不同。

　　基于制度安排视角。一方面，可以由政府主导的自上而下的强制性的制度变迁来实现，即正式制度安排；另一方面，可以由经济主体自发形成的诱致性制度变迁来实现，即非正式制度安排。具体到制造业企业的角度来看，制度安排作用的发挥在于通过对制造业企业行为的激励与约束来提高其经济活动的可预见性，从而尽可能地减少制造业企业数字化转型过程中的不确定性和机会主义行为。在遵循这些"规则"的情况下，制造业企业能够从正当或被认可的活动中获得"合法性"资源，从而有效地减少交易成本的产生。其中，正式制度与非正式制度在制造业企业数字化转型过程中会产生"融合效应"，政府所制定的正式制度需要与当地的文化氛围、习俗和思想精神等非正式制度结合起来，才能保障制造业企业数字化转型在一个好的氛围下进行，如果相互冲突，则会产生相反的效果。因此，亟须研究正式制度与非正式制度在数字化转型效率中的作用强度和作用方向，以此进一步探索制度耦合效应。

基于地区制度环境视角。制造业企业数字化转型的过程中所面临的地区制度环境包括区域发展的战略、规划、政策等制度，同时也包括产业发展规划、法规等制度环境。不同地区制造业企业面临的制度环境存在差异。其中，地区制度变迁的稳定性显得尤为充分，即表现为制度的"延续效应"，社会主义市场经济体制的持续完善，营商制度的优化等，释放经济主体数字化转型的活力，不断提高制造业企业生产效率的提升，同时促进区域内更多的制造业企业得到较好的发展，也有利于维护现有的制度环境，从而形成一种良性且稳定的路径依赖。因此，考虑到空间地理层面的制度环境差异，研究数字化转型的溢出效应和空间异质性变得尤为关键。

2.2.2　数字赋能制造业企业生产效率的作用机理

本书借鉴马克·梅利兹（Melitz，2003）、沈国兵和袁征宇（2020）理论模型的基本架构，建立数理模型，借助理论模型推导的方式阐述数字赋能制造业企业生产效率的理论逻辑。

首先假设产品生产市场中的市场基本结构有着垄断竞争的形态，市场中一共具有 M 个生产异质性产品的厂商。代表性消费者从对异质性产品中所获得的效用 U，可以用如下的不变替代弹性（CES）来刻画：

$$U = \left[\int_0^M q(m)^\rho dm \right]^{1/\rho}, \quad \rho = \frac{\sigma - 1}{\sigma} \tag{2.9}$$

其中，q(m) 表示性消费者对第 m 种异质性产品的消费量，σ 表示异质性产品之间的替代弹性，为了确保模型中存有均衡解，需要假设 $\sigma > 1$。

如果是对于代表性消费者而言，其收入为 I，那么代表性消费者的选择行为可以用如下的优化问题来刻画：

$$\max U = \left[\int_0^M q(m)^\rho dm\right]^{1/\rho}$$

$$s.\,t.\ \int_0^M p(m)q(m)dm = I \tag{2.10}$$

其中，$p(m)$ 是第 m 种异质性产品的价格。

通过式（2.10）中的最优化问题的一阶条件，可以推导出 $q(m)$ 与 $p(m)$ 满足下面的关系：

$$q(m) = \frac{I \times p(m)^{-\sigma}}{P^{1-\sigma}} \tag{2.11}$$

其中，$P = \left[\int_0^M p(m)^{1-\sigma}dm\right]^{1/1-\sigma}$。

为了对 M 个生产异质性产品的厂商的选择行为进行刻画并简化分析过程，本书假设 M 个生产异质性产品厂商的劳动生产率均为 ϖ。也就是对于任意一个厂商来说，每个劳动者能够生产出 ϖ 单位的产品。如果进一步假设厂商对每个劳动者支付的工资均为 1，那么就可以将任意一个厂商的边际成本表示为 $1/\varpi$。对于厂商来说，为了更好地保持生产过程的正常持续运行，还需要投入的固定成本为 F。相比之下，如果企业进行数字技术投资，则固定成本为 $\delta \times F$，其中，数字技术投资所带来的固定成本增长系数 $\delta > 1$。因此，对于没有数字化转型的厂商总成本函数 TC^N 和进行数字化转型的厂商总成本函数 TC^D 可以分别表示为：

$$TC^N = F + \frac{q}{\varpi} \tag{2.12}$$

$$TC^D = \delta \times F + \frac{q}{\varpi} \tag{2.13}$$

根据垄断竞争市场结构下，厂商最优定价策略为：

$$p(m) = p = \frac{\sigma}{\varpi(\sigma-1)} \tag{2.14}$$

在式（2.14）、式（2.12）及式（2.13）的基础上可以给出如下没有数字化转型的厂商利润函数 π^N 和进行数字化转型的厂商利润函数 π^D：

$$\pi^N = pq(m) - TC^N = \frac{I \times (p \times \rho \times \varpi)^{\sigma-1}}{\sigma} - F \qquad (2.15)$$

$$\pi^D = pq(m) - TC^D = \frac{I \times (p \times \rho \times \varpi)^{\sigma-1}}{\sigma} - \delta \times F \qquad (2.16)$$

本书假设厂商如果进行一次创新，将导致劳动生产率 ϖ 提高，其提高水平为 $\kappa \times \varpi$。本书借鉴沈国兵和袁征宇（2020）的思路，将厂商创新效率的变化归结三点，第一是获取外界创新资源的效率，第二是学习外界知识的能力，第三是内部组织管理效率。因此，本书将厂商创新效率 e 设定为：

$$e = e_0 \times (e_I + H) \qquad (2.17)$$

其中，e_0 表示厂商获取外界创新资源的效率，e_I 表示企业内部组织管理效率，H 表示厂商人力资本水平。

同时为了简化分析，本书假设厂商创新效率 e 与创新投入成本系数 c 之间呈倒数关系。没有数字化转型的厂商的创新投入成本系数为 c^N，进行数字化转型的厂商的创新投入成本系数为 c^D。没有数字化转型的厂商的创新投入为 λ^N，进行数字化转型的厂商的创新投入成本系数为 λ^D。因此，考虑创新投入之后，没有进行数字化转型的厂商利润函数 π^N 和进行数字化转型的厂商利润函数 π^D 分别为：

$$\pi^N = \frac{I \times (p \times \rho \times \varpi)^{\sigma-1}}{\sigma} - F - \frac{1}{2}(c^N \times \lambda^{N2} + e_I^2 + H^2) \qquad (2.18)$$

$$\pi^D = \frac{I \times (p \times \rho \times \varpi)^{\sigma-1}}{\sigma} - \delta \times F - \frac{1}{2}(c^D \times \lambda^{D2} + e_I^2 + H^2) \qquad (2.19)$$

利用厂商利润最大化的一阶条件可以得到如下没有数字化转型的厂商和进行数字化转型的厂商的最优创新投入水平：

$$\lambda^N = \frac{I \times (p \times \rho \times \varpi)^{\sigma-1}}{\sigma \times c^N} \qquad (2.20)$$

$$\lambda^D = \frac{I \times (p \times \rho \times \varpi)^{\sigma-1}}{\sigma \times c^D} \qquad (2.21)$$

将式（2.20）和式（2.21）代入式（2.18）和式（2.19），可以得到下述最优创新要素投入水平下，没有数字化转型的厂商利润函数 π^N 和进行数字化转型的厂商利润函数 π^D：

$$\pi^N = \frac{[I \times (p \times \rho \times \varpi)^{\sigma-1}]^2}{2\sigma \times c^N} - F - \frac{1}{2}(e_I^2 + H^2) \tag{2.22}$$

$$\pi^D = \frac{[I \times (p \times \rho \times \varpi)^{\sigma-1}]^2}{2\sigma \times c^D} - \delta \times F - \frac{1}{2}(e_I^2 + H^2) \tag{2.23}$$

通过对式（2.22）和式（2.23）没有数字化转型的厂商利润函数 π^N 和进行数字化转型的厂商利润函数 π^D 求其最大化的一阶条件，可以得到如下 e_I 厂商内部组织管理效率 e_I 与厂商人力资本水平 H 之间的关系：

$$H^N = \frac{[I \times (p \times \rho \times \varpi)^{\sigma-1}]^2}{2\sigma} \times e_I^N \tag{2.24}$$

$$H^D = \frac{[I \times (p \times \rho \times \varpi)^{\sigma-1}]^2}{2\sigma} \times e_I^D \tag{2.25}$$

可以通过对比有数字化转型的厂商和进行数字化转型的厂商关于创新投入的差异，分析数字化转型对企业生产效率的影响。通过式（2.22）至式（2.25），可以推导有数字化转型的厂商和进行数字化转型的厂商关于创新投入的差异的表达式如下：

$$\Delta\lambda = \lambda^D - \lambda^N = \frac{I \times (p \times \rho \times \varpi)^{\sigma-1}}{\sigma}[e_O^D \times (e_I^D + H^D) - e_O^N \times (e_I^N + H^N)] \tag{2.26}$$

根据式（2.26），在 e_I^N、H^N 不变时：

$$\frac{\partial \Delta\lambda}{\partial e_I^D} > 0 \tag{2.27}$$

$$\frac{\partial \Delta\lambda}{\partial H^D} > 0 \tag{2.28}$$

通过式（2.27）和式（2.28）可以看到，当厂商的数字化转型过程中厂商内部组织管理效率越高，厂商人力资本水平越高，那么数字化转型对厂商的创新投入也就越高，进而由于创新投入的增加提高厂商生产效率的水平。同时也可以看到，如果厂商的数字化转型过程中厂商内部组织管理效率提高不明显，厂商人力资本水平较低，那么数字化转型对厂商的创新投入的影响就难以发挥出来，进而使得厂商的数字化转型并不能显著地提高其生产效率水平。具体而言，从马克思主义政治经济学视角来看，一项技术当处于应用推广阶段时，对社会经济的潜在影响并非是确定的，既可能是技术革新所带来生产力的进步，也可能是现有生产关系不适应技术的革新，反而制约了生产力的发展，冲减促进作用（Fuchs，2017）。不同于以往的技术更新迭代，数字经济浪潮通过新技术的运用对经济社会带来了全面而深刻的颠覆性变革。因此，企业数字化转型不仅是对生产流程某一环节的改造与优化，而且是对生产方式、经营理念、营销策略的全方位改造，基于多层次、多维度对生产效率产生影响。

依据资源基础理论，企业异质性优质资源是企业高额利润的来源（Wernerfelt，1984）。在此基础上，结合竞争优势理论，企业所拥有的价值性、稀缺性的资源是其获得竞争优势的关键（Barney，1999）。伴随着数字经济的飞速发展，数据俨然成为可以释放企业巨大发展潜力的新兴生产要素，企业的数据资源属于难以模仿、无法替代的核心无形资源（胡水晶，2016）。同时，数据结合传统的生产要素，包括资本和劳动力，参与生产过程，不断寻求扩大和优化生产要素体系，改善资源配置水平并增强内部竞争力（Chen et al.，2021）。

第一，企业数字化转型过程中涉及大数据技术，其为数据挖掘和组织优化提供了广阔的空间。其中，数据生产要素是可共享的、可复制和可重复使用的，并且数据的流通、扩散以及自我即时的迭代更新的属性，将贯穿整个企业整个生产流程，推动生产力的提高（Chen and Wang，2019）。

第二，企业在实施数字化转型时，可以利用以数据要素为基础的互联网等数字技术，打破僵化的部门间的壁垒，推动内部专业分工，促进部门间的生产协作、知识共享以及利益共赢（Song et al.，2021）。此外，实时的生产销售数据与分析可以为企业提供精确的数据支撑和决策依据（Ferreira et al.，2019）。

第三，数字化转型使企业能够跨界经营，减少资产专用性的限制，并从单一的服务平台转向综合性服务平台（杜传忠和张远，2021）。此外，数字化转型还带来了业务模式创新，增强了企业的服务意识，将价值链延伸至高附加值的服务环节，有效提高企业的全要素生产率。然而，"信息技术生产率悖论"（Acemoglu et al.，2014）认为，企业数字化转型会对企业生产效率产生负面影响。有学者用实证数据验证了这一悖论（Lin and Shao，2006）。企业的数字化转型会影响原有的经营秩序和组织结构，两者之间的矛盾会导致组织内部部门之间相互排斥，破坏原有运营体系，增加管理难度（Karhade and Dong，2021）。此外，伴随着企业数字化转型的不断推进，利益相关者的总数量不断地增加，企业的协调成本也随之提高，由此降低了企业的生产效率。

有关数字化转型对制造业企业生产效率的影响，无论是理论研究还是实证研究都还没有统一定论。数字化转型既可以改善传统生产经营活动和企业生产效率。但可能陷入"数字化悖论"。据此，本书提出如下假设：

H1a：数字化转型促进了制造业企业生产效率的提升。

H1b：数字化转型抑制了制造业企业生产效率的提升。

伴随着企业数字化转型，企业可以整合供产、营销和客户部门，重组组织系统和流程。从生产的角度来看，数字化转型能有效提升企业生产环节和服务环节的智能化水平。企业能够使用数字技术实现对企业生产的智能监控，降低对劳动力的依赖性，节约劳动力成本。从组织角度来看，在数字化转型的冲击下，企业组织运营和管理方式向集约化和精益化模式转变，在根本上改变传统的信息共享方式，提高信息的及时性和流通范围，并促进企业管理从垂直向扁平化、网络化和平台化的转变（Shinkarenko et al.，2020）。此外，数字技术打破了组织间的边界，降低了行业间的准入壁垒，使企业参与更激烈的市场竞争，对企业的人员、部门和组织之间的协作提出了更高的要求。为了减少信息搜集和行业竞争等相关的成本，数字化转型可以通过资源的整合和协调达到互利共赢的结果（Pershina et al.，2019）；从销售的角度来看，数字化转型为企业商业模式的创新提供了发展条件，催生出新产业、新业态和新模式使企业不受空间距离的限制，降低了相应的销售成本；从客户的角度来看，数字化转型所带来的现代技术与各类应用场景相互关联，为客户带来了身临其境的体验，并加强和深化了企业与客户之间的互动和沟通（Bican and Brem，2020）。

根据上述分析，本书提出如下假设：

H2：数字化转型通过降低成本路径进而提高制造业企业生产效率。

创新是提升企业竞争优势和实现可持续发展的关键手段（Schepers et al.，1999）。此前的研究表明，数字化转型作为一种前沿的转型模式，率先对企业的创新活动产生影响（杨晶等，2020），并将其视为创新驱动的中坚力量（Li et al.，2021）。相关研究显示，数字化转型能够促进企业的创新行为（Nwankpa et al.，2021）。首先，数字化转型能够极大地增强企业的资源整合、信息获取、技术革新等方面的优势（Sia et al.，2021），并显著提高企业运营效率，进而可以在既定创新资源边界前提下，获得更高的创新绩效。其次，在数字经济背景下，为了实现企业高质量发展的战略目标，企业将通过增加研发投资和使用数字技术来促进创新活动。数字化转型使数据共享成为核心竞争战略，同时衍生出新型合作创新模式，即"创新共同体"。在该模式下，顾客与供应商共同参与企业的整个设计至生产的过程，并对其进行实时反馈，以改变企业的传统自主创新模式（赵宸宇等，2021）。从价值共创的视角来看，协同创新模式具有多方面优势。首先，它能够使企业更好地把握市场动态（陈岩等，2020），加快对市场需求的响应，提高产品和技术改进的速度（Rigby et al.，2002），从而提升创新绩效。其次，协同创新模式缩短了企业与供应链上下游之间的距离，促进了企业与利益相关者的互动和沟通，有利于识别创新机会，实现大规模和个性化定制（周文辉等，2018），进而提升创新绩效。

企业创新能力的提高助推企业生产效率的提升（陈维涛等，2018）。一方面，技术创新可以促进数字技术的外溢，从而减少其他生产要素（如人力资本）的依赖（吴延兵，2008）；另一方面，与创新相关联的专利也可以为企业带来一种特殊的竞争优势，使其在市场中的份额得以扩大，进而提升企业的市场占有率，达到提高企业生产效率的目的。据此，本书提出如下假设：

H3：数字化转型通过增强企业创新进而提高制造业企业生产效率。

在我国，企业融资的主要方式是间接融资。传统金融机构本着盈利原则、风险控制原则，对企业信用贷款等有关的业务保有十分谨慎的态度。在此种情形下，中小企业获取外部资金来源的能力则更弱，其受到的融资约束也更强（唐松等，2020）。由于信息不对称的存在，企业在面临融资约束的情况下很难全面系统地掌握融资信息，进而企业的融资渠道将受阻。然而，生产效率的提升需要充足的资金保障，融资渠道不畅通、融资资金不足的情况将约束企业生产经营决策以及资源配置效率，进而引起生产效率的下降。

数字化转型可以有效缓解企业融资约束，是企业生产效率提高的重要渠道。首先，数字化转型与我国发展策略是相适应的，既可以得到政府的战略扶持，也更容易获得银行等金融机构的资金政策支持，在很大程度上解决了企业融资困难的问题。其次，企业在数字化转型过程中加速应用大数据等数字技术，使得企业的财务和信贷等信息公开披露程度得以提高。金融机构通过公开披露信息能有效识别出高质量企业来进行信用贷款等业务，有效降低企业的违约风险成本（罗正英等，2003），使金融机构有更强的放贷给企业的动力，与此同时，也让企业能够充分地利用数字化转型带来的优势，及时获取融资信息，在一定程度上解决融资难的问题。最后，数字化转型实现了企业与融资交易平台的有效连接，能够有效地缓解由于地域不同带来的融资困难，减缓企业的融资约束。

融资约束的缓解提高了企业的生产效率。首先，充足的资金能够为企业招揽更多的精英，优化企业人力资本结构。与此同时，人力资本的持续优化也将助推企业采用新技术手段，可以有效地推动企业生产效率的提升（Che et al.，2018）。其次，企业生产效率的提高离不开企业的研发创新，研发创新需要有充沛的资金保障，融资约束的缓解将倒逼企业生产效率的提高（刘家悦等，2020）。同时，通过数字化转型的赋能，可以有效减少企业的信息不对称性，使投资者更全面地了解企业的发展状况，也更乐意对熟悉的企业开展投资，从而给企业带来更多社会资本的流入，提高企业生产效率（俞杰和万陈梦，2022）。据此，本书提出如下假设：

H4：数字化转型通过缓解融资约束进而提高制造业企业的生产效率。

从公司治理角度，数字化转型通过降低信息不对称性，提升企业的决策效率。信息来自数据，且是经过反复多次加工后的数据（叶鹰和马费成，2015），数据加工能够"硬"化各类"软"信息，而数字化转型可以通过数据加工的手段来解决信息不对称问题，具体表现为：第一，从信息识别成本角度，数字化转型能够使市场交易跨越传统时空维度的限制，有效减少信息识别成本，从而缓解信息不对称性问题（Mcafee et al.，2012）。第二，从信息使用效率角度，数字化转型通过建立多维度的资源价值网络，涵盖企业的产品、资金、客户和信息，使得制造业企业能够通过数据网络进行综合分析，并将决策结果进行量化评估，有助于减少甚至避免决策者的认知偏差，提高企业的经营决策效率。然而，这一过程正好解决了制约企业生产效率提升的关键问题，即信息不对称问题（杨丰来和黄永航，2006）。因此，企业数字化转型通过提高决策效率，解决了企业生产效率的制约因素，从而实现了企业生产效率的提升。

企业数字化转型在缓解信息不对称来提高决策效率的同时，还能够利用数字技术加强对管理层的监督。从监督条件来看，随着云计算、大数据、人工智能等数字技术的广泛应用，企业可以更好地处理非标准化、非结构化数据（曾德麟等，2021）。伴随着数据处理能力的提升，各利益相关者之间的信息交流渠道更加顺畅、信任程度更高，这为监督管理层的行为创造了有利条件，降低了试错投入的成本，有助于实际价值的提升，提升企业生产效率。

从监督范围来看，通过建立中台和实时数据收集、分析、可视化等手段，企业数字化转型实现了对企业经营管理活动的全面监督和信息共享。这样的数字化监督机制有助于实现管理层和股东等利益相关者的目标一致，并为提高企业生产效率提供了内部治理的保障。综上所述，通过数字化转型，企业能够创建更加透明的信息环境，使得利益相关者能够更全面地监督企业的运营状况，提升监督有效性，进而促进企业生产效率的提升。据此，本书提出如下假设：

H5：数字化转型通过提升决策效率和监督有效性促进制造业企业生产效率的提升。

高质量的人力资本结构具有较高的技术创新、技术吸收和技术共享能力，是推动企业生产效率提升、产业结构升级与经济增长的重要影响因素（刘智勇等，2018）。一方面，优质人力资本可以通过引入自动化和智能化的生产设备，取代低端劳动力的作用。与此同时，大数据、云计算、互联网平台等数字技术的运用，将会增加企业对高端劳动力的需求，从而对企业的人力资本结构进行优化（Banalieva and Dhanaraj，2019；李梦娜和周云波，2022）。另一方面，人力资本溢出效应主要体现在知识溢出和技术溢出两个方面。其中，高质量的知识资本和技术能力与企业的生产运营紧密地联系在一起，产生的溢出效应可以提升企业的生产效率（潘毛毛和赵玉林，2020）。据此，本书提出如下假设：

H6：数字化转型通过人力资本结构优化来提高制造业企业生产效率。

2.2.3 制度影响制造业企业生产效率的作用机理

本书借鉴现有研究的基础建模思想（Melitz and Ottaviano，2008），假设市场中第 i 个厂商的生产函数形式如下：

$$q_i = TFP_i \times X_i \tag{2.29}$$

其中，q_i 表示第 i 个厂商的产出水平，TFP_i 表示第 i 个厂商的生产率水平，X_i 表示第 i 个厂商的投入要素指数。

进一步假设表示第 i 个厂商的要素投入成本函数形式如下：

$$c_i = w_i \times X_i \tag{2.30}$$

其中，c_i 表示第 i 个厂商的要素投入成本，w_i 表示第 i 个厂商的要素投入价格指数。在式（2.29）和式（2.30）的基础上，可以得到如下第 i 个厂商的利润函数：

$$\pi_i = p_i q_i - \tau_i \times w_i \times X_i = q_i \left(p_i - \frac{\tau_i \times w_i}{TFP_i} \right) \tag{2.31}$$

其中，τ_i 表示第 i 个厂商面临的制度质量水平。τ_i 的数值越大，表示厂商面临的制度质量水平造成要素价格扭曲越大，即因制度扭曲所支付的成本越大。

同时假设厂商生产两种产品，这两种产品具有不同的市场结构。第一种产品是一般商品，其市场结构为完全竞争。第二种产品是差异化商品，其市场结构为垄断竞争。为了刻画厂商之间产品的替代特征，本书假设一般商品之间的替代弹性为 η，假设差异化商品之间的替代弹性为 γ，一般商品与差异化商品之间的替代弹性为 α。

在上述设定下，可以通过厂商利润最大化的一阶条件，求得下述厂商的最优定价策略：

$$p = \frac{1}{2} \left[\frac{\alpha \times \gamma}{\eta \times N + \gamma} + \frac{\eta \times N}{\eta \times N + \gamma} + \frac{\tau \times w}{TFP} \right] \tag{2.32}$$

将式（2.32）所得到最优定价策略代入式（2.31）可得：

$$\pi = \frac{1}{4\gamma} \left[\frac{\alpha \times \gamma}{\eta \times N + \gamma} + \frac{\eta \times N}{\eta \times N + \gamma} - \frac{\tau \times w}{TFP} \right]^2 \tag{2.33}$$

在式（2.33）中，$\frac{\tau \times w}{TFP} = \frac{\tau \times w \times X}{q}$ 衡量了厂商在不同制度质量下的边际成本水平，可以将其记为 c_d。

令式（2.33）为 0，可以求得不同制度质量下的边际成本水平的临界值 c_d^*：

$$c_d^* = \frac{\alpha \times \gamma}{\eta \times N + \gamma} + \frac{\eta \times N}{\eta \times N + \gamma} \tag{2.34}$$

与临界值 c_d^* 所对应的利润水平为：

$$\pi = \frac{1}{4\gamma} \left[c_d^* - \frac{\tau \times w}{TFP} \right]^2 \tag{2.35}$$

临界值 c_d^* 决定了厂商选择步入市场中还是选择退出市场外，因为唯有厂商的边际成本低于 c_d^* 时，厂商才可以获得非负的利润水平。

根据隐函数定理和微分运算的链式法则,对式(2.35)进行微分运算,可以推导出:

$$\frac{\partial c_d^*}{\partial \tau} = -\frac{\partial \pi / \partial \tau}{\partial \pi / \partial c_d^*} > 0 \Rightarrow \frac{\partial \text{TFP}}{\partial \tau} < 0 \qquad (2.36)$$

从式(2.36)中可以看到,厂商的生产率 TFP 与制度质量水平 τ 呈现反方向变化。说明制度扭曲带来的成本越大,越会增加企业的边际成本,而边际成本越大,企业盈利越少,则企业生产效率越低。

数字化转型既表现为一种重要的社会技术现象,也呈现出一定的制度特征(Hinings et al., 2018)。数字化转型的关键要求企业顺应时代发展趋势,准确捕捉市场环境的变化,及时完成结构调整与转型升级,同时更要求政府与市场营造出适宜的政策框架与制度环境。从制造业企业的角度来看,由于长年累月的运行,制造业企业自身已经形成了一套由制度逻辑所支配的思维和行为模式(Prahalad and Betis, 1986),致使企业出现"路径依赖"的行为选择,而当面临在数字技术的冲击时很难改变原有的路径。另外,数字化转型往往与数字技术,如人工智能、大数据、云计算等有关,涌现出的可塑性、可生成性等特点正在不断打破原有的组织边界(Yoo et al., 2010)。因此,制造业企业既要充分应对企业内部变革,又要重塑好企业与生存环境之间的协调关系。我们基于制度理论视角,关注到在不同制度安排的影响下,数字化转型对制造业企业生产效率增长的影响。新制度经济学认为,制度及制度变迁是影响经济绩效的最主要因素,具体可通过正式制度与非正式制度的结合影响到微观企业的战略行为。

制度作用的发挥是通过对个体行为的约束来提高经济活动的可预见性,在此基础上,最大限度地降低个体经济活动中的不确定因素和机会主义倾向。然而,在遵循这些"规则"的情况下,个体能够从正当或被认可的活动中获得"合法性"资源,从而获得生产发展的空间。

针对正式制度而言,与企业的生产发展关系最为紧密联系的制度安排是指政府机构或者专业协会相关的法律制度,其不仅是对制度安排的透明度、稳定性和可持续性等特征的最有效反馈,同时也反映出了法律体系的健全程度如何、契约合同的执行效率如何,不过法律体系的完善,往往会出现滞后性。因此,当正式制度环境尚不健全时,在数字化转型与制造业企业生产效率之间的作用关系中,正式制度发挥的作用较小甚至于可能会不显著。首先,在制造业产品数字化生产中所需的知识产权等法律制度尚不健全的情况下，正式制度对制造业企业数字化转型的约束力较弱，制造业企业往往选择沿用传统的生产方式，以规避较高的交易成本或者被其他制造业企业"搭便车"的风险，导致自主创新领域可能存在资源投入不足，从而影响制造业生产效率水平的提升。其次，正式制度水平偏低也意味着监督机制尚不健全。一方面，政府作为推动企业数字化转型的关键力量，其缺乏与制造业企业数字化转型等相关战略的有效衔接，特别表现在政府追求的目标与制造业企业的目标的冲突问题。另一方面，制造业企业的第三方监督及内部治理机制严重制约着制造业企业的数字化转型战略，表现为在制造业企业外部监督及内部治理水平较低时，存在企业各方利益的冲突（魏婧恬等，2017）。当正式制度环境建设完善到一定程度后，国家层面已将数字经济确立为构建新发展格局的战略力量，围绕"两化"融合发展出台了系列政策，支持我国制造业企业加速完成智能化升级，因而地区层面能否根据企业发展需求制定相应的法律法规成为企业能否成功完成数字化转型的重要因素。另外，良好的法律环境一方面可以构成制度合法性，为区域内企业提供一种制度上的保护，降低区域内数字化转型的不确定性因素，增强决策者制定转型战略的信心；另一方面，可以使得政府与制造业企业及制造业企业的各方利益主体之间的冲突得到很大的缓解，并且数字化创新成果得以保障，因此，制造业企业可以有效地开展生产活动，其有更强的数字化转型意愿。据此，本书提出如下假设：

H7：数字化转型提升制造业企业生产效率存在正式制度门槛效应。

针对非正式制度而言，在我国尚不完善的法律制度、产权制度的环境下，非正式制度起到了举足轻重的作用。非正式制度被视为人们能够普遍接受的共同信仰，在道德伦理约束层面发挥了重要作用。其中，新制度经济学的创始人威廉姆森很早就意识到了非正式制度在企业管理中的重要意义。当前，我国现行的法律体系仍不完善，"机会主义"现象依然很多，潜藏着巨大的风险。在此背景下，基于信任关系的非正式制度对于企业数字化转型战略的实施意义非凡，因为社会信任是由社会成员在长期的交往中自发产生并潜移默化被大众所接受的，如价值观、道德观、文化习俗等。

在社会信任程度较低的阶段，制造业企业数字化转型促进生产效率的过程中存在信息不对称的情形，会导致大量的委托代理问题的出现。在制造业企业数字化转型的过程中，随机因素对其产生较大的影响，因而劳动者的投入与产出之间的关系不能被充分观察到。在机会主义的驱动下，劳动者往往表现出"懒惰"的状态,从而将产出损失和成本增加带来的外部性留给企业,使其生产效率下降。这类机会主义行为难以通过正式制度手段加以规制,如果企业因此降低了员工的薪资水平,很容易出现逆向选择的问题,即高水平的员工会选择离职,而留下低水平的员工继续生产。为了避免这种局面的发生,企业会向员工提供高于市场的薪资,也就是"效率工资",但这样的做法会增加企业的经营成本。企业与员工之间的信任能够使员工形成一种稳定的心理预期,进而降低信息不对称性,并且减少员工的投机行为与交易成本,实现数字化转型的资源优化配置,从而提高制造业企业的生产效率。

与此同时,制造业企业同其产业链上游、下游的其他企业在交易的过程中均可能存有潜在的机会主义倾向,企业基于自身利益最大化的考虑在交易的过程中会涉及多次的协调,产生大量的交易成本。在数字经济时代,制造业企业数字化转型带动生产效率提升的过程中涉及诸多环节的协作链,各企业间的互补性得到很大的提升,如果在制造业企业生产的过程中某一生产投入要素或某一生产环节出现问题,或者交易双方中的任何一方违约,将造成整个生产流程难以继续,无疑会给企业带来巨大的损失。社会信用的引入能够降低事前信息搜寻成本、事后监督成本,进而减少企业间的交易成本。在进行数字化转型时,企业会面临许多不确定性因素,正式制度难以对千变万化的交易情况进行规范,而社会信任等非正式制度对企业行为的约束是随处可见的,交易双方可以减少不必要的交易成本产生,提高企业的生产效率。

在社会信任的成熟阶段,地区社会信任水平越高,越有利于助推制造业企业数字化转型。在高地区社会信任环境下,企业的商业信用得到了显著提升,以及能够从金融机构以较少的费用得到获得贷款(钱先航和曹春方,2013)。与此同时,高度信任的社会环境意味着企业失信的代价也会大幅提高,这对企业的行为决策施加了更大的约束(Lindenberg et al.,2003)。在此种信任环境中,企业无须担心其专用资产会被合作人侵吞(Kale et al.,2000)。因为信任取代了潜在的机会主义行为和利己行为,增加了组织间学习的透明度和主动性,促进了知识和技术的传播,从而提高了企业的生产效率。在信任达到一定成熟度后,社会信任能够在社会网络中迅速地传播与扩散,促使社会成员之间建立更高程度的信任关系(王涛和顾新,2010),进一步降低谈判成本,有利于巩固社会主体之间的协作关系(Nahapiet and Ghoshal,1998)。据此,本书提出如下假设:

H8:数字化转型提升制造业企业生产效率存在非正式制度门槛效应。

2.2.4 数字化转型空间溢出效应的作用机理

本书借鉴现有研究的基础建模假设（LeSage and Fisher，2007；Scherngell et al.，2014）及设定对数字化转型的空间溢出效应进行理论分析。

假设第 i 个区域在时间 t 的生产函数如下：

$$Y_{it} = A_{it}(S_{it}^F, S_{it}^N, AC_{it})F(L_{it}, K_{it}) \qquad (2.37)$$

其中，Y_{it} 表示第 i 个区域在时间 t 的总产出水平，A_{it} 表示第 i 个区域在时间 t 的生产率水平，S_{it}^F 表示第 i 个区域在时间 t 所获得的国际技术溢出，S_{it}^N 表示第 i 个区域在时间 t 所获得的临近区域溢出的技术水平，AC_{it} 表示第 i 个区域在时间 t 的吸收能力，L_{it} 表示第 i 个区域在时间 t 的劳动要素投入，K_{it} 表示第 i 个区域在时间 t 的资本要素投入。

同时，本书借鉴已有研究的思路（Zahra and George，2002），将吸收能力 AC 进一步划分为两种类型，一种是潜在吸收能力 AC^1，另一种是现实吸收能力 AC^2。据此，可以得到如下第 i 个区域在时间 t 的全要素生产率的表达式：

$$TFP_{it} = A_{it}^*(S_{it}^F)^{\eta_i}(S_{it}^N)^{\psi_i}(AC_{it}^1)^{\gamma_i}(AC_{it}^2)^{\varphi_i} \qquad (2.38)$$

对式（2.38）进行对数化处理：

$$\ln TFP_{it} = \ln A_{it}^* + \eta_i \ln S_{it}^F + \psi_i \ln S_{it}^N + \gamma_i \ln AC_{it}^1 + \varphi_i \ln AC_{it}^2 \qquad (2.39)$$

假设下述的第 i 个区域在时间 t 的研发资本积累方程：

$$RD_{it} = (1 - \kappa) \times RD_{it-1} + RDI_{it-1} \qquad (2.40)$$

其中，RD_{it} 表示第 i 个区域在时间 t 的研发资本积累水平，κ 表示研发资本积累的折旧率，RDI_{it-1} 表示第 i 个区域在时间 t-1 的研发投资水平。

在式（2.40）的基础上，假设模型分析中一共有 N 个地区，则全部地区的研发资本积累为：

$$RD = \sum_{j=1}^{N} RD_{jt} \qquad (2.41)$$

S_{it}^N 水平取决于相邻地区研发资本积累水平，所有可以用下述的空间加权和，来衡量 S_{it}^N 水平的大小：

$$S_{it}^N = \sum_{j \neq i}^{N} w_{ij} \times RD_{jt-m} \tag{2.42}$$

其中，w_{ij} 表示第 i 个区域与第 j 个区域的地理邻近权重系数，RD_{jt-m} 表示第 j 个区域时间 t – m 的研发资本积累水平。

因为知识溢出存在空间衰减，空间距离可以解释知识扩散衰减，鉴于此，可以构造如下依赖地理距离的地理邻近权重系数：

$$w_{ij} = \exp(-\delta \times d_{ij}) \tag{2.43}$$

其中，δ 表示描述知识溢出空间衰减效应强度的参数，如果 δ > 0，则表示从邻近地区获得研发资本积累效应随着地区之间距离呈现指数下降的变化。d_{ij} 表示第 i 个区域与第 j 个区域的地理距离。

将式（2.43）代入式（2.42）可得：

$$S_{it}^N = \sum_{j \neq i}^{N} \exp(-\delta \times d_{ij}) \times RD_{jt-m} \tag{2.44}$$

将式（2.44）代入式（2.39）可得：

$$lnTFP_{it} = lnA_{it}^* + \eta_i lnS_{it}^F + \psi_i ln \left[\sum_{j \neq i}^{N} \exp(-\delta \times d_{ij}) \times RD_{jt-m} \right]$$
$$+ \gamma_i lnAC_{it}^1 + \varphi_i lnAC_{it}^2 \tag{2.45}$$

在式（2.45）中可以看到，地区知识溢出对生产效率影响的空间溢出效应的产生机制。区域数字化转型是以数字产业化为载体，通过利用大数据、云计算等信息技术促进产业结构升级（陈晓东和杨晓霞，2021）。已有国内外的研究表明，信息化对区域间经济发展具有一定的空间溢出效应（闫超栋和马静，2016）。因此，我们将重点分析数字化转型对制造业生产效率的空间溢出效应，据此提出相应的研究假设。

数字化转型具有多方面的影响。首先，它通过互联网、大数据等信息技术的应用，打破了时空限制，促进了区域间经济联系的广度和深度。数字化转型可以减缓技术溢出衰减效应，提高知识、技术和信息的利用效率，为制造业企业生产效率提升提供更多的空间。其次，数字化转型推动了市场各主体间的联系与合作，形成发展联盟，实现资源共享和产业研发创新。数字化转型可以在技术和知识交流合作中产生空间溢出效应，降低邻近地区的生产成本，提供更具综合性价值的产品和服务，获得国际市场竞争优势，从而推动制造业企业生产效率的提升。最后，区域数字化转型还促进了数字化产业的形成和发展，吸引了高技术人才、企业和研发机构的集聚，促进了知识和技术的交流，产生对周边地区制造业生产效率的空间溢出效应。

由于区域发展不平衡、不充分，数字化转型对地区制造业企业生产效率的影响存在空间异质性。特别地，中国东部地区作为经济核心区，在制度环境、产业基础、投资环境、创新能力等方面相对优越，因而在数字化转型过程中能够更好地发挥经济结构优化的作用。东部地区受益于多种因素的推动，包括政策支持、市场需求、技术创新等，诸多因素促使数字化转型在该地区的企业中发挥更大的作用。相比之下，中国西部地区由于区域优势、发展基础薄弱，其数字化转型的驱动效应受限于经济发展水平等诸多因素，导致其在数字化转型中的作用难以充分发挥。西部地区可能面临着投资不足、技术创新能力相对较弱、市场规模较小等挑战，上述因素限制了数字化转型对西部地区制造业企业生产效率的提升。因此，在数字化转型中，不同地区的制造业企业可能会面临不同的机遇和挑战。东部地区由于较好的发展基础和条件，更容易借助数字化转型实现生产效率的提升；而西部地区则需要加大投资力度，提升技术创新能力，改善市场环境等方面的努力，以充分发挥数字化转型对企业生产效率的促进作用。据此，本书提出如下假设：

H9：数字化转型可以通过空间溢出对周边地区先进制造业生产效率产生正向影响且表现出一定的空间异质性。

2.3 本章小结

本章分析了数字化转型相关的理论，并建立相应数理模型来阐述作用机制。在研究基础层面，从索洛模型到内生增长模型，解释了技术内生性问题。制度内生性解释了制度的重要作用，并以制度的经典理论为基础，包括制度变迁理论，解释企业数字化转型的制度基本逻辑。同时，交易成本理论能够解释企业数字化转型的发展过程。数据要素赋能解释了数据要素对劳动要素与资本要素的赋能效应。基于上述研究基础，本章在理论层面阐述了技术、制度、数据要素的存在及内生性问题，即制造业企业数字化转型效率问题的底层逻辑基础。在作用机制层面，首先，本章依据制度内生性的视角，侧重于产权视角、制度耦合视角、制度环境视角，依次揭示数字化转型效率问题研究中制度产生的"激活效应""融合效应""延续效应"。在此框架下，本章建立了数理模型，通过数理推导阐述数字化转型对制造业企业生产效率的影响，具体包括数字化转型赋能的作用机理、制度影响制造业企业生产效率的作用机理，以及数字化转型空间溢出效应的作用机理。同时，在数理推导的基础上，本章以研究假设的形式，对数字化转型对制造业企业生产效率的作用路径进行分析，包括成本路径、创新路径、融资约束路径、决策效率与监督有效性路径、人力资本水平路径；以数字化转型对制造业企业生产效率影响的正式制度与非正式制度门槛效应，数字化转型对制造业生产效率的空间异质性影响等视角展开系统性分析。

第 3 章

中国制造业企业数字化转型的
回顾与现状分析

本章从现实问题的角度出发，通过回溯历史、剖析现状，从两个方面来探讨中国制造业企业数字化转型的发展历程与现实状况。其中，本章旨在通过分析企业数字化转型的发展历程，揭示数字化转型的阶段性特征。同时，本章对制造业企业数字化转型的现实情况进行了分析，主要围绕制造业企业数字化转型的基本情况、国家发展推动数字化赋能的战略导向以及制造业企业数字化转型的自发性驱动。在全书的行文逻辑上，本章属于"特征与事实"中的第一部分。

3.1 企业数字化转型的发展历程

企业数字化转型指的是企业利用信息技术对生产经营进行持续优化的过程，同时也是需要漫长积累、循序渐进的迭代过程。在技术发展方面，伴随着数字技术的快速发展，企业已经经历了信息化和数字化的时期，并且在最新一轮的数字技术革命中，抓住机遇并朝着数字化转型的方向前进。

20 世纪后半期，随着第三次工业革命的到来，出现了企业信息化的现象（谭志东，2022）。企业使用技术将信息从物理形式转换为数字格式以供计算机存储，即所谓的企业实施信息化（肖静华等，2006）。在这一时期，因为网络发展程度不高，企业的信息系统是为了方便管理、降低成本而设计的，但该阶段部门间及部门与消费者间缺乏互通性。自"信息化"被写入政府工作报告以来，我国信息化整体水平持续保持提升，企业的信息化步调也在加速。

20 世纪 90 年代后期，伴随互联网技术的快速发展，"互联网＋"已经开始渗透至企业内部并与传统业务融合呈现出数字化的特点。数字化指代企业通过构建 ERP、生产、仓储等各类系统进行部门间及部门与消费者之间的互联互通，从而利用技术改变现有的商务模式（Li，2020）。数字化使企业内部各流程之间能够有效协调，同时业务运作由数据实时支撑，这将有利于提升生产效率并增强客户体验（Gölzer and Fritzsche，2017）。2000 年以来，我国大力推进信息化和工业化融合的同时，也开始重视互联网技术的运用。自 2005 年开始，我国大力发展互联网建设，即 2015 年提出"互联网＋"及数字技术，并鼓励传统产业应用数字技术助推数字技术与产业融合，进而促进企业数字化。

数字化转型是比数字化更高层次的变革，涉及战略规划、商业模式、运营系统、企业组织及人才的全方位重塑，并非单纯的技术上的提升或业务模式的转型。在这种情况下，企业通过数字技术寻求新的解决方案，通过人工智能转向数据分析的决策模型，实现全方位变革，从满足企业经营需求到以技术为导向，实现优化消费者体验的商业模式，以提高企业的核心竞争力（Verhoef et al.，2021）。这一阶段不仅需要实现多个领域的技术与业务的融合，而且要实现数据同业务的对接，与此同时还要在商业模式上持续不断创新，从根本上改变企业的价值创造方式。为更好地加快数字经济的整体布局和推进传统企业数字化转型，我国《中华人民共和国国民经济和社会发展第十四个五年规划和 2035 年远景目标纲要》中提出了加快工业数字化转型的要求，进一步加快推进产业数字化转型并实现各经济领域的全方位数字化转型。

信息化衍生为数字化，数字化进一步演化为数字化转型，呈现层层递进式的发展。企业开展数字化转型实际上是逐步建立在企业本身信息化、数字化的基础上，传统的主要模式无法被完全取代（Ciulli and Kolk，2019），而是基于原有的资源进行整合优化并合理利用现有的数字资源，不断推进业务模式转型和组织能力提升，实现知识、技术、产品等全方位的交流过程，同时也是企业不断改进与不断成长的过程。

3.2 制造业企业数字化转型的现实情况

3.2.1 制造业企业数字化转型的基本情况

中国信息通信研究院发布的《中国数字经济发展白皮书（2022 年)》显示，我国数字经济发展在 2021 年实现了新的突破，数字经济规模达到 45.5 万亿元，同比名义增长 16.2%，高于 GDP 名义增速 3.4%，占 GDP 比重达到 39.8%，较"十三五"初期提升了 9.6 个百分点。其中，产业数字化增长达 37.18 万亿元，同比名义增长 17.2%，占数字经济比重为 81.7%，占 GDP 比重为 32.5%。可见，数字经济在国民经济当中的地位不断增强。随着数字经济的发展及其贡献度的提升，经济的发展逐渐呈现"数字化特征"。2011～2021 年中国数字经济总体规模及占 GDP 比重如图 3.1 所示。

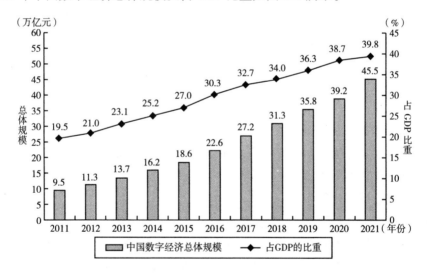

图 3.1　2011～2021 年中国数字经济总体规模及占 GDP 比重

资料来源：笔者根据中国信息通信研究院发布的《中国数字经济发展白皮书（2022 年)》绘制。

从数字经济的内部结构来看，产业数字化已成为推动数字经济发展的主要力量。随着互联网、人工智能和大数据等数字技术的不断创新，产业数字化与实体经济深度融合，成为数字经济增长的主要引擎。中国信息通信研究院发布的《中国数字经济发展白皮书（2022 年)》统计数据显示，2021 年我国数字产业化规模达到 8.35 万亿元，同比名义增长 11.9%，占数字经济总规模的 18.3%，相应地占 GDP 的 7.3%。同时，产业数字化规模达到了 37.18 万亿元，同比名义增长 17.2%，占据数字经济总规模的 81.7%，占 GDP 的比重为 32.5%。这一数据清晰地展示了产业数字化转型在我国持续纵深发展的趋势。2011～2021 年中国数字经济内部结构如图 3.2 所示。

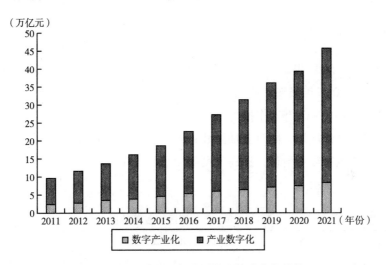

图 3.2　2011～2021 年中国数字经济内部结构

资料来源：笔者根据中国信息通信研究院发布的《中国数字经济发展白皮书（2022 年）》绘制。

制造业数字化转型归属于产业数字化的范畴，即通过数字技术和产品使原有产业增加产出，从而提高效率。目前，我国正处在企业数字化转型的高速发展阶段，制造业企业正大力推动数字化转型发展。由清华大学全球产业研究院公布的《2020 中国企业数字化转型研究报告》选取 2020 年度"鼎革奖"入围的企业作为研究对象，对我国数字经济的发展现状进行了梳理，制造业、金融业、批发和零售业，以及信息传输、软件和信息服务业这四大产业约占据国内数字经济产业的 3/4，其中制造业的占比更是达到了 40% 以上。根据这些数据，我们可以看到，制造业正在以比其他行业更快的速度向数字化转型方向发展。中国信息通信研究院发布的《中国数字经济发展白皮书（2022 年）》显示，截至 2022 年，全国规模以上工业企业的核心工序数控化率水平为 55.3%，数字化研发工具的普及率程度为 74.7%。数字化新业态、新模式也在持续发展与创新，38.8% 的企业选择了网络化协同，29.6% 的企业选择了服务型制造。作为国民生产力的重要支柱，制造业扮演着重要的角色。在国家发展战略中，也始终将重点放在制造业的发展上，我国的制造业企业数字化转型也正在朝着实现数字化转型覆盖范围更广、数字化程度更深的方向不断迈进。

3.2.2 国家发展推动数字化转型赋能的战略导向

3.2.2.1 数字经济相关政策导向

2012 年，我国提出"国家大数据战略"推动了数字经济相关政策的实施与深化。自 2017 年以来，我国的政府工作报告已经连续 5 年提及"数字经济"。2022 年的《政府工作报告》明确指出，要以加快发展数字经济、强化数字中国为总体规划，同时要加强建设数字信息基础设施，推动产业数字化转型，健全数字经济治理，提高人民生活福祉。2012～2021 年数字经济政策数量如表 3.1 所示。

表 3.1 　　　　　　　　　2012～2021 年数字经济政策数量

项目	2012 年	2013 年	2014 年	2015 年	2016 年	2017 年	2018 年	2019 年	2020 年	2021 年	总计
产业数字化转型	11	8	3	11	43	41	75	71	130	304	697
公共服务数字化转型	2	6	3	9	32	26	35	48	69	204	434
数字基础设施	6	5	2	7	18	14	41	39	45	167	344
数字产业化	5	5	1	13	27	27	34	39	66	122	339
数字安全	4	9	2	19	28	32	28	41	39	113	315
数据要素			3	12	13	10	9	17	27	66	157
数据经济贸易合作		2	1	12	7	5	12	11	21	72	143
数字经济治理	1			5	7	5	6	7	9	51	92

资料来源：笔者根据中国信息通信研究院发布的《中国数字经济发展白皮书（2022 年)》整理。

近些年来，数字经济相关政策颁布数量逐年上升，其中 2021 年出现爆发性增长，较 2020 年增长近 150%，80% 左右的政策是近些年内颁布的，可见发展数字经济已成趋势与共识。

从数字经济领域政策框架八大类政策的增速对比分析可以看出，产业数字化转型相关数量最多且逐年稳步递增。其中，产业数字化转型累计达到了 697 条，可见在国民经济发展中，足以证实政府等相关部门对产业数字化发展的重视程度。此外，公共服务数字化转型和数字基础设施、数字安全和数字经济贸易合作领域的政策增速也相对较快，数据要素相关政策在 2020 年和 2021 年出现较大幅度增加。

3.2.2.2　中国制造业数字化转型的战略

中国制造业在过去的十多年里得到了持续快速的发展，总体规模大幅度提升，综合实力也进一步提高，不但对国内经济、社会发展作出了重大贡献，而且对世界经济发展起到了关键的助推作用。中国制造业增加值占全球的比重从 2012 年的 22.5% 提高到 2021 年的近 30%。在 2022 年的《财富》的世界 500 强企业名单中，中国共有 145 家企业入选，上榜数量再创新高。

第一，新一轮技术革命为中国制造范式转变带来了机遇。当今世界，科学技术进步日新月异，学科间的交叉与融合日益频繁，技术的更新与成果的快速转化，推动了世界范围内的产业结构升级和优化。世界各国都加大了前瞻性战略布局，以创新为利器，在抢占未来科技和新兴产业竞争制高点中获得更多的优势，使得世界各国进入了前所未有的创新集聚和产业振兴时期。

新一轮技术革命和产业变革与我国加快制造业数字化转型升级产生了历史性交汇，制造业正经历着翻天覆地的变化。目前，信息技术、新能源、新材料、生物技术等关键领域和前沿方向的重大突破与交叉融合，正掀起一场足以颠覆世界制造业的新一轮变革。因此，"互联网＋制造""人工智能＋制造"为制造业实现数字化转型带来了新机遇。数字化、网络化、智能化成为制造业发展的必然趋势，商业模式和产业形态正发生着深刻的变革。

第二，我国制造业现阶段大而不强，部分行业产能严重过剩，而高端供给明显不足，产业整体处于价值链中低端，迫切需要加快供给侧结构性改革，提高工业质量和效率。

第三，中国制造业发展面临的挑战。主要的发达国家将制造业视为经济复苏的关键，并将重点放在高技术领域的创新方面来实现制造业的复兴与发展。美国提出以复兴制造业为核心的"再工业化"策略，即重振制造业，力图重建"美国制造"的竞争优势。英国设立了许多创新制造研究机构，为未来先进制造项目提供资金，以强化技术研发，推动先进制造业的发展。韩国政府于 2011 年提出了发展高技术和应用先进适用技术的提议，要在绿色技术研发领域跟紧世界最先进国家的步伐，提升其核心产业的国际竞争力。可见，世界各国均努力通过加强技术创新来带动制造业的发展，这将引起全球范围内制造业的新一轮激烈竞争，与此同时也给我国制造业发展带来了更为严峻的挑战。其中，发达国家的"高端回流"与发展中国家的"中低端回流"对中国制造业的双向挤压将愈发严重。具体而言，中国劳动力成本同美国等发达国家之间的差距逐渐缩小，而与印度等发展中国家的劳动力成本差距逐渐拉大，使得外资大量从中国流出，为中国制造业发展带来了一定程度的冲击。

3.2.2.3 制造业数字化转型相关政策导向

我国自2015年开始实施"制造强国"战略以来，始终将智能制造作为制造业数字化转型的主攻方向，从中央到地方出台了一系列政策措施。具体总结如图3.3所示，由图3.3可知已有文件主要布局制造业数字化转型相关的政策保障体系。当前，面对全球产业结构调整和地缘政治变化，中央和各级地方政府已经清醒地认识到抓住第四次工业革命机遇、加快中国制造业进入第一梯队的重要性。因此，各级政府又相继出台了一系列扶持政策和鼓励政策，围绕制造业企业数字化转型形成较为完善的制度保障体系，为技术研发、成果转化、金融支持及财税政策支持、人才交流、信息基础设施建设、信息安全水平、服务平台体系、国际交流等方面提供了系统性的制度支撑和保障。

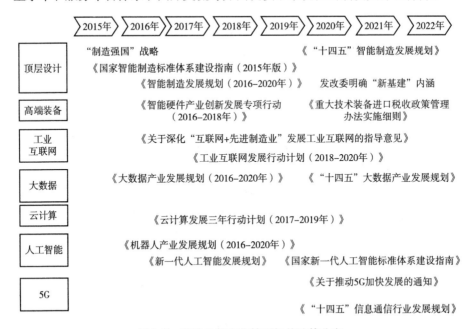

图3.3 制造业数字化转型相关政策分布

资料来源：笔者根据相关政策文件自行整理绘制。

一是保障技术研发。国家为支持制造业数字化转型，实施并部署工业强基计划、国家重点研发计划等一系列战略予以技术保障支持。主要集中在高端数控机床、工业机器人、智能仪表、智能家居、智能穿戴的研发布局，同时也进一步贯彻产学研合作，助推一批联盟的建立。二是保障成果转化。国家加大引导技术改造的资金规模，同时积极鼓励地方政府设立专项资金，并建立长效的扶持体系。其目的是加快制造业数字化改造，推动示范点企业建设、建立数字工厂与数字车间，同时有序实施关键数字产业化工程项目，为成果转化服务体系的完善保驾护航。三是金融支持政策及财税支持政策。在金融领域支持方面，国家引导私募股权、融资租赁同时发挥政策性金融等资源手段，加大扶持高端装备制造等制造业的数字化转型。在财税支持方面，政府部门实施了重点扶持制造业转型升级相关的税收相关优惠政策，拓宽减税政策渠道，加快固定资产加速折旧，健全研发费用的核算方法，对进口必要的零部件、原材料实行进口税收优惠。四是强化人才交流。国家为强化高职教育及技能培训，建立一大批实习基地，为制造业数字化转型提供充足的数字化后备人才，也为相关人才服务建立分享与激励机制。五是加强信息化基础设施建设。政府实施了"工业互联网基础设施提升改造工程"，设立"国家工业互联网标识解析机构"等相关措施，推进制造业企业内网规划及外网改良建设，为制造业数字化转型提供数字化基础设施建设支持。六是提高信息安全水平。国家明确了各有关部门的数据安全保护职责及具体规定，并加大监管力度，进而推进工业控制体系的安全保障能力提高，并在全国范围内开展工业企业信息安全基本保障试点的相关规划建设。此外，依托已有的科研院所和高等院校，建设国家工业信息安全保障中心。七是促进国际交流。国家放开制造业的准入门槛，实行"负面清单"管理制度，引进外资投资于数字技术、智能制造等领域，并建立科研院所，同时加强对外投资立法，支持企业境外并购与投资，建立海外研发产业链条，加快与邻国的互联互通并开展技术交流与合作。

从以上措施和政策可以看出，在对制造业数字化转型干预的过程中，国家主要投资在必要的研究和重大技术突破、建设信息基础设施、培育良好的市场生态环境等方面，并且以上举措均对制造业数字化转型产生了显著的推进效果。然而，目前仍存在一些亟待解决的问题，如直接资金投入过多、环境建设过少、点对点政策较多、普惠性政策较少、政策制定迅速，政策实施缓慢等。

3.2.3 制造业企业数字化转型的自发性驱动

3.2.3.1 企业是数字化转型的核心主体

技术设备是中性的，其真正价值只有在企业的有效利用下才能得以体现。尽管生产力的发展规律表明，先进的生产力将取代落后的生产力，然而即使是再先进和有效的技术，如果不能被企业采用和推广，不符合市场发展规律，也无法得到普遍的传播和使用。从第一次工业革命中可以看出，蒸汽机是在1907年才被运用到轮船上，而蒸汽机从被发现到被广泛使用则花费了近百年。从过去的经验和现在的情况来看，从一项技术的创造到一项技术的应用之间有一个滞后阶段，而这种滞后阶段的结果表现为，技术的持续创新与积累，最终实现大规模运用的过程。在这一过程中，企业是技术创新的主体，数字化转型也体现为诸多企业对技术设备的采用。因此，企业是数字化转型最直接的参与者与核心主体。

3.2.3.2 企业的逐利动机推动数字化转型

针对企业实施数字转型的动机而言，首先要从企业的性质入手。邓荣霖（1995）概括了"企业"的实质，认为"企业"是对土地、劳动力、资本、技术等生产要素的充分运用，在利益驱使与风险承担共存的情况下，为社会提供产品和服务的组织单元。根据这一概念，我们可以得出结论：企业是一个以盈利为基本目标的单元，其存在和发展离不开对盈利的追求。马克思（1975）指出，在资本主义体制下，资本家的根本目标是追求剩余价值，即通过雇佣劳动力进行生产和交换，从中获得超过生产成本的利润。利润作为剩余价值在市场中的体现，则是资本家追求剩余利益的结果。然而，企业的目标决定了企业的行动，其对利润的追逐便是企业数字化转型的动力。在激烈变化的商业环境与激烈的市场竞争中，企业的收益状况会不断地变化，企业也会无时无刻不面对生存的危机。受到利益驱动的企业追求持续的竞争优势，以确保其在市场中的长期生存和实现利润增长。为了实现这一目标，企业会采取各种策略和措施。

3.2.3.3 强调短期利益的企业可能会延缓数字化转型发展

制造业企业数字转型远景是很美好的，但是在完成这个目标的同时，却可能使企业的短期利益受到损害。一方面，制造业企业进行数字化转型需要将原有的固定资产设备进行升级和替换，引入数字化装备设施，同时企业需要积极培养和吸纳数字化人才。此外，为了适应数字化运营，企业还需要进行组织结构的变革。然而，这一系列的数字化转型活动都需要很大的资金投入，而且具有很长的收益周期。另一方面，要想充分地、全面地挖掘出数字化转型的赋能作用，就必须确保制造行业中的数字化改造已经达到了一定的水平，但行业的数字化程度是企业无法掌控的。例如，在企业进行了数字化转型之后，其上下游产业链的相关企业并没有同时展开，或者数字化改造标准没有达成一致，这就给数字化转型的投资收益带来了不确定因素。因此，企业进行数字转型所需的投入巨大，而且长期存在着一些不确定因素，会影响企业的短期利益。

企业在利益的追逐上具有一致性，即在利益的确定和利益的长远发展之间都存在着利益的一致性。虽然数字化转型可能导致短期收益减少，从而延迟了数字化转型的进程，但从长远看，企业对数字化转型的支持机制仍然是推动制造业持续发展的重要动力。

3.3　本章小结

本章首先分析企业数字化转型的阶段性发展，以揭示企业数字化转型的背景事实，即"信息化—数字化—数字化转型"三个阶段的特征。其次，阐释制造业企业数字化转型的现实情况，主要包括三个方面：制造业数字化转型的现实情况、国家发展推动数字化赋能的战略导向、制造业企业数字化转型的自发性驱动。其中，在国家发展推动数字化赋能的战略导向方面，政府参与制造业数字化转型的决策涉及资助相关的研究和重大核心技术突破、构建信息基础设施设备、培育良好的生态环境等。这些决策在制度层面为数字化转型提供了支持并创造了红利，对于发挥制造业数字化转型效应起到了积极的助推作用。同时，在制造业企业数字化转型的自发性驱动方面，企业扮演着核心主体的角色。逐利动机推动了企业数字化转型进程的加速。然而，过于专注于短期利润，可能会阻碍数字化转型的发展趋势。

第4章

中国制造业企业数字化转型的
生产效率测度及特征事实分析

本章基于事实背景出发，利用文本分析的方式测度制造业企业数字化转型指数，分别从业态特征、行业特征、所有制结构特征、区域特征角度对制造业企业数字化转型的特征事实进行比较分析与归纳分析。此外，根据测算数据的类型，本章依据 2011～2021 年中国 30 个省际地区制造业相关数据，利用随机前沿分析方法（SFA）对省际地区制造业的生产率指数及分解结果进行测算，并对省际地区制造业的生产率指数及分解结果的变化及地区特征进行分析。同时，本章还利用中国 2011～2021 年 1049 家微观制造业企业的相关数据，采用微观企业数据的生产效率测算方法进行中国制造业企业的测算研究，以揭示中国制造业企业 2011～2021 年生产效率的总体变化、不同所有制制造业企业和不同技术特征制造业企业的生产效率差异及演变。在全书的行文逻辑上，本章属于"特征与事实"中的第二部分。

4.1 制造业企业数字化转型测度分析

4.1.1 制造业企业数字化转型的测度

目前，关于企业数字化转型的研究主要集中在理论分析方面，而实证研究主要关注企业的 IT 能力（Parida et al.，2016）和网络化水平（赵振，2015）。随着数字技术与企业的融合加速，企业的 IT 能力也在向更加精准和代表性的方向发展。针对企业数字化转型的测度，本章将测度方法分为以下几大类。

第一，信息技术能力。在进入数字时代之前，信息技术早已成为企业的重要资源。研究者们采用不同的方法和指标来量化和测度企业的信息技术能力。一种常见的测度方式是基于信息化程度的量化（Bayo-Moriones et al.，2013），通过对西班牙中小型制造企业的采访，从办公通用、信息交流和市场导向三个维度来量化企业的信息化程度。另一种测度方式是基于信息技术投资的指标。李继学和高照军（2013）将信息技术项目投资划分为"硬件投资"和"软件投资"两大类，并选取了年报中固定资产和无形资产的子项目作为测度指标。随着互联网的发展，企业与互联网的联系越来越紧密，也出现了以互联网化程度为指标的测度方法。杨德明和刘泳文（2018）使用企业年报中关键词"互联网＋"的使用频率作为衡量指标。

第二，数字化投资。伴随着新一代数字技术的不断发展，信息技术投资和互联网化已经无法准确反映企业当下的技术投入和创新转型。企业年报中所披露的与无形资产明细中有关数字技术相关的项目，可以在一定程度上反映企业的数字化转型水平（祁怀锦等，2020）。在此基础上，黄节根等（2021）以企业年报披露的与数字资源相关的固定资产和无形资产加总在总资产中的比重测度我国企业的数字化转型程度。

第三，数字化转型文本分析。企业的数字化转型不但体现在投资增长方面，而且体现在企业的经营策略和经营模式中。学者们利用企业年报中所披露的企业信息，探讨企业的数字化转型水平，能够较好地体现企业的发展战略。何帆和刘红霞（2019）指出，企业年报披露的信息可以很好地反映企业的经营战略，从而能够对企业数字化转型进行评价。企业年报中包含了企业的战略规划、业务展望、市场定位等关键信息，通过对这些信息进行分析，可以对企业在数字化转型方面的战略定位以及发展方向有一个清晰的认知。为了进一步量化企业的数字化转型程度，戚聿东和蔡呈伟（2020）利用大数据挖掘技术，对与其有关的词汇进行提取，并对其进行统计，从而构造出度量企业数字化转型程度的指标。

在已有学者相关研究的基础上，本章从数字化转型的内涵出发，参考戚聿东和肖旭（2020）的数字化转型架构，选择核心数字技术、数字化生产方式、业务模式转型三个方面来建立制造业企业数字化转型的动态评价体系。

4.1.1.1　测度方法与数据来源

首先，从变量设计的技术实现视角出发，借助软件 Python 3.10 获取在巨潮资讯网站沪深交易所 A 股上市公司的年度报告，并在 Pdfplumber 库的帮助下提取所有的文本内容，进一步通过 Jieba 库获取年报词典，以此作为后续关键词筛选的数据池。其次，结合企业文本内容与相关政策文本内容锁定相关的高频特征词，作为指标设计的分类词语。最后，依据"核心数字技术—数字化生产方式—业务模式转型"展开维度层面的分类，构建制造业企业数字化转型的综合测度指标。

本章以 2011～2021 年在沪深 A 股上市的制造业企业为研究对象，利用 Wind 和 CSMAR 数据库获取财务数据，并使用巨潮资讯网获取企业年报和其他相关内容。在数据处理过程中，首先筛选了我国制造业上市企业，并排除了 ST、*ST 以及终止上市的企业。对于缺失的关键变量观测值进行了剔除处理。为了减少离群值对统计结果的影响，采用了 1% 和 99% 的缩尾截断方式，并对数据进行对数转换。最终，共计包含 1049 家制造业企业的有效样本。

4.1.1.2　关键词选取和指标构建

本章在关键词的分类和筛选方面作了改进与补充。数字化转型需要对企业底层架构和经营逻辑进行全方位改造，而不仅是简单升级某个环节或领域。为此，企业需要引入核心数字技术（如 ABCD 等），将其与生产运用过程深度融合，实现智能制造、精益生产、组织管理扁平化和智能化，并加速商业模式的多元化趋势与应用场景的融合创新。

在数字技术的运用方面，制造企业主要集中在大数据、云计算和物联网等领域。数字技术的应用可以帮助企业实现全产业链条的数字化转型。数字技术已成为制造企业数字化转型的重要基础，它可以实现业务流程的数字化、实时信息获取和处理，并促进各个环节之间的协作和连接；数字化生产方式关键环节之一是将研发、设计、制造等方面的需求进行数字化改造，对供给侧进行整体优化，以满足消费者个性化需求。通过数字化生产方式，企业能够提高生产效率、降低成本，并提供更加个性化的产品和服务；业务模式转型是指在数字技术的助推下，制造业企业商业模式的创新与变革。通过应用数字技术，企业能够重新思考和设计其价值链、利益分配方式、合作伙伴关系等方面，从而实现商业模式的转型和优化。特别是"互联网技术＋"的应用，降低了上下游企业之间的沟通、交流和协调成本，实现了整个产业链和供应链的优化。企业可以通过对消费者的信息和数据进行分析，准确把握消费者的需求，实现精准的供求匹配。随着网络技术的快速发展，技术和知识的外溢效应超越了时空和地域的限制，为企业之间的协同合作和创新提供了更多的机会和可能性。

本章借鉴现有研究的基础，结合相关政策指导，将数字化转型结构划分为核心数字技术、数字化生产方式、业务模式转型应用三个层次。同时，综合考虑了数字化转型的"基础条件—关键战略—助推器"三个维度，对企业的数字化转型水平进行综合评估。为了确保选词的合理性和准确性，本章同时考虑了学术研究和经济政策的角度。参考了戚聿东和蔡呈伟（2020）以及赵宸宇等（2021）的高被引文献，同时查阅了数字经济领域相关的重要文件。通过综合考量这些信息，最终筛选提取了关键词，如表4.1所示。

表4.1　　　　制造业企业数字化转型指数构建及关键词选取

维度	分类词语	文本组合
数字化技术应用（基础条件）	人工智能	人工智能、商业智能、图像理解、投资决策与辅助系统、智能数据分析、智能数据分析、智能机器人、机器学习、深度学习、语义搜索、生物识别技术、人脸识别技术、语音识别、身份验证、自动驾驶、自然语言处理
	区块链	区块链、数字货币、分布式计算、差分隐私技术、智能金融合约
	云计算	云计算、流计算、图计算、内存计算、多方安全计算、融合架构、亿级开发、EB级存储、物联网、信息物理系统
	大数据	大数据、数据挖掘、文本挖掘、数据可视化、异构数据、征信、增强现实、混合现实、虚拟现实
数字化生产方式（关键战略）	智能制造、智能化、自动数控、一体化、集成	智能控制、智能终端、智能移动、智能管理、智能工厂、智能物流、智能制造、智能仓储、智能设备、智能生产、智能网联、智能系统、智能化、自动控制、自动检测、数控、一体化、集成化、集成控制
业务模式转型（助推器）	互联网、电子商务、电商	移动互联网、工业互联网、产业互联网、互联网商业模式、互联网技术、互联网解决方案、互联网技术、互联网思维、互联网行动、互联网业务、互联网移动、互联网营销、互联网战略、互联网平台、互联网模式、互联网生态、电商、电子商务、Internet、"互联网＋"、线上线下、线上到线下、线上和线下、O2O、B2B、C2C、B2C、C2B

注：（1）相应词的英文缩写与全称均包含在文本搜索中，以避免疏漏统计。（2）搜索过程中剔除关键词前带"不""无""没有"等否定词的统计。（3）词频处理采用对数化处理的方式。

资料来源：笔者根据戚聿东（2020）、赵宸宇等（2021），以及《"十四五"数字经济发展规划》等整理。

4.1.2 制造业企业数字化转型的特征分析

4.1.2.1 制造业企业数字化转型的业态特征

图 4.1 显示的是上市制造业企业数字化转型增长趋势，实线表示数字化转型相关词汇的加总词频。研究发现，上市制造业企业年报所披露的数字化转型相关词汇的总词频数逐年增多，从 2011 年的 1.92 次上升到 2021 年的 5.16 次，几乎翻了 1 倍。这一结果也与中国数字经济规模的现实情况相一致，为本章提出的"数字化转型"指标提供一定的依据。根据图 4.2 的分析结果，数字化转型可以被划分为人工智能、云计算、大数据、区块链四个技术维度。结果显示，随着"互联网＋"战略的实施，云计算和大数据的词频数最高并呈现明显的上升态势。与此同时，人工智能的词频也呈现快速增长，平均数从 2011 年的 0.02 个增长到 2021 年的 0.49 个。虽然云计算技术的词频数总量较少，但也呈现增长的趋势。总体而言，上市企业年报中所披露的数字化相关词汇在各个年度都呈现上升的趋势，这表明，制造业企业数字化转型的程度逐年提升，数字技术与实体经济的融合正在加速进行。

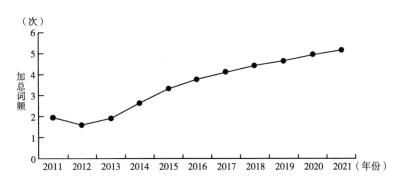

图 4.1 制造业企业数字化转型的增长趋势

资料来源：笔者根据词频计算自行绘制。

如表 4.2 所示，中国制造业上市企业的平均数字化转型程度在 2011～2021 年呈现增长态势，但各细分指标的均值和变动幅度存在较大差异。在数字化生产方式维度上，中国制造业企业对生产制造流程方面的数字化和智能化改革重视程度较高。在数字技术应用和业务模式转型方面，2011 年的均值相对较低，基本处于起步阶段，但增长迅速。到 2021 年，数字技术应用和业

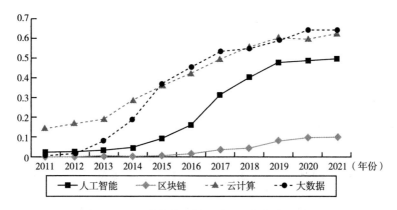

图 4.2 不同技术维度的制造业企业数字化转型

资料来源：笔者根据词频计算自行绘制。

务模式转型的均值分别达到了 1.1803 和 1.6370，数字化生产方式增长了近 1 倍，从 0.8151 上升到 2.3491。自 2014 年开始，数字技术的应用进入了快速增长阶段。其中，"大数据"增长幅度最大，这显示出制造业企业已经开始重视并广泛应用大数据技术来多角度分析和挖掘消费者行为，以实现精准营销。此外，数字化生产方式的平均水平也表现较高，说明对于制造业企业来说，数字化转型主要体现在生产方式上。特别是向智能制造的转变成为制造业企业数字化转型的主要方向，它能够显著突破全产业链的创新瓶颈，提升核心研发能力，并帮助企业在国内外市场上建立竞争优势。

表 4.2   制造业企业数字化转型各维度

年份	数字化技术应用	数字化生产方式	业务模式转型
2011	0.1665	0.8151	0.2442
2012	0.1984	0.9062	0.4599
2013	0.2552	1.0003	0.6371
2014	0.4214	1.1414	1.0418
2015	0.6202	1.3670	1.3518
2016	0.7471	1.5888	1.4353
2017	0.9161	1.7774	1.4480
2018	1.0072	1.9353	1.4789

年份	数字化技术应用	数字化生产方式	业务模式转型
2019	1.1031	2.0516	1.4742
2020	1.1597	2.1904	1.6277
2021	1.1803	2.3491	1.6370

资料来源：笔者根据词频计算自行整理。

4.1.2.2 制造业企业数字化转型的行业特征

如图 4.3 所示，本章按照证监会制造业行业分类，通过对不同产业数字化转型水平进行统计，得出计算机、通信及其他电子设备制造业的数字化转型程度均值居于首位。这主要是因为该行业拥有大量国内外知名的高新技术企业，其具有前沿的数字化思维、先进的智能生产设备、广泛的互联网营销模式以及雄厚的资金投入条件。因此，计算机、通信和其他电子设备制造业在中国制造业数字化转型中处于领先地位，可以视为龙头行业。另外，电气机械和器材制造业在数字化生产方式方面表现突出，智能化水平较高。这可能是因为电气机械和器材制造业在生产过程中更加依赖自动化和智能化设备，其数字化转型程度相对较高。特别值得一提的是，医药制造业在 2021 年数字化转型水平居于前列，数字化转型程度得到大幅提升，除了线上医疗外，智慧医疗等新业态的出现加速了医药产品的研发、生产与营销。在其他行业中，仪器仪表制造业、专用设备制造业、化学原料和化学制品制造业、通用设备制造业以及汽车制造业等行业的数字化转型程度相对较高。这可能是因为这些行业对于技术的应用和自动化程度要求较高，数字化转型可以带来更大的效益和竞争优势。传统劳动密集型行业的数字化转型程度相对较低。这些行业大多为资源密集型产业或垄断性产业，由于面临的市场竞争压力较小，对数字技术的需求相对较低。因此，传统劳动密集型制造业的数字化转型面临较大的挑战，需要面对更多的障碍和困难。总体来说，技术密集型行业更容易实施数字化转型，因为它们更加注重技术创新和市场竞争，更愿意将数字技术融入生产经营中来提升企业的竞争力。而劳动密集型制造业的数字化转型之路仍然面临着重大的挑战，需要持续努力和投入才能实现全面的数字化转型。

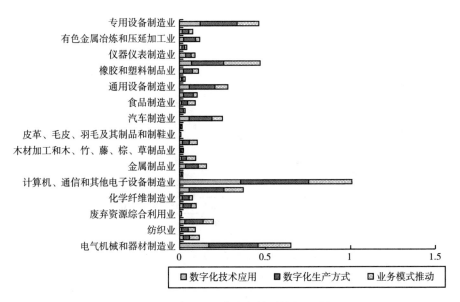

图4.3 制造业企业数字化转型的行业特征

资料来源：笔者根据词频计算自行绘制。

4.1.2.3 制造业企业数字化转型的所有制特征

如图4.4所示，国有制造业企业的数字化转型水平明显低于民营制造业企业，2011～2014年，国有制造业企业数字化转型程度与民营制造业企业数字化转型水平均上升但相差不大，自2014年起，两者差距不断拉大。从某种意义上来说，国有制造业企业在数字化转型方面面临挑战，反映了其缺乏竞争压力和体系相对僵化的问题。中国制造业企业当前面临经济增长放缓、传统产业需求疲软以及竞争过度和产能过剩的挑战。为了提升竞争力和适应市场需求的变化，国有制造业企业亟须寻找新的发展机遇和模式。据此，国务院国资委近期印发了相关政策文件，对国有制造业企业的数字化转型进行全面部署。

4.1.2.4 制造业企业数字化转型的区域特征

各地区制造业企业数字化转型的发展情况如图4.5所示。在此基础上，根据企业的注册所在地，将我国制造业企业划分为东部地区、中部地区、西部地区和东北部地区。从总体上看，中国制造业企业的数字化转型发展速度

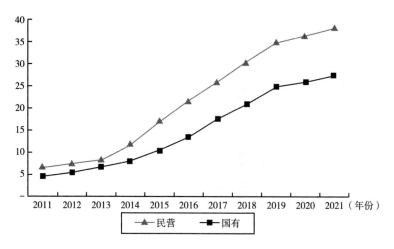

图4.4　制造业企业数字化转型的所有制特征

资料来源：笔者根据词频计算自行绘制。

表现为"东快西慢"，并且具有显著的地域聚集性，以城市圈为主的中国东部地区的数字化转型发展尤为突出。其中，我国西部地区的企业数字化转型起步相对较晚；而东部地区的企业数字化转型发展一直保持在一个比较高的水平，并且在 2013 年之后，其数字化转型发展速度得到很大提升。

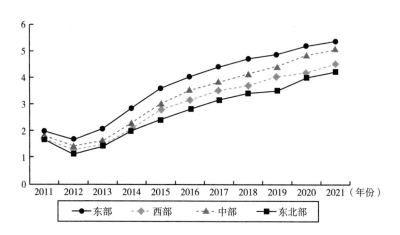

图4.5　不同区域制造业企业数字化转型程度

资料来源：笔者根据词频计算自行绘制。

为了进一步揭示中国各地区制造业企业整体数字化转型程度以及细化数字技术"ABCD"（人工智能、区块链、云计算、大数据），本章以"自然间断法"将区域数据分为高中低三个等级。就整体制造业企业数字化转型指数而言，东部各地区由于工业发展水平高，其制造业数字化转型发展进程较快，西部各部分地区由于工业原有基础较为薄弱，数字化转型发展整体水平较低。从区域结构来看，数字化转型发展呈现不平衡的特征。在数字化转型水平方面，处于第一梯队的地区有广东、北京、天津、湖北等；第二梯队包括上海、四川、辽宁、云南、山东、江苏等；第三梯队依次是山西、河北、新疆、贵州、西藏、甘肃、宁夏、吉林、青海等大部分中西部地区。总体来说，制造业数字化转型呈现由东部向中西部扩散的明显特征，而中西部地区制造业的数字化转型潜能仍然很大，如能充分释放数字化转型的潜力，中西部地区将得到充分发展并成为东部地区发展的重要基础。

从数字化转型的数字技术内部结构来看，首先，制造业企业数字化转型的人工智能技术最高的地区为北京、广东、湖北等地区，而中西部等地区的人工智能技术水平较低。其次，从区块链技术指数的平均值来看，其中有 14 个地区在均值以上，17 个地区指数低于均值，但只有 24 个地区观测值在年报中监测到；云计算技术方面最高的部分地区为广东、北京、福建、湖北等，其中西藏未能在年报监测到。最后，大数据技术在制造业企业数字化转型中应用最高的地区是北京、广东、天津等地区，其中青海地区大数据的运用较为突出，这与青海的大数据中心建设密不可分。上述分析结论能够说明，中国制造业企业数字化转型水平（包括制造业企业数字化转型中数字技术方面的运用）尚有很大的提升空间，这也从侧面反映了制造业企业数字化转型发展的区域差异性。

4.2　基于地区加总数据的生产效率测度分析

4.2.1　地区加总数据的生产效率测度方法

生产效率概念的提出，源于人们在生产活动中对度量技术水平的需要（李军，2021）。生产活动的本质特征在于投入（input）转变为产出（output）的过程。生产率（productivity）就是用来刻画生产活动中投入转变为产出的集约性特征的一个重要的概念。如果将生产活动中的投入，抽象为变量 X；将生产活动中的产出，抽象为变量 Y，那么生产效率就是变量 Y 与变量 X 的比值，也就是：

$$P = \frac{Y}{X} \qquad\qquad (4.1)$$

例如，资本生产率（captial productivity）就是生产活动中总产出与资本的比值，劳动生产率（labour productivity）就是生产活动中总产出与劳动要素投入的比值。在资本生产率和劳动生产率的定义中，仅考虑了生产活动中的单项投入要素——资本或者劳动，所以在文献中这样的生产率也称之为单要素生产率（single-factor productivity）或者简单生产率（simple productivity）。

与之对应的是多要素生产率（multi-factor productivity）。多要素生产率考虑了生产过程中投入要素和产出并非一种，所以使用一定的加总方法，将多种投入要素和产出进行加总，也就是：

$$MFP = \frac{Q_O(Y)}{Q_I(X)} \qquad\qquad (4.2)$$

其中，MFP 代表多要素生产率，Q（X）是将多种投入要素加总的加总函数，X 是表征多种投入的投入向量。全要素生产率（total factors productivity，TFP）是指生产中的总产出与总投入的比率，体现了生产过程中的总体技术水平（李京文和钟学义，2007）。

在索洛增长理论的影响下，大量研究采用国别和产业层面的数据，对不同国家（地区）或者产业进行了生产率及生产率变化测算和比较研究，形成了基于宏观加总数据的生产效率测算的多种方法论和测算模型。《牛津生产率分析手册》（The Oxford Handbook of Productivity Anlysis）（Grifell-Tatje et al.，2005）中将宏观生产效率测算方法分为：生产前沿分析方法（production frontier analysis）、非生产前沿分析方法（non-production frontier analysis）、指数方法（index method）三大类。在本节中，将对生产前沿分析方法中的典型方法：数据包络法（DEA）、随机前沿分析方法（SFA）、非生产前沿分析方法中的典型方法—增长核算法（growth accounting approach）及指数方法的基本思路和理论逻辑进行阐述和分析。

4.2.1.1 增长核算方法

诺贝尔经济学奖得主索洛（Solow，1957）提出了一种经典测算生产率的方法，即增长核算方法。以对 n 个评价单元（国家、地区、行业）进行生产效率测算为例，假设在 t 时刻其生产过程中的第 k 个评价单元的总产出为 $Y_t^k(k=1,2,\cdots,n)$，而投入向量为 $X_t^k \in R_+^N$。第 k 个评价单元的总量生产函数（aggregate production function）为：

$$Y_t^k = F_t^k(X_t^k) = a_t^k f^k(X_t^k), k = 1,2,\cdots,n \qquad (4.3)$$

其中 a_t^k 是关于时间 t 的函数，以其表示全要素生产率。

在总量生产函数式（4.3）的设定下，可以用式（4.4），计算在 t 时刻第 k 个评价单元的全要素生产率：

$$a_t^k = \frac{Y_t^k}{f^k(X_t^k)} \qquad (4.4)$$

增长核算方法的基本理论逻辑在于对总产出的增长率进行进一步分解。将 t 时刻第 k 个评价单元的总产出 Y_t^k 的增长率记为 $g(Y_t^k)$。对式（4.3）进行微分运算，就可以推导出 $g(Y_t^k)$ 的如下解析表达式：

$$g(Y_t^k) = \left(\frac{\partial f^k(X_t^k)}{\partial X_{1,t}^k} \frac{X_{1,t}^k}{f^k(X_t^k)} \frac{1}{X_{1,t}^k} \frac{d(X_{1,t}^k)}{dt} + \cdots + \frac{\partial f^k(X_t^k)}{\partial X_{N,t}^k} \frac{X_{N,t}^k}{f^k(X_t^k)} \frac{1}{X_{N,t}^k} \frac{d(X_{N,t}^k)}{dt} \right)$$
$$+ \frac{da_t^k}{dt} \frac{1}{a_t^k} \qquad (4.5)$$

同时注意到 t 时刻第 k 个评价单元的第 j 种投入要素的偏规模弹性：

$$e_{jt}^k = \frac{\partial f_t^k(X_t^k)}{\partial X_{jt}^k} \times \frac{X_{jt}^k}{f_t^k(X_t^k)} \qquad (4.6)$$

将式（4.6）中关于投入要素的偏规模弹性的定义代入式（4.3）中，便可以得到如下 $g(Y_t^k)$ 的分解公式：

$$g(Y_t^k) = \sum_{j=1}^N e_{jt}^k \frac{dlnX_{jt}^k}{dt} + \frac{dlna_t^k}{dt} \qquad (4.7)$$

其中，$\frac{dlnX_{jt}^k}{dt}$ 是 t 时刻第 k 个评价单元的第 j 种投入要素的增长率，所以可以记为 $g(X_{jt}^k)$；$\frac{dlna_t^k}{dt}$ 是 t 时刻第 k 个评价单元的全要素生产率的增长率，可以记为 $g(a_t^k)$。

这样便可以得到增长核算方法的基本方程：

$$g(Y_t^k) = \sum_{j=1}^{N} e_{jt}^k g(X_{jt}^k) + g(a_t^k), k = 1,2,\cdots n \qquad (4.8)$$

从增长核算方程将总产出增长率分解为要素投入增长率加权与全要素生产率的增长率之和。通过借助式（4.8），我们可以在总量生产函数的基础上，测算出全要素生产率的增长率。

4.2.1.2　指数方法

在进行生产效率的增长率测算时，指数方法是一种非常重要的方法，如拉式（Laspeyres）TFP 指数、派式（Paasche）TFP 指数、费雪（Fisher）TFP 指数以及汤式（Tornqvist）TFP 指数。

下面对上述全要素生产率指数的构造思想进行阐述。为了简化表述，我们假设在第 1 期和第 2 期的两个时期中，对评价单元的全要素生产率指数进行构建。

M 种产出构成产出向量，则在第 1 期和第 2 期，产出向量分别记为 $Y^1 = (Y_1^1, Y_2^1, \cdots, Y_M^1)$ 和 $Y^2 = (Y_1^2, Y_2^2, \cdots, Y_M^2)$。N 种投入构成产出向量，则在第 1 期和第 2 期，投入向量分别记为 $X^1 = (X_1^1, X_2^1, \cdots, X_N^1)$ 和 $X^2 = (X_1^2, X_2^2, \cdots, X_N^2)$。

在上述记号下，第 1 期和第 2 期的 TFP 分别为：

$$TFP^1 = \frac{Q_0(Y^1)}{Q_I(X^1)} \qquad (4.9)$$

$$TFP^2 = \frac{Q_0(Y^2)}{Q_I(X^2)} \qquad (4.10)$$

其中，$Q_0(\cdot)$ 为产出加总函数，$Q_I(\cdot)$ 为投入加总函数。

在第 1 期和第 2 期的两个时期中，全要素生产率的增长率，也就是 TFP 指数就可以利用式（4.10）和式（4.9）之比减 1 来衡量，即：

$$TFPI = \frac{TFP^2}{TFP^1} - 1 \qquad (4.11)$$

上述为生产率指数方法的基本思路和理论逻辑。但是在实际应用中，利用指数方法进行生产率及生产率指数测算时，需要解决的一个基础性问题就是如何进行产出加总函数 $Q_0(\cdot)$ 和投入加总函数 $Q_I(\cdot)$ 的具体形式设定。当然这也是不同的 TFP 指数构建的本质差别所在。

拉式 TFP 指数在解决产出加总函数 $Q_0(\cdot)$ 和投入加总函数 $Q_I(\cdot)$ 的

具体形式设定问题时，所采用的思路是利用第 1 期（基期）产出和投入的价格向量作为权重进行线性加权，作为加总函数的具体形式。也就是说，如果将第 1 期中产出所对应的价格记为向量 $P^1 = (P_1^1, P_2^1, \cdots, P_M^1)$，第 1 期中投入所对应的价格记为向量 $W^1 = (W_1^1, W_2^1, \cdots, W_N^1)$。

在上述记号下，第 1 期和第 2 期的拉式 TFP 分别为：

$$TFP_L^1 = \frac{P^{1^T} \cdot Y^1}{W^{1^T} \cdot X^1} \tag{4.12}$$

$$TFP_L^2 = \frac{P^{1^T} \cdot Y^2}{W^{1^T} \cdot X^2} \tag{4.13}$$

拉式 TFP 指数就是利用式（4.13）与式（4.12）之比减 1，进行计算，即：

$$TFPI_L = \frac{TFP_L^2}{TFP_L^1} - 1 \tag{4.14}$$

派式 TFP 指数在解决产出加总函数 $Q_0(\cdot)$ 和投入加总函数 $Q_I(\cdot)$ 的具体形式设定问题时，所采用的思路是利用第 2 期（当期）产出和投入的价格向量作为权重进行线性加权，作为加总函数的具体形式。也就是说，如果将第 2 期中产出所对应的价格记为向量 $P^2 = (P_1^2, P_2^2, \cdots, P_M^2)$，第 2 期中投入所对应的价格记为向量 $W^2 = (W_1^2, W_2^2, \cdots, W_N^2)$。

在上述记号下，第 1 期和第 2 期的拉式 TFP 分别为：

$$TFP_P^1 = \frac{P^{2^T} \cdot Y^1}{W^{2^T} \cdot X^1} \tag{4.15}$$

$$TFP_P^2 = \frac{P^{2^T} \cdot Y^2}{W^{2^T} \cdot X^2} \tag{4.16}$$

派式 TFP 指数就是利用式（4.16）与式（4.15）之比减 1，进行计算，即：

$$TFPI_P = \frac{TFP_P^2}{TFP_P^1} - 1 \tag{4.17}$$

拉式 TFP 指数以基期的产出和投入的价格向量作为权重进行线性加权，派式 TFP 指数以当期的产出和投入的价格向量作为权重进行线性加权。一般情况下，利用拉式 TFP 指数和派式 TFP 指数进行生产率测算，其测算结果存在明显的差异。所以费雪 TFP 指数利用拉式 TFP 指数和派式 TFP 指数的几何平均值进行生产率的测算，第 1 期和第 2 期的费雪 TFP 分别为：

$$TFP_F^1 = \sqrt{TFP_L^1 \times TFP_P^1} \qquad (4.18)$$

$$TFP_F^2 = \sqrt{TFP_L^2 \times TFP_P^2} \qquad (4.19)$$

费雪 TFP 指数就是利用式（4.19）与式（4.18）之比减 1，进行计算，即：

$$TFPI_F = \frac{TFP_F^2}{TFP_F^1} - 1 \qquad (4.20)$$

汤式 TFP 指数是利用加权几何平均来对两期产出比或者投入比予以加权。在汤式 TFP 指数中，产出数量指数为：

$$Y(1,2) = \prod_{m=1}^{M} \left(\frac{Y_m^2}{Y_m^1} \right)^{\frac{1}{2}(\omega_{m1} + \omega_{m2})} \qquad (4.21)$$

其中，权重为：

$$\frac{1}{2}(\omega_m^1 + \omega_m^2) = \frac{1}{2} \left(\frac{P_m^1 Y_m^1}{\sum\limits_{m=1}^{M} P_m^1 Y_m^1} + \frac{P_m^2 Y_m^2}{\sum\limits_{m=1}^{M} P_m^2 Y_m^2} \right) \qquad (4.22)$$

在汤式 TFP 指数中，投入数量指数为：

$$X(1,2) = \prod_{n=1}^{N} \left(\frac{X_n^2}{X_n^1} \right)^{\frac{1}{2}(\varphi_n^1 + \varphi_n^2)} \qquad (4.23)$$

其中，权重为：

$$\frac{1}{2}(\varphi_n^1 + \varphi_n^2) = \frac{1}{2} \left(\frac{P_n^1 X_n^1}{\sum\limits_{n=1}^{N} P_n^1 X_n^1} + \frac{P_n^2 X_n^2}{\sum\limits_{n=1}^{N} P_n^2 X_n^2} \right) \qquad (4.24)$$

汤式 TFP 为：

$$TFP_T = \frac{Y(1,2)}{X(1,2)} \qquad (4.25)$$

汤式 TFP 指数的增长率为：

$$\text{TFPI}_T = \ln\left[\frac{Y(1,2)}{X(1,2)}\right] \tag{4.26}$$

指数方法的优点在于方便计算，但是由于在指数方法中需要产出和投入的价格信息，所以限制其应用。

4.2.1.3　生产前沿分析方法

所谓的"生产前沿"（production frontier）概念是生产函数概念向多种产出情形下的一种推广。如果生产过程中，具有多种产出的特点，那么利用生产函数对其生产过程中投入和最优产出之间进行描述会比较麻烦，不利于进行相关的理论推导和描述。因此，生产率相关的研究文献中，往往利用生产前沿这一概念，描述多种产出情形下，给定投入向量 X，所对应的最优产出 Y^*。但是在现实应用中，最优产出 Y^* 往往不具有可观测性，所以采用距离函数（distance function）的概念来衡量实际投入向量 X 与最优投入向量 X 之间的比例（Shephard，1970）（投入距离函数 $D_I(X, Y)$）及实际产出向量 Y 与最优产出 Y^* 之间的比例（产出距离函数 $D_O(X, Y)$）。

利用距离函数（Nishimizu and Page，1982），将 TFP 增长分解为：

$$\text{TFPI} = \frac{D_0^2(X_2,Y_2)}{D_0^1(X_1,Y_1)} \times \left[\frac{D_0^1(X_2,Y_2)}{D_0^2(X_2,Y_2)} \times \frac{D_0^1(X_1,Y_1)}{D_0^2(X_1,Y_1)}\right]^{1/2} \tag{4.27}$$

在分解式（4.27）中：

$$\frac{D_0^2(X_2,Y_2)}{D_0^1(X_1,Y_1)} \tag{4.28}$$

衡量了第 1 期和第 2 期之间技术效率变化指数（technical efficiency change index）。

$$\left[\frac{D_0^1(X_2,Y_2)}{D_0^2(X_2,Y_2)} \times \frac{D_0^1(X_1,Y_1)}{D_0^2(X_1,Y_1)}\right]^{1/2} \tag{4.29}$$

衡量了第 1 期和第 2 期之间技术进步指数（technical change lndex）。

分解式（4.27）是生产前沿分析方法的理论基础，如何利用实际数据，对分解式（4.27）进行计算主要有非参数估计方法——数据包络分析方法（DEA），以及参数估计方法——随机前沿方法（SFA）。

数据包络分析方法（DEA）在获得 J 个评价单元投入和产出向量 $(X_j, Y_j), j = 1, 2, \cdots, J$ 样本数据的基础上，通过求解如下的线性规划，获得第

t 期产出距离函数的样本估计：

$$\underset{\phi,\delta}{Max} \quad \phi = \left[D_O^t(X_{it}, Y_{it}) \right]^{-1}$$

$$s.t. \quad \sum_{j=1}^{J} \delta_j Y_{mjt} \geq \phi Y_{mjt} \qquad m = 1, 2, \cdots, M$$

$$\sum_{j=1}^{J} \delta_j X_{njt} \geq \phi X_{njt} \qquad n = 1, 2, \cdots, N \qquad (4.30)$$

从式（4.30）DEA 方法关于产出距离函数的估计方法中可以看出，DEA 方法并不需要我们对距离函数的具体形式做任何事前假设，这也是为什么把 DEA 方法作为一种非参数估计方法的原因，这是 DEA 方法的优势之一。但是从式（4.30）DEA 方法关于产出距离函数的估计方法中也同时可以看出，DEA 方法在估计距离函数的时候，并没有考虑到数据噪声、测量误差对测算结果所可能造成的影响，所以 DEA 方法把实际可观测到的投入和产出与最优投入和产出之间的差距，完全归因于生产过程中的效率损失，这样的处理方法过于理想化，与现实生产过程并不符合，这是影响 DEA 方法有效性的重要原因。

相比于 DEA 方法，SFA 方法则将生产函数具体设定，例如：

$$Y_{it} = (f^t(X_{it}) e^{v_{it}}) e^{-u_{it}} \qquad (4.31)$$

其中，v_{it} 是模型中的随机误差项，对数据噪声、变量测量误差等随机因素进行了控制，u_{it} 是 SFA 模型中无效率项，衡量了实际可观测到的投入和产出与最优投入和产出之间的差距。

基于 SFA 模型的设定，可以对生产率变动中的效率变动进行如下的估计：

$$\frac{D_O^2(X_2, Y_2)}{D_O^1(X_1, Y_1)} = \frac{E(e^{-u_{i2}} \mid v_{i2} - u_{i2})}{E(e^{-u_{i1}} \mid v_{i1} - u_{i1})} \qquad (4.32)$$

同时，基于 SFA 模型的设定，可以对生产率变动中的技术进步进行如下的估计：

$$\left[\frac{D_O^1(X_2, Y_2)}{D_O^2(X_2, Y_2)} \times \frac{D_O^1(X_1, Y_1)}{D_O^2(X_1, Y_1)} \right]^{1/2} = \left[\frac{f^1(X_{i1})}{f^2(X_{i1})} \times \frac{f^1(X_{i2})}{f^2(X_{i2})} \right]^{1/2} \qquad (4.33)$$

SFA 方法需要对生产函数进行具体的函数设定，但是在模型中可以将随机因素和效率损失进行有效的分解，并利用统计分析工具对其统计性质进行检验和估计。但是目前从理论上来说，还并不能对 DEA 方法和 SFA 方法进行一个最优选择，这两种方法都有其各自理论上的优势。

4.2.2　中国地区制造业生产效率测度分析

本章利用 2011~2021 年中国 30 个省际地区（不含西藏及港澳台地区）制造业的宏观加总数据，并通过建立 SFA 模型对中国地区制造业全要素生产率指数进行估计。本章选择省际地区制造业生产总值衡量总产出水平，并将 2011 年作为基期，采用定基比 GDP 平减指数，对其进行平减处理，剔除价格影响。选择省际地区制造业资本存量衡量资本投入要素水平，借鉴单豪杰（2008）采用的永续盘存法对资本存量进行计算。选择省际地区制造业就业人数衡量劳动要素投入水平。数据来自 2012~2022 年的《中国工业经济统计年鉴》《中国统计年鉴》。本章借鉴段敏芳和吴俊成（2017）、于斌斌（2017）的研究，建立如下的 SFA 模型：

$$\ln Y_{it} = \beta_0 + \beta_1 t + \beta_2 \ln K_{it} + \beta_3 \ln L_{it} + v_{it} - u_{it}$$

$$u_{it} = u_i \left[1 + \exp(\gamma_1 t + \gamma_2 t^2) \right]^{-1} \tag{4.34}$$

其中，Y_{it} 表示第 t 年 i 地区制造业的总产出水平，K_{it} 表示第 t 年 i 地区制造业的资本要素投入水平，L_{it} 表示第 t 年 i 地区制造业的劳动要素投入水平，v_{it} 表示随机误差项，u_{it} 表示无效率项。采用最大似然方法对 SFA 模型（4.34）进行系数估计，估计结果如表 4.3 所示。

表 4.3　　　　　　　　省际地区制造业 SFA 模型系数的 MLE 估计

系数	估计值	系数	估计值
β_0	1.7633 ***	β_3	0.3570 **
β_1	0.1156 **	γ_1	0.4180 ***
β_2	0.6803 ***	γ_2	0.9258 **
σ_v^2	0.2174 ***	σ_u^2	0.3591 ***
Wald 检验	23.7768 **	LR 检验	63.4515 ***

注：**，*** 分别表示 P<0.05，P<0.01。

从表 4.3 估计结果中可以看到，SFA 模型系数在 5% 的显著性水平上通过了检验，检验结果表明，无效率项是显著存在的，并且模型设定也较为合理。

在 SFA 模型系数估计的基础上，计算 2011～2021 年中国 30 个省际地区制造业的生产率指数值，用以分析不同地域之间制造业生产率的变化及地区差异，表 4.4 是全国、东部、中部、西部地区制造业生产率指数计算结果。

表 4.4 区域制造业生产率指数计算结果

年份	全国		东部地区		中部地区		西部地区	
	均值	标准差	均值	标准差	均值	标准差	均值	标准差
2011～2012	1.5453	2.0328	1.4840	1.1381	0.9956	0.8189	2.0509	3.1184
2012～2013	1.2617	1.1607	1.0450	0.6971	1.0611	0.9063	1.6227	1.6080
2013～2014	1.5317	1.6249	1.5060	1.6992	1.7222	2.1844	1.3991	1.0900
2014～2015	1.6327	1.9765	1.9640	3.0822	1.8756	1.3631	1.1327	0.9243
2015～2016	1.7247	2.0750	1.3250	1.2341	1.4833	1.5188	2.2855	2.9515
2016～2017	1.6863	1.6614	2.8920	2.2595	1.0233	0.7205	1.1327	0.8990
2017～2018	1.5863	1.7061	1.2560	1.1950	2.4644	2.5451	1.1682	0.9893
2018～2019	1.6793	2.2765	1.1550	1.2944	1.6633	1.1085	2.1691	3.4639
2019～2020	1.5810	1.8567	2.0130	2.8917	0.6900	0.8219	1.9173	0.9516
2020～2021	1.5927	1.6798	2.0311	2.9830	0.7734	0.8038	2.0921	1.3821

资料来源：笔者根据计算自行整理。

表 4.4 中的计算结果中，全国 30 个省际地区制造业的生产率指数的平均值在 2011～2021 年在数值上都超过了 1，说明 2011～2021 年省际地区制造业生产率平均来看呈现每年不断提高的增长趋势。其中，东部地区制造业的生产率指数的平均值在 2011～2021 年在数值上都超过了 1，可见东部地区制造业生产率平均来看也呈现不断提高的增长趋势；中部地区制造业的生产率指数在 2011～2012 年、2019～2020 年、2020～2021 年的平均值均小于 1，说明在这些时间段内中部地区制造业的生产率平均来看出现了下降的趋势；西部地区制造业的生产率指数的平均值在 2011～2020 年在数值上都超过了 1，说明 2011～2020 年东部地区制造业生产率平均来看呈现出不断提高的增长趋势。总体来看，从三大区域制造业生产率增长的速度来看，西部地区制造业生产率增长的速度要高于东部、中部地区，其中，中部地区在近几年出现过下降的趋势。

在 SFA 模型系数估计的基础上，计算 2011～2021 年中国 30 个省际地区制造业的生产率指数的分解结果——效率变动，用以分析不同地域之间制造业效率变动及地区差异，表 4.5 是全国、东部、中部、西部地区制造业效率变动计算结果。

表 4.5　　　　　　　　　　区域制造业效率变动计算结果

年份	全国		东部地区		中部地区		西部地区	
	均值	标准差	均值	标准差	均值	标准差	均值	标准差
2011～2012	0.7973	1.0958	0.8000	0.6202	0.5167	0.4313	1.0245	1.6911
2012～2013	1.7573	1.5942	1.4210	0.9501	1.4544	1.2470	2.3109	2.1865
2013～2014	0.7110	0.7525	0.6160	0.6927	0.7289	0.8883	0.7827	0.7509
2014～2015	2.8060	3.6066	3.5580	5.6360	3.2622	2.4659	1.7491	1.5125
2015～2016	1.6523	2.1694	1.3910	1.3031	1.4322	1.4148	2.0700	3.1961
2016～2017	3.0617	3.0741	4.4370	3.4804	1.5911	1.0097	3.0145	3.4421
2017～2018	3.3410	4.0395	2.8300	3.0007	5.5556	6.0639	1.9936	1.7691
2018～2019	0.3950	0.5116	0.2770	0.3065	0.4056	0.2729	0.4936	0.7683
2019～2020	1.9393	2.7263	2.9630	4.3978	0.9989	1.2679	1.7782	0.9946
2020～2021	0.9022	2.8091	2.7790	3.9821	0.5031	1.1103	1.8925	0.9038

资料来源：笔者根据计算自行整理。

从表 4.5 的计算结果来看，全国制造业效率变动的均值在 2011～2012 年、2013～2014 年、2018～2019 年、2020～2021 年均小于 1，说明从平均来看，全国制造业的技术效率水平在这 4 个时间段里出现了明显的下降。全国制造业效率变动的均值在 2012～2013 年、2014～2015 年、2015～2016 年、2016～2017 年、2017～2018 年、2019～2020 年的平均值大于 1，说明在这 6 个时间段里全国制造业技术效率水平平均来说呈现增加的趋势。其中，东部地区制造业效率变动的均值在 2011～2012 年、2013～2014 年、2018～2019 年均小于 1，说明从平均来看，东部地区制造业的技术效率水平在这 3 个时间段里出现了明显的下降。东部地区制造业效率变动的均值在 2012～2013 年、2014～2015 年、2015～2016 年、2016～2017 年、2017～2018 年、2019～2020 年、2020～2021 年的平均值大于 1，说明在这 7 个时间段里东部地区制造业技术效率水平平均来说呈现增加的趋势；中部地区制造业效率变动的均值在 2011～2012 年、2013～2014 年、2018～2019 年、2020～2021 年均小于 1，说明从平均来看，中部地区制造业的技术效率水平在这 4 个时间段里出现了明显的下降。中部地区制造业效率变动的均值在 2012～2013 年、2014～2015

年、2015～2016 年、2016～2017 年、2017～2018 年、2019～2020 年的平均值大于 1，说明在这 6 个时间段里中部地区制造业技术效率水平平均来说呈现增加的趋势；西部地区制造业效率变动的均值在 2013～2014 年、2018～2019 年均小于 1，说明从平均来看，西部地区制造业的技术效率水平在这 2 个时间段里出现了明显的下降。西部地区制造业效率变动的均值在 2012～2013 年、2014～2015 年、2015～2016 年、2016～2017 年、2017～2018 年、2019～2020 年、2020～2021 年的平均值大于 1，说明在这 7 个时间段里西部地区制造业技术效率水平平均来说呈现增加的趋势。总体来看，从东部、中部、西部地区制造业技术效率的变化趋势比较来看，西部地区制造业技术效率的提高相比于东部、中部地区更为明显。

在 SFA 模型系数估计的基础上，计算 2011～2021 年中国 30 个省际地区制造业的生产率指数的分解结果——技术进步，用以分析不同地域之间制造业技术进步及地区差异，表 4.6 是全国、东部、中部、西部地区制造业技术进步计算结果。

表 4.6　　　　　　　　　区域制造业技术进步计算结果

年份	全国		东部地区		中部地区		西部地区	
	均值	标准差	均值	标准差	均值	标准差	均值	标准差
2011～2012	1.9737	0.2539	1.8580	0.0569	1.9122	0.1200	2.1291	0.3594
2012～2013	0.7203	0.0365	0.7370	0.0095	0.7300	0.0166	0.6973	0.0512
2013～2014	2.2497	0.3773	2.4140	0.0932	2.3500	0.2665	2.0182	0.5032
2014～2015	0.6067	0.0792	0.5770	0.0607	0.5789	0.0647	0.6564	0.0850
2015～2016	1.1107	0.3523	0.9600	0.0231	0.9956	0.1367	1.3418	0.5011
2016～2017	0.5853	0.1659	0.6690	0.1010	0.6456	0.1140	0.4600	0.1807
2017～2018	0.5283	0.1060	0.4730	0.0965	0.4944	0.0886	0.6064	0.0844
2018～2019	4.1810	0.2123	4.0990	0.1647	4.0911	0.1727	4.3291	0.2107
2019～2020	0.8633	0.3655	0.6870	0.0625	0.7211	0.1267	1.1400	0.4873
2020～2021	0.6324	0.3204	0.5693	0.0331	0.8370	0.1392	1.3921	0.3392

资料来源：笔者根据计算自行整理。

从表 4.6 的计算结果中可以看到，全国制造业技术进步的均值在 2012～2013 年、2014～2015 年、2016～2017 年、2017～2018 年、2019～2020 年、2020～2021 年均小于 1，说明从平均来看，全国制造业在这 6 个时间段里并没有出现明显的技术提高。全国制造业技术进步的均值在 2011～2012 年、2013～2014 年、2015～2016 年、2018～2019 年的平均值大于 1，说明在这 4 个时间段里全国制造业技术水平平均来说呈现增加的趋势。东部地区制造业技术进步的均值在 2012～2013 年、2014～2015 年、2015～2016 年、2016～2017 年、2017～2018 年、2019～2020 年、2020～2021 年均小于 1，说明从平均来看，东部地区制造业在这 7 个时间段里并没有出现明显的技术进步。东部地区制造业技术进步的均值在 2013～2014 年、2018～2019 年的平均值大于 1，说明在这两个时间段里东部地区制造业技术水平呈现增加的趋势。中部地区制造业技术进步的均值在 2012～2013 年、2014～2015 年、2015～2016 年、2016～2017 年、2017～2018 年、2019～2020 年、2020～2021 年均小于 1，说明从平均来看，中部地区制造业在这 7 个时间段里并没有出现明显的技术进步。中部地区制造业技术进步的均值在 2011～2012 年、2013～2014 年、2018～2019 年的平均值大于 1，说明在这 3 个时间段里中部地区制造业技术水平呈现增加的趋势。西部地区制造业技术进步的均值在 2012～2013 年、2014～2015 年、2016～2017 年、2017～2018 年均小于 1，说明从平均来看，西部地区制造业在这 4 个时间段里并没有出现明显的技术进步。西部地区制造业技术进步的均值在 2011～2012 年、2013～2014 年、2015～2016 年、2018～2019 年、2019～2020 年、2020～2021 年的平均值大于 1，说明在这 6 个时间段里西部地区制造业技术进步呈现上升的趋势。通过对东部、中部和西部制造业技术进步进行比较，西部地区相比东部和中部地区更为明显。

总体来看，无论是从制造业生产率指数的角度，还是其分解的制造业效率变动、制造业技术进步的角度来分析，西部地区制造业生产率增长变动是最大的，可见，西部地区制造业的"后发优势"明显，并且仍有较大的发展空间。

4.3　基于企业数据的生产效率测度分析

本节的研究将利用中国 2011～2021 年制造业的 1049 家微观企业的相关数据，采用微观企业数据的生产效率测算方法进行中国制造业企业的测算研究，并对测算结果进行了对比分析，力图揭示中国制造业企业 2011～2021 年生产效率的总体变化及行业分布等特征事实。

4.3.1 制造业企业生产效率的测度

4.3.1.1 生产函数估计中的同时性偏差的来源

利用企业微观数据进行生产效率测算，相比于前述宏观加总数据，最大的差异在于企业微观投入和产出数据是企业最优生产决策的结果，所以利用企业微观数据进行生产函数或者生产前沿估计均会存在严重的内生性问题，对系数估计结果的有效性造成极大的影响，美国哈佛大学的著名经济学家首次注意到此问题（Marschak and Andrews，1944）。但是这个问题一直困扰经济学家。为了解决生产函数估计中的内生性偏差，蒙德拉克（Mundlak，1961）首次利用面板数据的固定效应模型。蒙德拉克的研究也是导致经济学研究开始关注面板数据中个体效应工具的原创性研究之一。纳洛夫（Nerlove，1965）尝试将 Cobb - Douglas 型生产函数通过对偶理论转换为成本函数形式来解决生产函数估计中所存在的内生性问题。但是对于成本函数的估计需要多种投入要素的价格信息，这些信息往往在生产率测算研究中并不容易获得。近 30 年来，随着世界各个国家关于企业微观数据的获得更加容易，数据质量也不断提高，学术界对于基于微观数据的企业生产率测算的理论研究也有所突破，形成了奥利和帕克斯（Olley and Pakes）方法，（简称 OP 方法）、莱文森和佩特林（Levinsohn and Petrin）方法（简称 LP 方法）等一些应用广泛的企业要素生产率的测算方法。

为了理解 OP 方法、LP 方法的特点及适用性，我们需要对企业微观生产函数估计中所存在的同时性偏差（simultaneity bias）进行一个说明。

我们以如下的 Cobb - Douglas 型生产函数的估计为例：

$$\ln Y_{it} = \beta_1 \ln K_{it} + \beta_2 \ln L_{it} + u_{it} \tag{4.35}$$

当我们用地区型或者行业型加总数据对 Cobb-Douglas 型生产函数（4.35）进行估计的时候，由于模型中的产出变量 Y 和投入变量 K 和 L 是统计加总后的结果，并不涉及具体厂商关于要素投入的生产决策，这也使得模型中的误差项 u 是一种随机误差，它所包含的是不可观测到的技术冲击和测算误差等因素对产出的影响。所以当我们利用加总数据对 Cobb-Douglas 型生产函数（4.35）进行估计的时候，我们可以假设投入变量 K 和 L 是外生性解释变量，满足回归方程的经典假设，可以运用 OLS 方法进行方程估计。

　　但是当我们应用企业层面的微观数据对 Cobb-Douglas 型生产函数 (4.35) 进行估计的时候，投入变量 K 和 L 并不具有外生性，投入变量 K 和 L 与误差项 u 之间具有相关性。这导致了经典回归假设不满足。那么为什么利用微观数据进行估计的时候，投入变量 K 和 L 与误差项 u 之间具有相关性呢？其原因在于当我们利用企业层面的微观数据对 Cobb-Douglas 型生产函数 (4.35) 进行估计时，投入变量 K 和 L 是并不是统计加总的结果。在微观数据生产函数估计中，投入变量 K 和 L 是厂商在面对自身生产率条件下的一种最优选择的结果。换句话说，在微观数据生产函数中，误差项 u 包含了企业生产率信息，投入变量 K 和 L 是基于企业生产率条件下的最优选择，这使得误差项 u 和投入变量 K 和 L 具有相关性，不再满足经典假设的要求。马尔沙克和安德鲁斯（Marschak and Andrews）最早注意到这个问题，并且把误差项 u 以及投入变量 K 和 L 具有相关性所导致的回归系数估计的偏差称之为微观生产函数估计的"同时性偏差"（simultaneity bias）。

4.3.1.2　企业生产率测算的 OP 方法和 LP 方法

　　为了解决生产函数估计中内生性偏差，蒙德拉克（1961）创造性地利用面板数据的固定效应模型，将误差项 u_{it} 中所含有的生产率信息用个体固定效应分离出来，

$$\ln Y_{it} = \alpha_i + \beta_1 \ln K_{it} + \beta_2 \ln L_{it} + \varepsilon_{it} \qquad (4.36)$$

其中，α_i 表示个体固定效应，可以衡量企业生产效率水平；ε_{it} 表示模型中的误差项。虽然固定效应形式下的生产函数模型 (4.36) 在一定程度上解决了误差项 u 以及投入变量 K 和 L 具有相关性的问题。但是利用个体固定效应 α_i 反映不同企业的生产率，还是有一些不足的地方。因为个体固定效应 α_i 不具备时间维度上的变化，如果用个体固定效应 α_i 反映企业的生产率水平，那么相当于假设企业的生产率水平虽然具有截面的差异，但是在整个样本的时间段内是没有变化的。这无疑是过于苛刻的假设条件，所以单纯利用面板数据的固定效应模型进行生产函数的估计从理论上来说，是有相当的局限性的。也有研究尝试利用工具变量方法解决生产函数估计中的内生性偏差问题，在完全竞争市场下，投入要素价格从理论上可以作为要素投入的工具变量，但是有关完全竞争市场下，投入要素价格的信息非常难以获得，另外就是企业之间投入要素价格的差异非常小，使得工具变量估计的效果不佳。

OP 方法（Olley and Pakes，1996）、LP 方法（Levinsohn and Petrin，2003）是使用最广的两种企业生产率的估算方法（鲁晓东和连玉君，2012；杨汝岱，2015；Giannetti et al.，2015），这两种方法的共同点就是利用选择合适的代理变量（Proxy Variable）解决微观生产函数估计中的同时性偏差问题；所不同的是 OP 方法将企业的投资作为代理变量，而 LP 方法将企业的中间投入作为代理变量。

以如下的 Cobb-Douglas 型生产函数的估计为例：

$$\ln Y_{it} = \beta_1 \ln K_{it} + \beta_2 \ln L_{it} + \omega_{it} + \varepsilon_{it} \qquad (4.37)$$

其中，ω_{it} 表示可以被企业观测到并影响到要素投入决策的生产率冲击；ε_{it} 表示生产函数中的误差项，包括不可观测的技术冲击和测量误差。

OP 方法通过对企业关于投资水平的动态决策过程的推导，得出如下的企业最优投资函数：

$$\ln I_{it} = f_t(\omega_{it}, \ln K_{it}) \qquad (4.38)$$

其中，I_{it} 表示企业的最优投资水平。式（4.38）建立起了 I_{it} 与 ω_{it}、$\ln K_{it}$ 的函数关系。并且从函数的增减性来看，$f_t(\cdot)$ 是严格增函数。

由于 $f_t(\cdot)$ 是严格增函数，所以可以导出如下的 ω_{it} 与 I_{it}、$\ln K_{it}$ 的函数关系：

$$\omega_{it} = f_t^{-1}(\ln I_{it}, \ln K_{it}) \qquad (4.39)$$

将式（4.39）代入式（4.37）中可得：

$$\ln Y_{it} = \beta_1 \ln K_{it} + \beta_2 \ln L_{it} + f_t^{-1}(\ln I_{it}, \ln K_{it}) + \varepsilon_{it} \qquad (4.40)$$

如果将 $\beta_1 \ln K_{it} + f_t^{-1}(\ln I_{it}, \ln K_{it})$ 表示为 $\Phi_t(\ln I_{it}, \ln K_{it})$，则式（4.40）可以表示为：

$$\ln Y_{it} = \beta_2 \ln L_{it} + \Phi_t(\ln I_{it}, \ln K_{it}) + \varepsilon_{it} \qquad (4.41)$$

如果要对模型（4.41）进行系数的识别与估计，就需要明确 $\Phi_t(\ln I_{it}, \ln K_{it})$ 的具体函数形式，但是这需要对模型施加过度的假设。所以 OP 方法建议对 $\Phi_t(\ln I_{it}, \ln K_{it})$ 部分进行非参数估计，这样，式（4.41）就是一个可以被估计的半参数回归模型，通过半参数回归模型方法就可以获得 $\hat{\beta}_2$ 和 $\hat{\Phi}_t$ 的半参数估计结果，这也是 OP 方法的第一个估计步骤。OP 方法的第二步就

是在 $\hat{\beta}_2$ 和 $\hat{\Phi}_t$ 的基础上，通过构建 ω_{it} 与 $\ln K_{it}$ 的总体矩方程，利用 GMM 方法获得 β_1 的估计。最后就是利用 $\hat{\beta}_1$ 和 $\hat{\beta}_2$ 的估计值代入生产函数中获得其残差的对数值，而这就是利用 OP 方法所获得的企业生产率的估计结果。

LP 方法相比于 OP 方法的差异之处并不需要对投资需求函数进行推导，而是将企业的中间投入引入生产函数之中：

$$\ln Y_{it} = \beta_1 \ln K_{it} + \beta_2 \ln L_{it} + \beta_3 \ln M_{it} + \omega_{it} + \varepsilon_{it} \qquad (4.42)$$

其中，M_{it} 表示企业生产过程中的中间投入。

LP 方法假设如下的中间投入需要函数：

$$\ln M_{it} = f_t(\ln K_{it}, \omega_{it}) \qquad (4.43)$$

由于 $f_t(\cdot)$ 是严格增函数，所以可以导出如下的 ω_{it} 与 $\ln M_{it}$、$\ln K_{it}$ 的函数关系：

$$\omega_{it} = f_t^{-1}(\ln M_{it}, \ln K_{it}) \qquad (4.44)$$

将式（4.44）代入式（4.42）中，可得：

$$\ln Y_{it} = \beta_1 \ln K_{it} + \beta_2 \ln L_{it} + \beta_3 \ln M_{it} + f_t^{-1}(\ln M_{it}, \ln K_{it}) + \varepsilon_{it} \qquad (4.45)$$

如果将 $\beta_1 \ln K_{it} + \beta_3 \ln M_{it} + f_t^{-1}$（$\ln M_{it}$, $\ln K_{it}$）记为 Φ_{it}，则式（4.45）可以简化为：

$$\ln Y_{it} = \beta_2 \ln L_{it} + \Phi_{it} + \varepsilon_{it} \qquad (4.46)$$

LP 方法的第一步是对式（4.45）进行半参数估计，获得 β_2 和 Φ_{it} 的估计。LP 方法的第二步还是建立更为复杂的总体矩条件，对系数 β_1 和 β_3 进行 GMM 估计。最后就是利用 $\hat{\beta}_1$、$\hat{\beta}_2$、$\hat{\beta}_3$ 的估计值代入生产函数中获得其残差的对数值，而这就是利用 LP 方法所获得的企业生产率的估计结果。

4.3.1.3　微观生产函数估计结果

基于数据可得性，本章采用 2011～2021 年 1049 家制造业企业微观面板数据，利用 LP 方法对 1049 家制造业企业的生产效率进行估计。对于企业的总产出水平，利用企业营业收入指标进行衡量并进行对数化处理（lnY）；对于企业的资本投入水平，利用企业固定资产净额指标进行衡量并进行对数化处理（lnK）；对于企业的劳动投入水平，利用企业支付给职工以及为职工支付的现金进行衡量并进行对数化处理（lnL）；对于中间投入，本章的衡量方式是：营业成本＋销售费用＋管理费用＋财务费用－企业折旧摊销和支付给职工以及为职工支付的现金，并进行对数化处理（lnM）。

上述数据来自 CSMAR 和 Wind 数据库，时间跨度为 2011～2021 年。为了使分析资本与劳动对生产效率的影响更为客观，样本中所有的变量均以 2011 年为基期的实际值，其中，固定资产的净额采用固定资产投资价格指数平减得到，而营业收入和中间投入采用 GDP 平减指数平减得到，所有的价格指数都是以企业所在省当年的价格指数为依据。同时，对样本数据进行了如下的筛选：（1）剔除股票标识，因为 ST 和 ST* 的制造业企业经营状况出现异常，这对研究结果产生一定的影响，故将此类企业剔除；（2）为避免极端值的影响，对所有的变量均进行 1% 的缩尾。

本章利用 LP 方法所具体建立的生产函数形式如下：

$$\begin{cases} \ln Y_{it} = \beta_0 + \beta_1 \ln K_{it} + \beta_2 \ln L_{it} + \beta_3 \ln M_{it} \\ \qquad + \sum_m \delta_m year_m + \sum_n \lambda_n reg_n + \sum_k \eta_k ind_k + \omega_{it} + \varepsilon_{it} \end{cases} \quad (4.47)$$

其中，$year_m$、reg_n、ind_k 分别是控制时间、地区、行业的虚拟变量。

从表 4.7 的估计结果中可以看到，OLS 估计和 FE 估计结果类似，说明固定效应方法并不能很好地解决微观生产函数的同时性偏差问题。而 LP 估计与 OLS 估计和 FE 估计结果具有显著的差异，LP 估计可以较好地解决微观生产函数的同时性偏差问题。

表 4.7　　　　　　　　微观企业生产函数的系数估计结果

变量	OLS 估计	FE 估计	LP 估计
lnK	0.2771 ***	0.2617 ***	0.4039 ***
lnL	0.5064 ***	0.5189 ***	0.2207 ***
lnM	0.7908 ***	0.8204 ***	0.4206 ***

注：*** 表示 P<0.01。

4.3.2　制造业企业生产效率的特征分析

利用前述 LP 方法所获得的 2011～2021 年 1049 家制造业企业生产效率估

计结果，可以从微观视角上对制造业生产效率分布及变化情况进一步分析。

从表4.8中的计算结果可以看到，2011~2021年1049家制造业企业生产效率的均值从2011年的11.9740提高到2021年的12.7784，呈现持续提升的变化趋势。从2011~2021年1049家制造业企业生产效率的标准差来看，从2011年的61.7612提高为2021年的62.0459，制造业企业之间生产效率的差异呈现不断提高的趋势。

表4.8   **2011~2021年制造业企业生产率估计结果**

年份	2011	2012	2013	2014	2015	2016
均值	11.9740	12.0052	12.1049	12.1747	12.1997	12.3092
标准差	61.7612	61.7909	61.8186	61.8469	61.8767	61.9044

年份	2017	2018	2019	2020	2021
均值	12.4833	12.5754	12.6046	12.6377	12.7784
标准差	61.9301	61.9581	61.9885	62.0189	62.0459

资料来源：笔者自行计算并整理。

为了分析不同产权特征和技术特征制造业企业生产率的差异及变化，本章将1049家制造业企业根据所有制类型，划分为国有企业（391家）和民营企业（658家）。同时为了分析不同技术条件下国有企业和民营企业生产效率的差异及变化，本章根据制造业企业的行业技术特征将制造业企业分为高技术企业（包括医药制造，航空、航天器及设备制造，计算机及办公设备制造，医疗仪器设备及仪器仪表制造，信息化学品制造，电子及通信设备制造）和非高技术企业，其中高技术国有企业（93家）、非高技术国有企业（298家）、高技术民营企业（258家）、非高技术民营企业（400家）。表4.9展示了不同制造业企业生产效率变化及分布。

表4.9   **不同类型制造业企业生产率的变化及分布**

年份	高技术国有企业		非高技术国有企业		高技术民营企业		非高技术民营企业	
	均值	标准差	均值	标准差	均值	标准差	均值	标准差
2011	9.9863	1.0988	9.9132	0.9997	9.5353	0.9664	10.7636	1.2450
2012	10.0790	1.1063	9.9398	0.9898	9.5874	0.9559	10.7605	1.2547
2013	10.1827	1.0941	10.0352	0.9763	9.7162	0.9712	10.8364	1.2627
2014	10.2678	1.0873	10.0926	0.9778	9.8537	0.9663	10.8565	1.2355
2015	10.3347	1.0758	10.1135	0.9855	9.9510	0.9708	10.8080	1.2249

年份	高技术国有企业		非高技术国有企业		高技术民营企业		非高技术民营企业	
	均值	标准差	均值	标准差	均值	标准差	均值	标准差
2016	10.4365	1.0683	10.2048	1.0076	10.1171	0.9931	10.8924	1.2443
2017	10.5440	1.0485	10.4156	1.0079	10.2611	1.0275	11.0610	1.2490
2018	10.6553	1.0631	10.5176	0.9988	10.3373	1.0499	11.1450	1.2455
2019	10.6579	1.0957	10.5312	1.0049	10.3594	1.0757	11.2060	1.2582
2020	10.7098	1.0893	10.5636	1.0440	10.3803	1.1043	11.2415	1.2802
2021	10.7932	1.1311	10.7131	1.0841	10.5035	1.1140	11.4008	1.2951

资料来源：笔者自行计算并整理。

从表4.9中的计算结果可以看到，2011～2021年高技术国有企业生产效率的均值从2011年的9.9863提高到2021年的10.7932，呈现持续提升的变化趋势。2011～2021年高技术国有企业生产率的标准差从2011年的1.0988提高为2021年的1.1311，高技术国有企业生产效率之间的差异变化并不明显。2011～2021年非高技术国有企业生产率的均值从2011年的9.9132提高到2021年的10.7131，呈现出持续提升的变化趋势。2011～2021年非高技术国有企业生产率的标准差从2011年的0.9997提高为2021年的1.0841，非高技术国有企业生产效率之间的差异呈现不断扩大的趋势。2011～2021年高技术民营企业生产率的均值从2011年的9.5353提高到2021年的10.5035，呈现持续提升的变化趋势。2011～2021年高技术民营企业生产效率的标准差从2011年的0.9664提高为2021年的1.1140，高技术民营企业生产效率之间的差异呈现扩大的趋势。2011～2021年非高技术民营企业生产效率的均值从2011年的10.7636提高到2021年的11.4008，呈现持续提升的变化趋势。2011～2021年非高技术民营企业生产效率的标准差从2011年的1.2450提高为2021年的1.2951，非高技术民营企业生产效率之间的差异没有明显的变化。

从高技术国有企业和高技术民营企业的对比来看，2011～2021年高技术国有企业的生产效率始终明显高于高技术民营企业的生产效率。但是对于非高技术国有企业和非高技术民营企业来说，其变化特征与不同产权特征的高技术企业正好相反，2011～2021年，非高技术国有企业的生产效率始终低于非高技术民营企业的生产效率。

由此可见，产权不同导致的资源配置差异会影响生产效率的提升，尤其是在不同产权企业内部，创新资源分配的不均衡和不充分会导致生产效率的差距。在高技术行业，国有企业更能发挥其比较优势，如融资、人才、信息等方面拥有较强的优势。其中，高技术国有企业具有更丰富的融资渠道与更低的融资成本。与此同时，高技术国有企业对高技术人才的吸纳能力更强，高技术国有企业依靠信息优势，在技术创新方面占据很大的市场份额，成为其生产效率更高的重要因素。然而在非高技术行业，民营企业比较优势更为明显，尽管其在资源配置上存在一定的劣势，但是更加重视自身的技术提升与产业规模的调整，所以非高技术民营企业生产效率要高于非高技术国有企业。

4.4　本章小结

首先，本章介绍了制造业企业数字化转型的测度方法。一方面，本章回溯已有研究中关于数字化转型的测度方法，如信息技术能力和数字化投资等作为数字化转型的替代指标。另一方面，本章在已有研究的基础上，采用文本分析法对制造业企业数字化转型指标进行了测度，主要关注数字化技术应用、数字化生产方式和业务模式转型三个方面进行系统性的测度。此外，基于数字化转型测度的结果，本章从不同层次展开了特征分析。第一，数字化转型的技术维度。制造业企业数字化转型整体水平逐年提高，人工智能、区块链、云计算和大数据水平均呈现逐年上升的趋势，其中大数据与云计算技术水平增长最快。第二，数字化转型的业态维度。制造业企业数字化生产方式水平最高，其次是业务模式转型和数字化技术应用。其中，从行业特征来看，制造业企业数字化转型呈现明显的行业异质性，计算机、通信和其他电子设备制造业、电子机械和器材制造业等技术密集型特征的高技术类制造业企业数字化转型程度更高，而以劳动密集型为主的制造业企业数字化转型相对较低。从所有制特征来看，国有制造业企业数字化转型程度低于民营制造业企业，并且两者之间的数字化转型水平差距不断扩大。从区域特征来看，制造业企业数字化转型水平整体呈现出"东快西慢"的态势。具体来说，东部地区企业数字化转型高于其他地区，而东北部地区相对最低。

其次，本章从生产效率测度的角度进行分析，主要涉及宏观加总数据的生产效率测度方法和微观数据的生产效率测度方法。对宏观加总数据生产效率的测度方法，主要包括增长核算法、指数法等为典型的非生产前沿分析方法以及以数据包络法和随机前沿分析法为典型的生产前沿分析法。其中，本章采用随机前沿分析法对全国及东部、中部、西部地区的制造业生产效率进行了测度。研究结果发现，在生产效率测度方面，西部地区制造业生产效率增长速度快于东部与中部地区，而中部地区在近年呈现下降的趋势。另外，从分项效率变动来看，西部地区制造业效率的提高要高于东部与西部地区；从技术进步趋势来看，西部地区仍然是相比东部和中部地区更明显。

最后，本章阐释基于企业数据的生产效率测度的两种主流方法包括 OP 与 LP 方法的估计思路，本章选取 LP 方法对 1049 家制造业企业生产效率进行估计。一方面，本章通过测度发现，制造业企业生产效率均值在 2011～2021 年呈现持续上升的变化趋势。另一方面，依据所有制的不同、技术水平的差异，本章分别将制造业企业划分为高技术国有企业、高技术民营企业、非高技术国有企业、非高技术民营企业，通过对比生产效率来看，高技术国有企业的生产效率高于高技术民营企业的生产效率，但是对于非高技术国有企业和非高技术民营企业而言则正好相反，非高技术国有企业的生产效率低于非高技术民营企业的生产效率。

第 5 章

基于产权视角的数字化转型影响分析

在前述研究的基础上，本章从所有制的视角检验数字化转型是否对不同产权制造业企业的生产效率具有显著的影响，以及这种影响是促进还是抑制了企业生产效率的提升。同时，本章还研究了数字化转型对制造业企业生产效率的影响是否存在生产效率异质性，并探究了数字化转型通过哪些机制路径影响企业生产效率。通过回答这些问题，我们可以更客观地认识数字化转型和企业生产效率之间的作用关系，为我们理解产权制度的"激活效应"在数字化转型对制造业企业生产效率影响过程中所起到的作用提供新的经验证据。在全书的行文逻辑上，本章属于"实证分析"中的第一部分实证分析。

5.1 数字化转型对不同产权性质制造业企业生产效率影响

5.1.1 模型设定及截面相关性检验

为了检验企业数字化转型对其生产效率的影响关系是否存在，本章构建模型中的变量选择如下。

（1）被解释变量。模型中的被解释变量是企业的全要素生产率（TFP），本章将第 4 章中利用 LP 方法所获得的 1049 家制造业企业的全要素生产率的估计作为模型中被解释变量的样本值。

（2）解释变量。模型中的解释变量是企业的数字化转型，本章利用第 3 章中构建的企业数字化转型程度 1（DT^1）以及借鉴吴非（2021）刻画的指标，作为数字化转型程度 2（DT^2）衡量企业数字化转型的程度。

控制变量。为了避免遗漏变量问题，本章借鉴现有研究的思路（何小钢等，2019；何帆和秦愿，2019；韩孟孟等，2020；申丹虹和师王芳，2022），选择企业研发投入（RD），以企业 R&D 支出占营业收入的比重衡量；企业规模（Size），以企业总资产的对数衡量；企业年龄（Age），以当年年份减去企业成立年份来衡量；收益水平（Income），以企业净资产收益率衡量；营运能力（Turnover），以企业总资产周转率来衡量。

本章选取 2011~2021 年制造业企业作为数据样本。数据源于 Wind 数据库和企业年报。本章在初始样本的基础上进行如下处理：第一，剔除样本期间 ST 等特殊情形的样本；第二，个别缺失值采用插值法处理；第三，由于数据中有一些极端离群值，对所有连续变量都采用 1% 和 99% 的缩尾处理。最终得到 2011~2021 年 1046 家企业的面板数据。变量描述性统计如表 5.1 所示。

表 5.1　　　　　　　　　　　　变量描述性统计分析

变量	均值	标准差	最小值	最大值
TFP	10.4397	1.1820	5.2550	15.2291
DT^1	19.2843	42.3843	0	910
DT^2	29.4112	48.6499	0	965
RD	2.2543	1.7151	0	19.02
Size	22.2934	1.2195	18.9209	27.547
Age	12.2380	6.7517	0	30
Income	7.0034	12.7287	−204.6132	153.9459
Turnover	0.7025	0.4592	0.0060	7.8714

资料来源：笔者根据计算自行整理。

截面相关性（cross-sectional dependent）问题是微观面板数据计量分析中一个非常重要的概念，如果忽视面板数据的截面相关性特征，则会对模型的估计和检验都造成极为严重的干扰，造成实证研究结论的误判（Sarafidis et al.，2009）。由于本章实证模型中所使用的是制造业企业微观面板数据，但是由于这些企业之间极有可能由于所处行业的相似性，会具有较为显著的截面相关性。

在对面板数据模型是否存在截面相关性时，其基本思路是对面板数据模型进行系数估计，得到模型的残差序列 e_{it}，利用残差序列便可以根据下述公式计算截面单元 i 和 j 之间残差的样本相关系数：

$$\hat{\rho}_{ij} = \left(\sum_{t=1}^{T} e_{it}^2 \right)^{-1/2} \left(\sum_{t=1}^{T} e_{jt}^2 \right)^{-1/2} \sum_{t=1}^{T} e_{it}e_{jt} \tag{5.1}$$

CD_{lm} 检验方法（Pesaran，2004）是在式（5.1）的基础上，建立如下的 CD_{lm} 检验统计量：

$$CD_{lm} = \sqrt{\frac{1}{n(n-1)} \sum_{i=1}^{n-1} \sum_{j=i+1}^{n} (T\hat{\rho}_{ij} - 1)} \tag{5.2}$$

CD_{lm} 检验统计量（5.2）的极限分布是标准正态分布。但是当样本中时间维度 t 的大小比较有限的时候，CD_{lm} 检验统计量的有限样本分布与标准正态分布的差别比较大，造成检验结果存在较大的偏差。

针对上述问题，PUY_{lm} 检验被提出（Pesaran et al.，2008），PUY_{lm} 检验统计量的形式如下：

$$PUY_{lm} = \sqrt{\frac{2}{n(n-1)} \sum_{i=1}^{n-1} \sum_{j=i+1}^{n} \frac{(T-k)\hat{\rho}_{ij}^2 - \mu_{Tij}}{\sigma_{Tij}}} \tag{5.3}$$

其中，k 表示面板模型中解释变量个数，μ_{Tij} 表示 $(T-k)\hat{\rho}_{ij}^2$ 的期望值，σ_{Tij} 表示 $(T-k)\hat{\rho}_{ij}^2$ 的标准差。

巴尔塔吉语等（Baltagi et al.，2012）通过推导 CD_{lm} 检验统计量的有限样本偏差，提出如下的偏差修正 LM 检验统计量（LM_{BC}）：

$$LM_{BC} = \sqrt{\frac{1}{n(n-1)} \sum_{i=1}^{n-1} \sum_{j=i+1}^{n} (T\hat{\rho}_{ij} - 1)} - \frac{n}{2(T-1)} \tag{5.4}$$

因此，为了选择更为合适的研究方法和模型工具，本章首先建立如下的静态面板数据模型和动态面板数据模型：

$$\begin{cases} TFP_{it} = \alpha_i + \beta_1 DT_{it}^1 + \beta_2 DT_{it}^2 + \beta_3 RD_{it} + \beta_4 Size_{it} \\ \qquad + \beta_5 Age_{it} + \beta_6 Income_{it} + \beta_7 Turnover_{it} + \varepsilon_{it} \end{cases} \tag{5.5}$$

$$\begin{cases} TFP_{it} = \alpha_i + \gamma TFP_{it-1} + \beta_1 DT_{it}^1 + \beta_2 DT_{it}^2 + \beta_3 RD_{it} + \beta_4 Size_{it} \\ \qquad + \beta_5 Age_{it} + \beta_6 Income_{it} + \beta_7 Turnover_{it} + \varepsilon_{it} \end{cases} \tag{5.6}$$

其中，TFP_{it} 表示第 i 个制造业企业在时间 t 的全要素生产率，DT_{it}^1 表示第 i 个制造业企业在时间 t 的数字化转型水平 1，DT_{it}^2 表示第 i 个制造业企业在时间 t 的数字化转型水平 2，RD_{it} 表示第 i 个制造业企业在时间 t 的研发投入水平，$Size_{it}$ 表示第 i 个制造业企业在时间 t 的规模，Age_{it} 表示第 i 个制造业企业在时间 t 的年龄，$Income_{it}$ 表示第 i 个制造业企业在时间 t 的收益水平，$Turnover_{it}$ 表示第 i 个制造业企业在时间 t 的营运能力，α_i 表示模型中企业的个体效应，ε_{it} 表示模型的误差项。本章对模型（5.5）分别进行混合估计（POLS）、固定效应（FE）、随机效应（RE）估计、动态面板数据模型的 GMM 估计并分别对模型的残差序列进行截面相关性检验结果，估计及检验结果如表 5.2 所示。

表 5.2   面板模型截面相关性检验

变量	POLS	FE	RE	GMM
TFP（-1）				0.2947 ***
DT^1	0.0050 ***	0.0019	0.0030 ***	0.0032 ***
DT^2	0.0002	0.0022 **	0.0001	0.0003 ***
RD	0.0058 ***	0.0267 ***	0.0211 ***	0.0123 ***
Size	0.8280 ***	0.7659 ***	0.7880 ***	0.5730 ***
Age	0.0013 ***	0.0009	0.0012	0.0089
Income	0.0009 ***	0.0007 ***	0.0069 ***	0.0017 ***
Turnover	0.9528 ***	0.8795 ***	0.9059 ***	0.7700 ***
CD_{lm}检验	12.9328 ***	16.5736 ***	24.4633 ***	2.6438 **
PUY_{lm}检验	37.1972 ***	45.5689 ***	44.5180 ***	4.5840 ***
LM_{BC}检验	24.1415 ***	30.4599 ***	18.1335 ***	2.8561 **

注：**，*** 分别表示 P<0.05，P<0.01。

表 5.2 中列出了面板数据混合回归、固定效应模型、随机效应模型以及动态面板数据模型的 GMM 估计结果。从面板数据混合回归估计结果中可以看到，数字化转型水平 1 变量对制造业企业生产效率的影响系数为 0.0050，在 1% 的显著性水平下显著，说明数字化转型对制造业企业生产效率具有显著的提升作用。数字化转型水平 2 变量对制造业企业生产效率的影响系数为 0.0002，但是并不显著。在控制变量中研发投入水平、企业规模、企业年龄、企业收益水平、营运能力对制造业企业生产率具有显著的提升作用。但是面板数据混合回归残差的 CD_{lm} 检验、PUY_{lm} 检验、LM_{BC} 检验的结果分别为 12.9328、37.1972、24.1415，均在 1% 的显著性水平下拒绝原假设，说明面板数据混合回归中存在显著的截面相关性的影响和干扰。

从固定效应模型估计结果中可以看到，数字化转型水平 1 变量对制造业企业生产率的影响系数为 0.0019，但并不显著。数字化转型水平 2 变量对制造业企业生产率的影响系数为 0.0022，在 5% 的显著性水平下显著。所以单纯以数字化转型水平 2 变量的结果来看，数字化转型对制造业企业生产效率具有显著的提升作用。在控制变量中研发投入水平、企业规模、企业收益水平、营运能力对制造业企业生产率具有显著的提升作用，企业年龄变量的影响并不显著。固定效应模型残差的 CD_{lm} 检验、PUY_{lm} 检验、LM_{BC} 检验的结果分别为 16.5736、45.5689、30.4599，均在 1% 的显著性水平下拒绝原假设，说明固定效应模型中也存在显著的截面相关性的影响。

从随机效应模型估计结果中可以看到，数字化转型水平 1 变量对制造业企业生产效率的影响系数为 0.0030，在 1% 的显著性水平下显著。数字化转型水平 2 变量对制造业企业生产效率的影响系数为 0.0001，但影响不显著。所以单纯以数字化转型水平 1 变量的结果来看，数字化转型对制造业企业生产效率具有显著的提升作用。在控制变量中研发投入水平、企业规模、企业收益水平、营运能力对制造业企业生产率具有显著的提升作用，企业年龄变量的影响并不显著。随机效应模型残差的 CD_{lm} 检验、PUY_{lm} 检验、LM_{BC} 检验的结果分别为 24.4633、44.5180、18.1335，均在 1% 的显著性水平下拒绝原假设，说明随机效应模型的结果也受到了截面相关性的影响。

从动态面板模型的 GMM 估计结果中可以看到，数字化转型水平 1 变量对制造业企业生产效率的影响系数为 0.0032，在 1% 的显著性水平下显著。数字化转型水平 2 变量对制造业企业生产效率的影响系数为 0.0003，在 1% 的显著性水平下显著。数字化转型对制造业企业生产效率具有显著的提升作用。在控制变量中研发投入水平、企业规模、企业收益水平、营运能力对制造业企业生产率具有显著的提升作用，企业年龄变量的影响并不显著。动态面板模型残差的 CD_{lm} 检验、PUY_{lm} 检验、LM_{BC} 检验的结果分别为 2.6438、4.5840、2.8561，均在 5% 以上的显著性水平下拒绝原假设，说明动态面板模型的结果也受到了截面相关性的影响，但是由于加入了被解释变量的滞后项，截面相关性的影响有所降低。

5.1.2　截面相关性面板模型的设定及估计

从前述关于面板模型的截面相关性检验发现，模型中存在显著的截面相关性，如果忽视截面相关性的存在，将导致我们误判数字化转型对制造业企业生产效率影响的方向及大小。因此，如何对截面相关性进行处理是本章实证研究问题中一个具有挑战性的问题。截面相关性面板数据模型方法被称为近 20 年来面板数据计量经济模型发展最为重要的进展（Hsiao，2018）。

在截面相关性面板数据模型的处理中，应用比较广泛的就是因子面板数据回归模型（factor-augmented panel data regression models），因子结构可用于模拟未观察到的常见冲击和截面相关性。因子面板数据回归模型被广泛应用于经济学研究中，取得大量研究成果。此外，因子面板数据回归模型中主要形成了 CCE 方法（common correlated effect approach）（Pesaran，2006）、IPC 方法（iterated principal component approach）（Bai，2009）以及似然方法（likelihood approach）（Bai and Li，2014）。

为了对面板数据中所可能存在的不可直接观测的截面相关性进行有效控制，学者提出如下的包含多因子结构（Multifactor Structure）的异质性面板数据模型（Heterogeneous Panel Data Model）（Pesaran，2006）：

$$Y_{it} = X_{it}^T \beta_i + e_{it} \tag{5.7}$$

其中，Y_{it} 表示模型的被解释变量，X_{it} 表示模型的解释变量向量，e_{it} 表示模型的误差项，并且 e_{it} 具有显著的截面相关性，可以对 e_{it} 的异质性和截面相关性进行如下的刻画：

$$e_{it} = \gamma_i^T f_t + \varepsilon_{it} \tag{5.8}$$

其中，f_t 表示由不可观测的公共因子（unobserved common factor），γ_i 表示由不可观测的因子载荷（factor loading）向量，ε_{it} 表示满足外生性假设的误差项。由于在式（5.8）中，不可观测的公共因子 f_t 与模型中的解释变量 X_{it} 之间具有相关性，所以将多因子结构（multifactor structure）下的 e_{it} 称为具有公共相关效应（common correlated effects，CCE），导致模型（5.7）具有内生性。

除了内生性问题之外，模型（5.7）中 f_t 和 γ_i 的不可直接观测也是模型估计中需要解决的问题。通过理论推导证明模型中被解释变量和解释变量的线性加权和可以作为模型中 f_t 的代理变量（proxy variable）进行模型的系数估计，这就是所谓的 CCE 估计方法（common correlated estimator）。

为了对面板数据中所可能存在的不可直接观测的截面相关性进行有效控制，提出如下的包含多因子结构（multifactor structure）的同质面板数据模型（homogeneous panel data model）：

$$Y_{it} = X_{it}^T\beta + \gamma_i^Tf_t + \varepsilon_{it} \tag{5.9}$$

在模型（5.9）中，可以将 $\gamma_i^Tf_t$ 视为个体固定效应 γ_i 和时间固定效应 f_t 的交乘项。所以在模型（5.9）中允许 f_t 和模型解释变量 X_{it} 之间具有相关性，这是和 CCE 方法具有差异的地方。研究中将 γ_i、f_t 也看作模型的待估参数和回归参数 β 一起进行估计（Bai，2009）。通过进行如下的最小化，获得参数的估计：

$$(\hat{\beta},\hat{\gamma}_i,\hat{f}_t) = \text{argmin}NT^{-1}\sum_{i=1}^{N}\sum_{t=1}^{T}(Y_{it} - X_{it}^T\beta - \gamma_i^Tf_t)^2 \tag{5.10}$$

式（5.10）就是因子结构面板数据模型的 IPS 估计。

将 CCE 估计方法推广于如下的动态模型：

$$Y_{it} = \alpha_i + \lambda Y_{it-1} + X_{it}^T\beta + \gamma_i^Tf_t + \varepsilon_{it} \tag{5.11}$$

具体来说，就是将平均滞后项 $\overline{Z}_t = (\overline{Y}_{t-1}, \overline{X}_{t-1})$ 作为代理变量，得到如下的模型：

$$Y_{it} = \alpha_i + \lambda Y_{it-1} + X_{it}^T\beta + \sum_{l=0}^{P_T}\delta_{il}^T\overline{Z}_{t-1} + \varepsilon_{it} \tag{5.12}$$

其中，$P_T = [\sqrt[3]{T}]$。对式（5.12）进行参数估计就可以得到动态共同因子模型（5.11）参数的 CCE 估计。

本章利用动态公共因子模型（Chudik and Pesaran，2015），对企业数字化转型对全要素生产率影响模型中所存在的截面相关性进行控制，能够有效地降低由于截面相关性对实际研究结论的干扰。具体所建立的动态公共因子模型形式如下：

$$\begin{cases} \text{TFP}_{it} = \alpha_i + \gamma\text{TFP}_{it-1} + \beta_1\text{DT}_{it}^1 + \beta_2\text{DT}_{it}^2 + \beta_3\text{RD}_{it} + \beta_4\text{Size}_{it} \\ \quad + \beta_5\text{Age}_{it} + \beta_6\text{Income}_{it} + \beta_7\text{Turnover}_{it} + \gamma_i^Tf_t + \varepsilon_{it} \end{cases} \tag{5.13}$$

其中，TFP_{it} 表示第 i 个制造业企业在时间 t 的全要素生产率，DT_{it}^1 表示第 i 个制造业企业在时间 t 的数字化转型水平 1，DT_{it}^2 表示第 i 个制造业企业在时间 t 的数字化转型水平 2，RD_{it} 表示第 i 个制造业企业在时间 t 的研发投入水平，Size_{it} 表示第 i 个制造业企业在时间 t 的规模，Age_{it} 表示第 i 个制造业企业在时间 t 的年龄，Income_{it} 表示第 i 个制造业企业在时间 t 的收益水平，Turnover_{it} 表示第 i 个制造业企业在时间 t 的营运能力，α_i 表示模型中企业的个体效应，f_t 表示由不可观测的公共因子，γ_i 表示由不可观测的因子载荷向量，ε_{it} 表示模型的误差项。

　　本章基于 2011~2021 年 1046 家制造业企业微观数据，利用 CCE 估计方法对模型（5.13）进行系数估计。同时为了分析不同所有制企业和不同技术类型企业，数字化转型对其生产效率影响的差异，本章还将样本中制造业企业划分为国有企业和民营企业，将样本中制造业企业划分为高技术企业和非高技术企业，进行分样本估计。估计结果如表 5.3 所示。

表 5.3　　　　　　　　　动态公共因子模型的 CCE 估计

变量	全部样本	高技术国有企业	高技术民营企业	非高技术国有企业	非高技术民营企业
TFP（−1）	0.1442 ***	0.1579 ***	0.1201 ***	0.0967 ***	0.1551 ***
DT^1	0.0075 **	0.0094 ***	0.0048 *	0.0042 *	0.0116 ***
DT^2	0.0472 **	0.0627 ***	0.0213 **	0.0466 **	0.0791 ***
RD	0.0115 ***	0.0163 ***	0.0122 ***	0.0196 ***	0.0206 ***
Size	0.0946 ***	0.0837 ***	0.0870 ***	0.0761 ***	0.1117 ***
Age	0.0339	0.0102	0.0113 *	0.0144	0.0242
Income	0.0103 ***	0.0091 ***	0.0193 ***	0.0125 ***	0.0178 ***
Turnover	0.3987 ***	0.4385 ***	0.2221 ***	0.3322 ***	0.4182 ***
CD_{lm} 检验	0.7735	0.6792	0.4229	0.8826	0.7819
PUY_{lm} 检验	0.4876	0.9803	0.3964	0.3983	0.7312
LM_{BC}	0.7818	0.9654	0.5391	0.8841	0.9841

　　注：*，**，*** 分别表示 P<0.1，P<0.05，P<0.01。

　　从表 5.3 动态共同因子模型的 CCE 估计结果中可以看到，全部样本估计结果中数字化转型水平 1 变量对制造业企业生产效率的系数为 0.0075，在 5% 的显著性水平下显著。数字化转型水平 2 变量对制造业企业生产率的系数为 0.0472，在 5% 的显著性水平下显著。从全部样本估计结果来看，数字化转型显著提升了制造业企业生产效率水平。企业生产效率的滞后一期值对当期生产率影响系数为 0.1442，在 1% 的显著性水平下显著，说明企业生产效率具有显著的动态影响。在控制变量中研发投入水平、企业规模、企业收益水平、营运能力对制造业企业生产效率具有显著的提升作用，企业年龄变量的影响并不显著。全部样本动态共同因子模型残差的 CD_{lm} 检验、PUY_{lm} 检验、

LM_{BC} 检验的结果分别为 0.7735、0.4876、0.7818，均接受原假设，说明在模型中加入共同因子有效地降低了变量截面相关性对模型估计的影响。

对比高技术国有企业和高技术民营企业动态共同因子模型的 CCE 估计结果可以看到，在高技术国有企业样本的估计中，数字化转型水平 1 变量对制造业高技术国有企业生产效率的系数为 0.0094，在 1% 的显著性水平下显著。数字化转型水平 2 变量对制造业高技术国有企业生产效率的系数为 0.0627，在 1% 的显著性水平下显著。在高技术民营企业样本的估计中，数字化转型水平 1 变量对制造业高技术民营企业生产效率的系数为 0.0048，在 10% 的显著性水平下显著。数字化转型水平 2 变量对制造业高技术民营企业生产效率的系数为 0.0213，在 5% 的显著性水平下显著。估计结果显示，数字化转型对高技术国有企业或者高技术民营企业的生产效率均产生了正向影响，但是从影响的大小和影响的显著性来看，数字化转型对制造业高技术国有企业生产效率的作用要显著高于高技术民营企业。在控制变量中研发投入水平、企业规模、企业收益水平、营运能力对制造业企业生产效率具有显著的提升作用，企业年龄变量的影响并不显著。高技术国有企业和高技术民营企业动态共同因子模型残差的 CD_{lm} 检验、PUY_{lm} 检验、LM_{BC} 检验结果均接受原假设，说明在模型中加入共同因子有效地降低了变量截面相关性对模型估计的影响。

究其原因，高技术行业具有更高的技术复杂度和知识密集度的特点，行业内所属的企业具有技术依存度较高，同时也更容易适应激进的技术变革和创造性破坏的过程。但是其对资源投入需求较大，需要足够的资源才能够从容应对（Rothaermel，2001）。其中，国有企业在资源禀赋与资源获取等方面相较于民营企业比较优势更为明显，同时国有企业的实际控制人是政府，其拥有天然的政治关联和政府隐性担保等比较优势（韩鹏飞和胡奕明，2015），在数字经济背景下，高技术国有企业相比高技术民营企业可以更好地适应高投入的数字化转型变革过程，减缓路径依赖带来的数字化转型过程中的阻碍，从而有助于生产效率的快速提升。

对比非高技术国有企业和非高技术民营企业动态共同因子模型的 CCE 估计结果可以看到，在非高技术国有企业样本的估计中，数字化转型水平 1 变量对非高技术企业生产效率的系数为 0.0042，在 10% 的显著性水平下显著。数字化转型水平 2 变量对非高技术企业生产率的系数为 0.0466，在 5% 的显著性水平下显著。在非高技术民营企业样本的估计中，数字化转型水平 1 变量对非高技术民营企业生产效率的系数为 0.0116，在 1% 的显著性水平下显著。数字化转型水平 2 变量对非高技术民营企业生产效率的系数为 0.0791，在 1% 的显著性水平下显著。估计结果显示，数字化转型对非高技术国有企业或者非高技术民营企业的生产率均产生了正向的影响，但是从影响的大小和影响的显著性来看，数字化转型对非高技术民营企业生产效率的作用要显著高于非高技术国有企业。在控制变量中研发投入水平、企业规模、企业收益水平、营运能力对高技术企业或者非高技术企业生产效率具有显著的提升作用，企业年龄变量的影响并不显著。非高技术国有企业和非高技术民营企业动态共同因子模型残差的 CD_{lm} 检验、PUY_{lm} 检验、LM_{BC} 检验结果均接受原假设，说明在模型中加入共同因子有效地降低了变量截面相关性对模型估计的影响。

究其原因，非高技术行业所需的知识密集度低，尤其是行业内传统制造业企业创新积极性较弱，国有企业的比较劣势被放大。其中，国有制造业企业由于自身委托代理问题更为突出，面对数字化转型可能带来的风险表现出风险规避决策动向。比较之下，民营企业的竞争意识更强，其在非高技术行业中表现出更明显的比较优势，这有利于数字化转型带来的生产效率提升效应。具体而言：一方面，民营企业作为创新产品的主要供给者，具有发展机制活和创新能力强的优势，表现出更强烈的数字化转型意愿（Wei et al.，2017）。另一方面，相比于国有制造业企业而言，民营制造业企业的组织柔性更大，进行转型等变动相对容易。特别是在当今数字时代，信息传递具有即时性、共享性，企业需要对不确定的环境变化作出及时反应，从而迅速把握住数字化变革的机遇，发挥数字化转型的红利带动生产效率的提升。

5.1.3 内生性及稳健性分析

虽然本书前述实证研究模型中加入共同因子和被解释变量的动态影响，但还是可能由于模型设定不当，遗漏重要解释变量或者企业数字化转型与生产效率之间的双向影响导致内生性的产生。关于内生性的处理，本章将通过选择工具变量进行面板数据的 2SLS 估计。对于工具变量的选择，本章选择两种构造工具变量的方法。第一种是借鉴罗序斌（2022）的方法利用企业数字化转型程度 1（DT^1）和数字化转型程度 2（DT^2）的滞后一期变量作为当期企业数字化转型程度 1（DT^1）和数字化转型程度 2（DT^2）的工具变量，进行面板数据的 2SLS 估计。第二种是借鉴李治国和王杰（2021）的思路，选择利用企业所在城市的企业数字化转型的均值作为企业数字化转型程度的工具变量。

对本书前述实证结果进行稳健性分析，主要从两个方面进行考虑。第一，前述实证结果中被解释变量是利用 LP 方法所得到的制造业企业的生产效率水平。在稳健性分析中，本章选择利用 OP 方法测算制造业企业的生产效率水平，并将结果作为被解释变量的样本值，重新对动态共同因子模型进行估计。第二，利用共同因子模型的另一种估计方法 – IPS 方法对动态共同因子模型进行估计。上述面板数据的 2SLS 估计结果和两种稳健性分析结果列于表5.4。

表5.4　　　　　　　　　模型的 2SLS 估计及稳健性分析结果

变量	模型 1	模型 2	模型 3	模型 4
TFP （ −1）			0.0837 **	0.1228 ***
DT^1	0.0035 **	0.0089 **	0.0069 *	0.0058 **
DT^2	0.0114 **	0.0131 ***	0.0183 **	0.0160 **
RD	0.0197 ***	0.0269 **	0.0299 ***	0.0249 ***
Size	0.0886 ***	0.0777 ***	0.0612 ***	0.0685 ***
Age	0.0125	0.0125 *	0.0164	0.0121
Income	0.0108 **	0.0232 ***	0.0333 ***	0.0460 **
Turnover	0.2389 ***	0.1975 ***	0.1565 ***	0.2471 **
CD_{lm}检验			0.4083	0.8998
PUY_{lm}检验			0.5680	0.3797
LM_{BC}			0.2567	0.1878

注：*，**，*** 分别表示 $P<0.1$，$P<0.05$，$P<0.01$。

在表5.4 中模型 1 的估计是采用企业数字化转型程度 1（DT^1）和数字化转型程度 2（DT^2）的滞后一期变量作为当期企业数字化转型程度 1（DT^1）和数字化转型程度 2（DT^2）的工具变量，进行面板数据的 2SLS 估计的结果。结果表明，企业数字化转型程度 1（DT^1）和数字化转型程度 2（DT^2）对制造业企业生产效率具有显著的正向影响。模型 2 的估计是采用利用企业所在城市的企业数字化转型的均值作为企业数字化转型程度的工具变量，进行面板数据的 2SLS 估计的结果。结果同样表明，企业数字化转型程度 1（DT^1）和数字化转型程度 2（DT^2）对制造业企业生产效率具有显著的正向影响。模型 3 的估计是采用 OP 方法测算制造业企业的生产效率水平，并将结果作为被解释变量的样本值，重新对动态共同因子模型进行估计的结果。模型 3 的估计结果依然支持了企业数字化转型程度对企业生产效率的提升作用。模型4的估计是利用IPS方法对动态共同因子模型进行估计结果，估计结果说明了企业数字化转型程度对企业生产效率的提升作用。模型3和模型4残差的CD_{lm}检验、PUY_{lm}检验、LM_{BC}检验结果均接受原假设，说明在模型中加入共同因子有效地降低了变量截面相关性对模型估计的影响。从上述结果可以看到，前述的实证结果具有较好的稳健性。

5.2 生产效率异质性检验

5.2.1 面板分位数回归模型的设定

上一节利用均值回归方法对数字化转型对制造业企业生产效率的影响进行了研究，但是不同制造业企业之间具有巨大的差异，这些差异来自企业的行业性质、地区来源、所有制类型的不同。差异使得数字化转型对制造业企业生产率的影响可能具有十分显著的异质性效应（heterogeneous effect），而均值回归模型无法反映出这些差异，这是利用均值回归方法进行研究的局限性。在面板数据模型中，一些研究采用变系数模型（time-varying coefficient model）刻画模型中变量影响所存在的异质性，但是这种方法应用到具有大量微观截面单元的微观面板数据模型却存在实质的困难。因为截面个体单元数量巨大，使得变系数模型中存在大量的待估计参数，参数个数远远多于样本能够估计得到的参数数量。

面板数据分位数回归模型能够在不同分位数水平下侦察模型变量之间的影响（Koenker，2004），进而达到从整个分布形态上去认识变量影响的差异性，是一种能够刻画变量影响异质性的有用工具。

在面板数据分位数回归模型中对于给定的分位点 τ，模型中被解释变量 Y_{it} 对应的条件分位数函数形式如下：

$$Y_{it} = Q_{Y_{it}}(\tau \mid X_{it}) + \varepsilon_{it} = \alpha_i(\tau) + \beta(\tau)X_{it}^T + \varepsilon_{it} \qquad (5.14)$$

其中，Y_{it} 表示模型的被解释变量，X_{it} 表示模型的解释变量，$\alpha_i(\tau)$ 和 $\beta(\tau)$ 表示面板数据分位数回归模型中的待估计参数，ε_{it} 是误差项。面板数据分位数回归模型（1）中的回归系数 $\alpha_i(\tau)$ 和 $\beta(\tau)$ 会随着给定分位点 τ 的变化而变化。所以通过对不同分位点 τ 下回归系数 $\alpha_i(\tau)$ 和 $\beta(\tau)$ 的变化，就可以从整个分布下细致地了解模型中解释变量对被解释变量的影响。普通的面板数据回归模型属于均值回归方法，回归系数所反映的是模型中解释变量对被解释变量的平均影响，忽视了解释变量对被解释变量影响异质性的存在。

面板数据分位数回归模型（1）中变量之间的影响属于同期影响，所以也可以称之为静态面板数据分位数回归模型。动态面板数据分位数回归模型中含有被解释变量的滞后影响，其形式如下：

$$Y_{it} = Q_{Y_{it}}(\tau \mid X_{it}) + \varepsilon_{it} = \alpha_i + \rho(\tau)Y_{it-1} + \beta(\tau)X_{it}^T + \varepsilon_{it} \quad (5.15)$$

为了进一步分析数字化转型对制造业企业生产率影响的异质性，本章分别检验如下的静态面板数据分位数回归模型和动态面板数据分位数回归模型：

$$\begin{cases} TFP_{it} = \alpha_i(\tau) + \beta_1(\tau)DT_{it}^1 + \beta_2(\tau)DT_{it}^2 + \beta_3(\tau)RD_{it} \\ \qquad\quad + \beta_4(\tau)Size_{it} + \beta_5(\tau)Age_{it} + \beta_6(\tau)Income_{it} \\ \qquad\quad + \beta_7(\tau)Turnover_{it} + \varepsilon_{it} \end{cases} \quad (5.16)$$

$$\begin{cases} TFP_{it} = \alpha_i + \rho(\tau)TFP_{it-1} + \beta_1(\tau)DT_{it}^1 + \beta_2(\tau)DT_{it}^2 \\ \qquad\quad + \beta_3(\tau)RD_{it} + \beta_4(\tau)Size_{it} + \beta_5(\tau)Age_{it} \\ \qquad\quad + \beta_6(\tau)Income_{it} + \beta_7(\tau)Turnover_{it} + \varepsilon_{it} \end{cases} \quad (5.17)$$

其中，TFP_{it} 表示第 i 个制造业企业在时间 t 的全要素生产率，DT_{it}^1 表示第 i 个制造业企业在时间 t 的数字化转型水平 1，DT_{it}^2 表示第 i 个制造业企业在时间 t 的数字化转型水平 2，RD_{it} 表示第 i 个制造业企业在时间 t 的研发投入水平，$Size_{it}$ 表示第 i 个制造业企业在时间 t 的规模，Age_{it} 表示第 i 个制造业企业在时间 t 的年龄，$Income_{it}$ 表示第 i 个制造业企业在时间 t 的收益水平，$Turnover_{it}$ 表示第 i 个制造业企业在时间 t 的营运能力，α_i 表示模型中企业的个体效应，ε_{it} 表示模型的误差项。

5.2.2　生产效率异质性检验的回归结果分析

静态面板数据分位数回归模型的最小距离估计（MD – QR）的基本思路是对如下的静态面板数据分位数回归模型：

$$Y_{it} = Q_{Y_{it}}(\tau \mid X_{it}) + \varepsilon_{it} = \alpha_i(\tau) + \beta(\tau)X_{it}^T + \varepsilon_{it} \quad (5.18)$$

在给定分位水平 τ，可以利用如下的最小距离估计（MD－QR），对模型（5.18）进行估计：

$$\hat{\beta}(\tau)_{MD-QR} = \left(\sum_{i=1}^{N} \hat{V}_i(\tau)^{-1} \right)^{-1} \sum_{i=1}^{N} \hat{V}_i(\tau)^{-1} \hat{\beta}_i(\tau) \qquad (5.19)$$

其中，$\hat{\beta}_i(\tau)$ 是第 i 个截面单元系数的估计，而 $\hat{V}_i(\tau)$ 是 $\hat{\beta}_i(\tau)$ 的方差协方差矩阵的一致估计。对于动态面板数据分位数回归模型的估计，加尔万（Galvan，2011）提出了惩罚工具变量估计（Penalized Quantile Regression IV Estimator）。对于下述的动态面板数据分位数回归模型：

$$Y_{it} = Q_{Y_{it}}(\tau \mid X_{it}) + \varepsilon_{it} = \alpha_i + \rho(\tau)Y_{it-1} + \beta(\tau)X_{it}^T + \varepsilon_{it} \qquad (5.20)$$

惩罚工具变量估计通过对下述加权分位损失函数进行最小化，以获得参数的估计：

$$ArgminS = \sum_{k=1}^{K} \sum_{i=1}^{N} \sum_{t=1}^{T} v_k \rho_{\tau_k}(Y_{it} - \alpha_i - \rho(\tau)Y_{it-1} - \beta(\tau)X_{it}^T) \qquad (5.21)$$

其中，$\rho_{\tau_k}(\cdot)$ 是分位数回归中的检查函数，v_k 为权重系数。

为了进一步分析数字化转型对制造业企业生产效率影响的异质性，本章分别检验如下的静态面板数据分位数回归模型和动态面板数据分位数回归模型进行最小距离估计（MD－QR）和惩罚工具变量估计，在 0.2、0.4、0.6、0.8 分位水平下的估计结果整理于表 5.5 中。

表 5.5　　　　　　　　　面板数据分位数回归模型估计结果

变量	静态面板分位数回归模型				动态面板分位数回归模型			
	$\tau=0.2$	$\tau=0.4$	$\tau=0.6$	$\tau=0.8$	$\tau=0.2$	$\tau=0.4$	$\tau=0.6$	$\tau=0.8$
TFP（-1）					0.1075 ***	0.1173 ***	0.1365 ***	0.1762 ***
DT^1	0.0009	0.0019	0.0020 *	0.0026 ***	0.0131	0.0195	0.0372 **	0.0376 ***
DT^2	0.0023	0.0024 **	0.0022 **	0.0022 ***	0.0031	0.0056 ***	0.0068 **	0.0076 ***
RD	0.0326 ***	0.0281 ***	0.0243 ***	0.0208 ***	0.0308 ***	0.0436 ***	0.0465 ***	0.0436 ***
Size	0.7573 ***	0.7639 ***	0.7695 ***	0.7744 ***	0.7936 ***	0.6895 ***	0.6433 **	0.6847 ***
Age	0.0009	0.0001	0.0005	0.0011	0.0004 *	0.0003	0.0003	0.0003
Income	0.0012 ***	0.0009 ***	0.0006 **	0.0003 **	0.0011 ***	0.0098 **	0.0082 ***	0.0074 **
Turnover	0.8467 ***	0.8717 ***	0.8927 ***	0.9118 ***	0.6685 ***	0.6102 **	0.7805 ***	0.6791 ***

注：*，**，*** 分别表示 P<0.1，P<0.05，P<0.01。

从表5.5静态面板分位数回归模型中可以看到，当分位水平在0.2、0.4时，企业数字化转型程度1（DT^1）和数字化转型程度2（DT^2）对制造业企业生产效率的影响并不显著；当分位水平在0.6、0.8时，企业数字化转型程度1（DT^1）和数字化转型程度2（DT^2）对制造业企业生产效率的影响系数为正值且通过显著性检验。这说明，当制造业企业的生产率水平较低时，数字化转型对其生产效率的提升作用比较有限，而当制造业企业的生产效率水平处于中等以上的水平时，数字化转型对其生产效率的提升作用越来越重要，提升作用越来越明显。造成这一结果的原因总结如下。

对于处于生产效率水平较低的制造业企业而言，其数字化转型尚处在初期，数字技术与现有业务尚未深度融合，同时组织结构和经营理念尚未完成数字化转型，此阶段很难发挥数字化转型的潜力（Wang et al.，2020；Llopis-Albert et al.，2021），因此，数字化转型对制造业企业生产效率的促进效果尚不明显。然而，随着生产效率的提升，制造业企业对数字化转型的相关技术与业务模式更加熟悉，再加上更多数字化人才的加盟，使得生产流程数字化水平不断提高，数字化转型带来的红利不断显现并持续扩大，这将带来生产效率的大幅度提升。究其原因在于，制造业企业生产前期受制于"路径依赖"，主要表现为企业更倾向于熟悉的战略选择和经营模式（Doz and Kosonen，2010；Cavalcante et al.，2021）。具体而言，从"生产要素"路径依赖来看，传统制造业企业主要依靠传统生产要素进行生产经营，而数字化转型涌现出的大量数据要素在传统生产要素在初期存在不兼容的情况，抑制数字化转型效应的发挥。然而，随着数字化转型的逐渐渗透，数字化转型通过高效整合信息流、物质流、资金流等产生价值增值，并凭借数字化优势引导制造业企业从价值重塑转型价值创造，通过冲击、颠覆、重塑原有经济发展模式，逐渐摆脱传统要素路径依赖，数字化转型的生产效率效应更加明显。从"思维方式"路径依赖来看，数字化转型要求企业切入数字化赛道时转变原有的管理思维逻辑，数字化转型驱动制造业企业向资源高效化、管理智能化方向发展（Einav and Levin，2014），这要求制造业企业实现由"工业化模式"向"数字化模式"的思维方式转变。然而，在数字化转型初期，制造业企业原有的生产思维模式一时难以改变，表现为制造业企业数字化转型未能很好地贯彻始终，即数字化转型未能促进制造业企业生产效率的提升。随着数字化转型逐渐深入企业内部，数字化转型表现为"不破不立""破而后立"的特征（王永贵和汪淋淋，2021）。这使得制造业企业在摆脱传统生产管理方式路径依赖的同时，又对企业提出更高的要求，即当制造业企业生产效率水平需提升至一定水平时，数字化转型才可以打破固有工业体系下的"路径依赖"。

此外，还可以从边际效应的角度进行解释。具体而言，数字化转型的边际效应递增能够有效提升制造业企业生产效率。数字化转型推动了数据要素与传统生产要素的深度融合，从而对制造业企业生产效率的提升发挥乘数效应，能有效改变传统的粗放型生产方式。与传统生产要素投入不同，数字化转型具有边际成本递减和积累增值的边际效益递增的特征。随着数字化转型的不断推进，其对制造业企业生产效率提升的推动作用将越来越显著（龙海泉等，2010；黄慧群等，2019；许恒等，2020）。

在控制变量中研发投入水平、企业规模、企业收益水平、营运能力对制造业企业生产率具有显著的提升作用，企业年龄变量的影响并不显著。而从动态面板分位回归模型中可以看到，企业生产效率的动态影响在0.2、0.4、0.6、0.8分位水平下均显著为正。当分位水平在0.2、0.4时，企业数字化转型程度1（DT^1）和数字化转型程度2（DT^2）对制造业企业生产效率的影响并不显著；当分位水平在0.6、0.8时，企业数字化转型程度1（DT^1）和数字化转型程度2（DT^2）对制造业企业生产效率的影响系数为正值且通过显著性检验。其结果所反映出的异质性特征和静态面板分位数回归模型的结果一致。与此同时，在不同产权影响下，分样本的国有制造业企业和民营制造业企业样本的回归结论与全样本几乎一致，因此，可以看出，无论是国有制造业企业还是民营制造业企业均存在同类型的生产效率异质性。

5.3 影响机制识别检验

5.3.1 影响机制识别结果

从理论上来看，数字化转型通过降低成本路径提高制造业企业生产效率；数字化转型通过增强创新能力路径提高企业生产效率；数字化转型通过缓解融资约束提高企业的生产效率；数字化转型通过提升决策效率和监督有效性促进企业生产效率的提升；数字化转型通过人力资本水平的提高进而提升企业生产效率。在本节的实证研究中，通过引入交乘项的方法对上述影响机制进行检验和识别。

在机制变量的衡量中，对于企业成本，本章利用企业总成本与总收入的比重进行衡量；对于创新能力，本章采用黄群慧等（2019）的方法利用企业新产品销售收入与总收入的比重进行衡量；对于融资约束，本章采用鞠晓生等（2013）的方法，计算企业的 KZ 指数进行衡量；对于决策效率和监督有效性，本章利用管理费用与总成本的比重进行衡量；对于人力资本水平，本章借鉴范青亮和王婷（2016）的方法利用企业员工的平均受教育年限衡量企业人力资本水平。

本章建立如下动态公共因子模型：

$$
\left\{
\begin{aligned}
\text{TFP}_{it} &= \alpha_i + \gamma\text{TFP}_{it-1} + \beta_1\text{DT}^1_{it} + \beta_2\text{DT}^2_{it} + \beta_3\text{DT}^1_{it} \times \text{Me}_{it} \\
&+ \beta_4\text{DT}^2_{it} \times \text{Me}_{it} + \beta_5\text{RD}_{it} + \beta_6\text{Size}_{it} + \beta_7\text{Age}_{it} \\
&+ \beta_8\text{Income}_{it} + \beta_9\text{Turnover}_{it} + \gamma^{\text{T}}_i f_t + \varepsilon_{it}
\end{aligned}
\right.
\tag{5.22}
$$

表 5.6 中模型 1、模型 2、模型 3、模型 4、模型 5 是分别将企业成本、创新能力、融资约束、决策效率和监督有效性、人力资本水平作为机制变量与企业数字化转型程度 1（DT^1）和数字化转型程度 2（DT^2）的交乘项引入模型中。模型 1 的估计结果表明，成本变量与企业数字化转型程度 1（DT^1）和数字化转型程度 2（DT^2）的交乘项的系数分别为 -0.0453、-0.0764，在 5% 的显著性水平下显著。模型 2 的估计结果表明，创新能力与企业数字化转型程度 1（DT^1）和数字化转型程度 2（DT^2）的交乘项的系数分别为 0.0857、0.0162，在 5% 以上的显著性水平下显著。模型 3 的估计结果表明，融资约束与企业数字化转型程度 1（DT^1）和数字化转型程度 2（DT^2）的交乘项的系数分别为 -0.0470、-0.0646，在 5% 以上的显著性水平下显著。模型 4 的估计结果表明，决策效率和监督有效性与企业数字化转型程度 1（DT^1）和数字化转型程度 2（DT^2）的交乘项的系数分别为 -0.0694、-0.0615，在 5% 以上的显著性水平下显著。模型 5 的估计结果表明，人力资本水平与企业数字化转型程度 1（DT^1）和数字化转型程度 2（DT^2）的交乘项的系数分别为 0.0903、0.0272，在 5% 以上的显著性水平下显著。机制变量的检验结果与前述机制分析的结果相一致。

表5.6　　　　　　　影响机制的动态公共因子模型估计结果

变量	模型1	模型2	模型3	模型4	模型5
TFP（−1）	0.1110 ***	0.1012 ***	0.1452 ***	0.1268 ***	0.1785 **
DT^1	0.0042 **	0.0054 **	0.0088 ***	0.0045 ***	0.0030 ***
DT^2	0.0375 **	0.0411 ***	0.0206 **	0.0331 ***	0.0422 ***
$DT^1 \times Me$	− 0.0453 **	0.0857 **	− 0.0470 **	− 0.0694 ***	0.0903 ***
$DT^2 \times Me$	− 0.0764 **	0.0162 **	− 0.0646 ***	− 0.0615 ***	0.0272 ***
RD	0.0108 ***	0.0929 ***	0.0758 ***	0.0067 **	0.0585 **
Size	0.0307 ***	0.0865 ***	0.0238 ***	0.0761 ***	0.0216 ***
Age	0.0022	0.0079	0.0034	0.0081	0.0089
Income	0.0312 ***	0.0465 ***	0.0591 **	0.0552 **	0.0216 ***
Turnover	0.5519 ***	0.8223 ***	0.1819 ***	0.1191 ***	0.6990 ***
CD_{lm}检验	0.8023	0.7674	0.3764	0.5564	0.4533
PUY_{lm}检验	0.8067	0.1522	0.3784	0.1084	0.2331
LM_{BC}	0.1945	0.1758	0.3438	0.9585	0.9127

注：**，*** 分别表示 $P < 0.05$，$P < 0.01$。

5.3.2　不同产权性质制造业企业的影响机制识别结果

为了分析不同所有制和技术水平制造业企业的数字化转型对生产效率影响机制的差异，本章将样本区分为高技术国有企业、高技术民营企业、非高技术国有企业、非高技术民营企业，分别对模型（5.22）进行估计，估计结果列于表5.7至表5.10中。

表5.7　　　高技术国有企业影响机制的动态公共因子模型估计结果

变量	模型1	模型2	模型3	模型4	模型5
TFP（−1）	0.1709 **	0.1507 **	0.1995 **	0.1019 ***	0.1615 ***
DT^1	0.0071 ***	0.0004 ***	0.0031 **	0.0096 ***	0.0062 **
DT^2	0.0610 ***	0.0369 ***	0.0739 ***	0.0348 ***	0.0946 ***
$DT^1 \times Me$	− 0.0038 ***	0.0063 ***	− 0.0073 ***	− 0.0003 ***	0.0032 ***
$DT^2 \times Me$	− 0.0079 ***	0.0020 **	− 0.0068 ***	− 0.0012 ***	0.0090 ***
RD	0.0799 ***	0.0325 ***	0.0064 ***	0.0323 ***	0.0670 ***
Size	0.0941 **	0.0537 ***	0.0913 **	0.0694 **	0.0299 ***

续表

变量	模型 1	模型 2	模型 3	模型 4	模型 5
Age	0.0001	0.0002	0.0015	0.0020	0.0034
Income	0.0379 ***	0.0870 ***	0.0406 ***	0.0858 ***	0.0561 **
Turnover	0.5469 **	0.2199 ***	0.1147 **	0.4593 ***	0.4082 ***
CD_{lm}检验	0.6332	0.3751	0.3653	0.7063	0.5842
PUY_{lm}检验	0.4803	0.8579	0.9926	0.4451	0.5805
LM_{BC}	0.6330	0.8840	0.5282	0.8923	0.3023

注：**，*** 分别表示 $P < 0.05$，$P < 0.01$。

表 5.7 中关于高技术国有企业的估计结果显示，模型 1 的估计结果表明，成本变量与企业数字化转型程度 1（DT^1）和数字化转型程度 2（DT^2）的交乘项的系数分别为 -0.0038、-0.0079，在 1% 的显著性水平下显著。模型 2 的估计结果表明，创新能力与企业数字化转型程度 1（DT^1）和数字化转型程度 2（DT^2）的交乘项的系数分别为 0.0063、0.0020，在 5% 以上的显著性水平下显著。模型 3 的估计结果表明，融资约束与企业数字化转型程度 1（DT^1）和数字化转型程度 2（DT^2）的交乘项的系数分别为 -0.0073、-0.0068，在 1% 以上的显著性水平下显著。模型 4 的估计结果表明，决策效率和监督有效性与企业数字化转型程度 1（DT^1）和数字化转型程度 2（DT^2）的交乘项的系数分别为 -0.0003、-0.0012，在 5% 的显著性水平下显著。模型 5 的估计结果表明，人力资本水平与企业数字化转型程度 1（DT^1）和数字化转型程度 2（DT^2）的交乘项的系数分别为 0.0032、0.0090，在 1% 以上的显著性水平下显著。机制变量的检验结果与前述机制分析的结果相一致。

表 5.8   高技术民营企业影响机制的动态公共因子模型估计结果

变量	模型 1	模型 2	模型 3	模型 4	模型 5
TFP（-1）	0.1359 **	0.1071 **	0.1829 ***	0.1555 ***	0.1559 ***
DT^1	0.0082 **	0.0067 **	0.0023 ***	0.0045 ***	0.0087 ***
DT^2	0.0946 **	0.0382 **	0.0429 ***	0.0137 ***	0.0774 ***
$DT^1 \times Me$	-0.0012 ***	0.0031 ***	-0.0025 ***	-0.0078 **	0.0012 **
$DT^2 \times Me$	-0.0077 ***	0.0097 ***	-0.0039 ***	-0.0086 **	0.0048 ***
RD	0.0168 ***	0.0393 **	0.0009 **	0.0407 ***	0.0552 ***
Size	0.0676 ***	0.0433 **	0.0554 ***	0.0200 ***	0.0025 *

变量	模型 1	模型 2	模型 3	模型 4	模型 5
Age	0.0074	0.0098	0.0055	0.0095	0.0097
Income	0.0232 ***	0.0903 ***	0.0216 **	0.0157 **	0.0662 **
Turnover	0.3828 ***	0.1888 **	0.2398 ***	0.6896 **	0.6162 **
CD_{lm} 检验	0.5959	0.2871	0.5402	0.5924	0.6991
PUY_{lm} 检验	0.6955	0.1532	0.6030	0.2957	0.4059
LM_{BC}	0.9877	0.9941	0.8829	0.4456	0.8032

注：*，**，*** 分别表示 $P<0.1$，$P<0.05$，$P<0.01$。

表 5.8 中关于高技术民营企业的估计结果显示，模型 1 的估计结果表明，成本变量与企业数字化转型程度 1（DT^1）和数字化转型程度 2（DT^2）的交乘项的系数分别为 -0.0012、-0.0077，在 1% 的显著性水平下显著。模型 2 的估计结果表明，创新能力与企业数字化转型程度 1（DT^1）和数字化转型程度 2（DT^2）的交乘项的系数分别为 0.0031、0.0097，在 1% 以上的显著性水平下显著。模型 3 的估计结果表明，融资约束与企业数字化转型程度 1（DT^1）和数字化转型程度 2（DT^2）的交乘项的系数分别为 -0.0025、-0.0039，在 1% 以上的显著性水平下显著。模型 4 的估计结果表明，决策效率和监督有效性与企业数字化转型程度 1（DT^1）和数字化转型程度 2（DT^2）的交乘项的系数分别为 -0.0078、-0.0086，在 5% 的显著性水平下显著。模型 5 的估计结果表明，人力资本水平与企业数字化转型程度 1（DT^1）和数字化转型程度 2（DT^2）的交乘项的系数分别为 0.0012、0.0048，在 5% 以上的显著性水平下显著。机制变量的检验结果与前述机制分析的结果相一致。

表 5.9 非高技术国有企业影响机制的动态公共因子模型估计结果

变量	模型 1	模型 2	模型 3	模型 4	模型 5
TFP（-1）	0.1312 ***	0.1642 ***	0.1780 ***	0.1707 ***	0.1762 ***
DT^1	0.0025 ***	0.0023 **	0.0057 ***	0.0037 ***	0.0061 ***
DT^2	0.0361 ***	0.0140 **	0.0423 ***	0.0804 **	0.0124 **
$DT^1 \times Me$	0.0008	0.0281 ***	-0.0924 ***	0.0088	0.0911 ***
$DT^2 \times Me$	0.0059	0.0070 ***	-0.0541 ***	0.0013	0.0546 ***
RD	0.0505 **	0.9729 ***	0.2943 **	0.7459 ***	0.2357 ***
Size	0.0664 ***	0.0172 **	0.0634 **	0.0070 ***	0.0135 ***

变量	模型 1	模型 2	模型 3	模型 4	模型 5
Age	0.0002	0.7555	0.7411	0.6514	0.9590
Income	0.0220 **	0.0865 ***	0.0427 ***	0.0289 **	0.0119 **
Turnover	0.3562 **	0.3303 ***	0.3135 **	0.3343 ***	0.5554 *
CD_{lm} 检验	0.7952	0.3139	0.6864	0.1424	0.6574
PUY_{lm} 检验	0.5511	0.6930	0.3266	0.9814	0.2871
LM_{BC}	0.3212	0.5921	0.1339	0.7163	0.1386

注：*，**，*** 分别表示 $P<0.1$，$P<0.05$，$P<0.01$。

表 5.9 中关于非高技术国有企业的估计结果显示，模型 1 的估计结果表明，成本变量与企业数字化转型程度 1（DT^1）和数字化转型程度 2（DT^2）的交乘项的系数分别为 0.0008、0.0059，但并不显著。模型 2 的估计结果表明，创新能力与企业数字化转型程度 1（DT^1）和数字化转型程度 2（DT^2）的交乘项的系数分别为 0.0281、0.0070，在 5% 以上的显著性水平下显著。模型 3 的估计结果表明，融资约束与企业数字化转型程度 1（DT^1）和数字化转型程度 2（DT^2）的交乘项的系数分别为 −0.0924、−0.0541，在 1% 的显著性水平下显著。模型 4 的估计结果表明，决策效率和监督有效性与企业数字化转型程度 1（DT^1）和数字化转型程度 2（DT^2）的交乘项的系数分别为 0.0088、0.0013，但系数并不显著。模型 5 的估计结果表明，人力资本水平与企业数字化转型程度 1（DT^1）和数字化转型程度 2（DT^2）的交乘项的系数分别为 0.0911、0.0546，在 1% 的显著性水平下显著。

其中最主要的原因是，相较于民营制造业企业而言，国有企业的委托代理问题更为突出（吴延兵，2015），这将引致不必要的交易成本的增加与决策效率与监督有效性的降低。因此，数字化转型不能很好地通过成本降低、决策监督和监督有效性渠道促进制造业企业生产效率的提升。具体而言，民营企业的股东与管理者的目标相较于国有企业更容易形成统一，只需要对管理者行为实施监督即可产生很好的效果。有别于民营制造业企业高度市场化的业绩考核机制，国有企业决策考核不仅与企业规模的扩张等短期经济绩效相关，还将社会责任等非经济因素纳入考核当中，这使得国有企业效益提升与管理者个人业绩提升的很多情况是相违背的。此外，在"三重一大"制度下，国有企业重要事项决策均需要集体作出决定，工作流程需要层层上报，决策效率不及民营企业，会很容易导致错过措施实施的最佳时机。因此，对非高技术国有制造业企业而言，数字化转型的推进往往不能通过"成本降低""决策效率与监督有效性"的作用路径来提升生产效率。

表 5.10　　　**非高技术民营企业影响机制的动态公共因子模型估计结果**

变量	模型 1	模型 2	模型 3	模型 4	模型 5
TFP（-1）	0.1672 ***	0.1078 ***	0.1175 ***	0.1829 ***	0.1080 ***
DT^1	0.0022 ***	0.0005 **	0.0001 **	0.0023 ***	0.0003 ***
DT^2	0.0241 **	0.0906 **	0.0441 **	0.0105 ***	0.0211 ***
$DT^1 \times Me$	-0.0013 ***	0.0028 **	-0.0017 **	-0.0060 **	0.0074
$DT^2 \times Me$	-0.0097 **	0.0050 **	-0.0038 **	-0.0031 **	0.0092
RD	0.0052 ***	0.0543 *	0.0580 **	0.0989 *	0.0401 ***
Size	0.0442 ***	0.0107 ***	0.0873 ***	0.0520 ***	0.0990 ***
Age	0.0086	0.0029	0.0048	0.0026	0.0053
Income	0.0588 ***	0.0697 **	0.0345 ***	0.0684 **	0.0931 ***
Turnover	0.3671 ***	0.3655 ***	0.1137 ***	0.3285 **	0.3507 ***
CD_{lm} 检验	0.6474	0.1580	0.1762	0.8954	0.9440
PUY_{lm} 检验	0.5905	0.6993	0.6320	0.4944	0.1379
LM_{BC}	0.9612	0.1953	0.3547	0.2254	0.1697

注：*，**，*** 分别表示 P<0.1，P<0.05，P<0.01。

表 5.10 中关于非高技术民营企业的估计结果显示，模型 1 的估计结果表明，成本变量与企业数字化转型程度 1（DT^1）和数字化转型程度 2（DT^2）的交乘项的系数分别为 -0.0013、-0.0097，在 5% 以上的显著性水平下显著。模型 2 的估计结果表明，创新能力与企业数字化转型程度 1（DT^1）和数字化转型程度 2（DT^2）的交乘项的系数分别为 0.0028、0.0050，在 5% 以上的显著性水平下显著。模型 3 的估计结果表明，融资约束与企业数字化转型程度 1（DT^1）和数字化转型程度 2（DT^2）的交乘项的系数分别为 -0.0017、-0.0038，在 5% 以上的显著性水平下显著。模型 4 的估计结果表明，决策效率和监督有效性与企业数字化转型程度 1（DT^1）和数字化转型程度 2（DT^2）的交乘项的系数分别为 -0.0060、-0.0031，在 5% 的显著性水平下显著。模型 5 的估计结果表明，人力资本水平与企业数字化转型程度 1（DT^1）和数字化转型程度 2（DT^2）的交乘项的系数分别为 0.0074、0.0092，但并不显著。在关于非高技术民营企业的估计结果中可以发现，数字化转型

通过人力资本水平的提高进而提升企业生产效率的机制并不显著。

究其原因：数字化转型不仅依靠简单的技术应用，同时需要其他要素资源的投入，围绕数字技术进行重塑，才能发挥数字化转型的潜力。其中，人力资本的配套投入是非常重要的要素，即制造业企业数字化转型逐渐取代低技能劳动，增加技术型员工的配套（Lweis and Cho，2011）。高技术制造业企业隶属于技术密集型与知识密集型产业，具有较强的自主创新能力，对人力资本的需求更高，更加重视人才的引进与培育。然而，现有人力资本存量与高技术行业之间的需求存在匹配性差异，数字化转型恰好可以很好地弥补，通过人力资本水平提高提升制造业企业生产效率。对于非高技术制造业企业而言，数字化转型通过提高人力资本水平提升生产效率的效果尚不明显。因为高质量的人力资本与高技术资本品具有互补性，高质量的人力资本只有与高质量的物质资本结合，才能更好地推动生产效率的提高（Acemoglu and Zilibotti，2001）。相比之下，非高技术企业缺乏科创基因，尽管数字化转型加持企业创新能力的提升，但仍不能很好地匹配人力资本水平的提升路径。现如今，对于非高技术民营企业而言，现存最大的问题是人力资本积累的不足，相较于人力资本提升，人力资本的积累显得更为迫切。

5.4　进一步讨论：产权差异下的数字化转型效率

在制造业企业数字化转型的过程中，不同企业产权性质所发挥的制度激励与约束功能存在明显差异，因此，将企业产权性质的差异考虑在数字化转型效率影响研究中具有重要意义。

第一，国有企业产权。一方面，国有制造业企业天然具有独特的"政企不可分性"。这使得国有制造业企业在获取外部融资和政府资助方面具有比较优势，因而提高了它们承担风险的能力。除此之外，国有制造业企业由于预算软约束、更好的经营环境、更强的资源整合能力和信息优势等因素，在数字化转型过程中面临的资源约束较小，更容易推动风险承担水平的提升。另外，数字化转型作为一项高风险、高收益的企业战略行动，国有制造业企业具有更高的应对外部风险能力。因此，在国有制造业企业数字化转型过程中形成一种良性循环，即"风险管理能力提升—企业价值增加—企业承担风险水平增加"。尤其在预算软约束下，特别是在高技术行业中，这种比较优势会得到进一步的放大。另一方面，国有制造业企业也面临一些挑战。由于国有产权的属性，国有企业承担了除了实现经济利益之外的许多其他国家利益的职责，背负了沉重的政策性负担。这使得国有企业在一定程度上与民营企业追求"利润最大化"的目标价值有所不同，可能会阻碍数字化转型效应的发挥。此外，国有制造业企业还存在明显的产权"虚置"现象。长期以来，国有资产管理部门、财政部门以及国家发展改革委等政府部门拥有对国有企业的人事任免、资产管理和技改项目投资等决定权，实际上成为国有企业的所有者代表，共享企业的剩余控制权。这种所有者的分散性使得"监督活动"本身成为一种"团队生产活动"。不同部门利益的差异使得同时作为国有企业所有者的政府部门在行使"监督"职能时存在"偷懒"的动机，从而导致国有制造业企业出现事实上的产权"虚置"现象，这严重制约了数字化转型效应的发挥，尤其是在一些市场竞争更为激烈的行业中，其比较劣势被进一步地放大。

第二，民营企业产权。民营制造业企业相对于国有企业，更容易受到市场逻辑的主导，也面临着更强的市场竞争压力，此时民营企业要想在市场中占有一席之地，就必须不断完善自身，实现高质量发展，可以在更大程度上发挥数字化转型的作用。同时，在当今数字经济时代，数据信息传递的即时性、共享性，需要企业在不确定的市场环境中作出及时有效的反馈，从而抓住数字化转型的红利与机遇，更好地发挥数字化转型的效率提升效应，特别是在市场竞争更为激烈的行业，其比较优势更为明显。但不可否认的是，民营制造业企业在创新资源支持，基础知识供给及知识产权保护等方面获取的政府支持较少，特别是在高技术行业中，其数字化转型效应的发挥会面临更多的障碍。

第三，国有企业产权与民营企业产权。产权性质的差异在企业数字化转型效率中主要表现为作用强度及作用路径的不同，但在路径依赖性方面的表现却无明显差异。无论是国有制造业企业还是民营制造业企业，数字化转型的过程中均无法摆脱企业生产中熟悉的战略选择与经营模式。具体可以体现在数字化转型的效率提升效应，在生产初期，可能存在数据要素与传统生产要素存在不兼容的情况，同时企业原有的生产思维"工业化模式"一时难以快速向"数字化模式"转变，这在一定程度上均会抑制数字化转型的效率提升。然而，随着数字化转型的逐渐渗透，其在重塑原有的发展模式的同时也逐渐摆脱原有工业体系下生产模式的路径依赖。

5.5　本章小结

本章所指的产权侧重所有制视角。本章基于 2011～2021 年沪深 A 股上市制造业企业为研究样本，采用面板公共因子模型、面板分位数回归模型作为基准方法，从不同产权性质考察数字化转型对制造业企业生产效率的影响。本章的研究结论如下。

第一，数字化转型对不同所有制结构的制造业企业生产效率的影响存在显著差异。具体体现在：国有企业中高技术行业的数字化转型效率高于非国有企业中的相关行业，其主要原因在于制度安排、规模优势及政府隐性担保。同时，研究也发现，国有企业中非高技术行业的数字化转型效率低于非国有企业中的相关行业，其主要原因在于创新意识、组织柔性等。

第二，数字化转型对不同所有制结构的制造业企业生产效率的影响均存在生产效率异质性，主要表现为路径依赖性。具体体现在：在制造业企业的生产效率水平较低时，数字化转型对其生产效率的提升作用比较有限。然而，当制造业企业的生产效率水平处于中等以上的水平时，数字化转型对其生产效率作用越来越明显。这表明，生产效率较高的制造业企业更容易发挥数字化转型的效应，而生产效率较低的制造业企业往往由于初期生产要素的投入（如资本、劳动等）不足，导致数字化转型效应不明显。

第三，中介机制结果表明，对于高技术国有制造业企业以及高技术民营制造业企业而言，数字化转型均可以通过降低成本路径、提高创新路径、缓解融资约束路径、提升决策效率与监督有效性路径以及提高人力资本水平路径促进其生产效率的提升。然而，对于非高技术国有制造业企业以及非高技术民营企业而言则不同。关于非高技术国有企业的估计结果表明，数字化转型通过降低成本路径及提升决策效率与监督有效性促进企业生产效率提升的影响机制并没有发挥作用，这可以归因于国有企业的委托代理等因素。此外，关于非高技术民营企业的估计结果表明，数字化转型通过人力资本水平提高促进企业生产效率提升的影响机制并不显著，这可以归因于民营企业缺乏科创基因等因素。

第 6 章

制度耦合下数字化转型的非线性分析

本章基于正式制度与非正式制度的耦合视角出发，在第 2 章理论分析的基础上，对制度安排在数字化转型促进企业生产效率增长过程中的非线性影响进行了实证研究。在本章中，利用 PSTR 模型检验正式制度与非正式制度在数字化转型影响企业生产效率的过程中所发挥的转移效应特征，并对正式制度与非正式制度在数字化转型中的制度耦合点进行分析。本章的研究结论为我们理解制度安排的"融合效应"在数字化转型促进制造业企业生产效率增长过程中所起到的作用提供了新的经验研究证据。在全书的行文逻辑上，本章属于"实证分析"中的第二部分实证分析。

6.1   研究方法设计

6.1.1   面板数据平滑转移模型（PSTR）的设定

已有关于生产效率影响的非线性效应的相关研究中，许多研究运用汉森（Hansen，1999）所提出的静态面板门槛模型，如李斌等（2013）运用面板门槛模型来分析环境规制与工业发展方式的非线性关系。惠炜和韩先锋（2016）通过利用静态面板门槛模型考察了生产性服务业集聚对于劳动生产率的门槛效应。郭南芸和黄典（2021）利用面板门槛模型检验制度环境作为门槛变量在产品创新和工艺创新对工业全要素生产率影响中的非线性特征。雷晓丽（2022）建立 Hansen 面板门槛模型，发现在技术创新对流通产业绿色生产率影响中，数字金融起到了门槛变量的作用效果。

但是 Hansen 面板门槛模型，仅利用指标函数（Index Function）所呈现的 0 和 1 的离散值描述门槛变量的影响，这样的处理使得模型中变量的非线性影响只能以离散的形式呈现，这和许多经济变量非线性影响特征并不相符合（社会科学中变量之间的非线性影响往往是一个渐变的过程，并非一个突变的过程），这是面板门槛模型的不足之处（Chen et al.，2014）。

随着研究的发展，面板数据平滑转移模型得到了应用（panel smooth transition regression model，PSTR），其是 Hansen 静态面板门槛模型的推广，利用连续型的平滑转移函数刻画变量之间在不同区制水平下的非线性影响，相比于面板门槛模型，能够更加符合现实的刻画变量之间的非线性影响特征（Fok et al.，2004；Gonzalez et al.，2005）。

PSTR 模型的基本形式如下：

$$Y_{it} = \alpha_i + \beta^T X_{it} + \sum_{j=1}^{r} \theta_j^T X_{it} f_j(q_{it}^j; \gamma_j, c_j) + \varepsilon_{it} \tag{6.1}$$

其中，Y_{it}、X_{it} 分别表示模型的被解释变量和解释变量，α_i 表示模型的个体固定效应，ε_{it} 表示模型的误差项，$f_j(q_{it}^j; \gamma_j, c_j)$ 是平滑转移函数（smooth transition function），q_{it} 表示转移变量。理论上，凡是取值在 0~1 范围内并且具有连续性的函数均可以作为平滑转移函数的设定形式。但是目前关于 PSTR 模型的应用研究中（Fouquau et al.，2008；Thanh，2015；Giannellis and Koukouritakis，2019）普遍采取格兰杰和特拉（Granger and Terasvirta，1993）在非线性时间序列中的做法，将平滑转移函数设定为如下的 Logistic 函数的形式：

$$f_j(q_{it}^j; \gamma_j, c_j) = (1 + \exp(-\gamma_j \prod_{l=1}^{L} (q_{it}^j - c_{jl})))^{-1} \tag{6.2}$$

其中，γ_j 是非负实数，并且 $c_{j1} < c_{j2} < \cdots < c_{jL}$。

在式（6.2）所定义的平滑转移函数中，参数 γ_j 和 $c_j = (c_{j1}, c_{j2}, \cdots, c_{jL})$ 有其明确的解释。γ_j 称之转换参数，反映了平滑转移函数中不同区制之间的转换速度大小，$c_j = (c_{j1}, c_{j2}, \cdots, c_{jL})$ 称为位置参数（或者门槛参数），刻画了转移变量 q_{it} 的转移类型特征，L 是位置参数的个数。

6.1.2 面板数据平滑转移模型（PSTR）的估计和检验

关于 PSTR 模型（6.1）的估计，可以使用去均值后的非线性最小二乘估计方法（nonlinear least squares，NLLS）进行系数的估计。也就是对模型（6.1）进行去均值处理，处理后可得模型如下：

$$\tilde{Y}_{it} = \beta^T \tilde{X}_{it} + \sum_{j=1}^{r} \theta_j^T \tilde{X}_{it} \tilde{f}_j(q_{it}^j; \gamma_j, c_j) + \tilde{\varepsilon}_{it} \tag{6.3}$$

其中：

$$\tilde{Y}_{it} = Y_{it} - \bar{Y}_i, \bar{Y}_i = \frac{1}{T} \sum_{t=1}^{T} Y_{it}, \tilde{X}_{it} = X_{it} - \bar{X}_i, \bar{X}_i = \frac{1}{T} \sum_{t=1}^{T} X_{it},$$

$$\tilde{X}_{it} \tilde{f}_j(q_{it}^j; \gamma_j, c_j) = X_{it} f_j(q_{it}^j; \gamma_j, c_j) - \frac{1}{T} \sum_{t=1}^{T} X_{it} f_j(q_{it}^j; \gamma_j, c_j) \tilde{\varepsilon}_{it}$$

$$= \varepsilon_{it} - \bar{\varepsilon}_i, \bar{\varepsilon}_i = \frac{1}{T} \sum_{t=1}^{T} \varepsilon_{it}。$$

模型（6.3）是典型的非线性面板数据模型，可以通过求取残差平方和最小得到参数的估计结果，即：

$$\min S = \min \sum_{i=1}^{N} \sum_{t=1}^{T} \left[\tilde{Y}_{it} - \beta^T \tilde{X}_{it} - \sum_{j=1}^{r} \theta_j^T \tilde{X}_{it} f_j(q_{it}^j; \gamma_j, c_j) \right]^2 \tag{6.4}$$

但是式（6.4）中的最优化的解需要利用数值化的方法求解得到，在实际应用中往往具体通过格点搜索方法（grid search method）或者是模拟退火法（simulated annealing method）得到模型（6.3）的参数估计值。

在利用 PSTR 模型进行实际建模过程中，最为重要的问题就是有关模型非线性特征的检验，这些检验结果为后续 PSTR 模型的具体设定提供了重要的依据。在建立 PSTR 模型的时候，需要进行两种类型的检验，第一就是非线性是否存在的检验，即非线性检验；第二就是如果非线性存在那么究竟表现为几个区制，即区制个数的检验。

以两区制的 PSTR 模型为例：

$$Y_{it} = \alpha_i + \beta^T X_{it} + \theta^T X_{it} f(q_{it}; \gamma, c) + \varepsilon_{it} \tag{6.5}$$

非线性检验的原假设是 $\gamma = 0$ 或者 $\theta = 0$，如果接受原假设，说明模型并不存在显著的非线性影响，此时建立 PSTR 模型进行分析存在模型的设定错误。关于 PSTR 模型的理论研究中，倾向于检验 $\gamma = 0$ 是否成立，来判断模型是否存在非线性特征。因为可以借鉴已有研究的方法，将检验 $\gamma = 0$ 是否成立转换为检验辅助回归的系数显著性（Eitrheim and Terasvirta，1996），所以在一些文献中将此检验称为参数的同质性检验（testing parameter constancy）。此方法可以极大地简化检验统计量的计算。具体来说，其方法是对平滑转移函数 $f(q_{it};\gamma,c)$ 关于 q_{it} 在零点进行 1 阶泰勒展开，获得下述检验的辅助回归方程：

$$Y_{it} = \alpha_i + \beta^T X_{it} + q_{it}\theta_1^* X_{it} + \cdots q_{it}^L \theta_L^* X_{it} + \varepsilon_{it} \qquad (6.6)$$

将线性模型 $Y_{it} = \alpha_i + \beta^T X_{it} + \varepsilon_{it}$ 的残差平方和记为 RSS0，而将辅助回归方程（6.6）的残差平方和记为 RSS1，则针对原假设 $\gamma = 0$，可以通过下述三个检验统计量对原假设进行检验：

$$LM = \frac{TN(SSR_0 - SSR_1)}{SSR_0} \qquad (6.7)$$

$$LMF = \frac{(SSR_0 - SSR_1)/LK}{SSR_1/TN - N - LK} \qquad (6.8)$$

$$LRT = -2[\ln(SSR_1) - \ln(SSR_0)] \qquad (6.9)$$

其中，T 表示样本的时间维度，N 表示样本的截面数，K 表示该模型中解释变量的数量。这些检验统计量的差异之处在于极限分布的差异。LM 检验统计量的极限分布为自由度为 LK 的卡方分布，LMF 检验统计量的极限分布为第一自由度为 LK，第二自由度为 TN - N - LK 的 F 分布。LRT 检验统计量的极限分布为自由度为 K 的卡方分布。

关于 PSTR 模型区制个数检验的基本思想是通过对比不同区制下的 PSTR 模型残差是否含有非线性特征进行检验的，所以在一些文献中将 PSTR 模型区制个数的检验称为无剩余异质性检验（testing no remaining heterogeneity）。

例如，如果对两区制的 PSTR 模型（6.5）进行非线性检验，检验的结果显示拒绝了不存在非线性的原假设，因此，建立如下三区制 PSTR 模型：

$$Y_{it} = \alpha_i + \beta^T X_{it} + \theta^T X_{it} f_1(q_{it};\gamma,c) + \psi^T X_{it} f_2(q_{it};\gamma,c) + \varepsilon_{it} \qquad (6.10)$$

如果三区制 PSTR 模型（6.9）接受了不具有非线性的原假设，那么模型应该设定为两区制的 PSTR 模型；如果三区制 PSTR 模型（6.9）拒绝了不具有非线性的原假设，那么就需要进一步建立四区制 PSTR 模型，直至模型不存在显著的非线性效应。这就是 PSTR 模型区制个数检验的基本思路。

6.2 基于正式制度的门槛效应

6.2.1 正式制度变量的衡量

作为制度的一个重要组成部分，正式制度的形成与变化对人类社会生产生活产生了深远的影响。诺思（North，1990）将产权制度和契约等看作正式制度，并认为正式制度已成为人类生产及经济社会运转的基本秩序。马智胜等（2004）根据正式制度与非正式制度之间的关系，将正式制度划分为两类：诱致性制度变迁和强制性制度变迁，前者是为适应非正式制度的需求而进行调整，是由制度制定者所决定的，而后者则是由人为设计、创造出来的。具体而言，罗党论等（2009）认为，产权保护和政府干预等都是正式制度的主要内容，而正式制度通常与国家的权力或特殊机构联系在一起。

现有的研究大多是从国家和地区的角度来衡量正式制度。在国家层面，研究主要集中在政治法律制度和经济制度方面。一些学者使用全球政府治理指数（WGI）来考察各国（地区）的正式制度差异，如赵家章和池建宇（2014）、祁春凌和邹超（2013）。宗芳宇等（2012）使用世界银行的世界治理指标中的法治维度数据反映正式制度。国外学者则利用银行业跨国治理指标，对比分析不同国家的法律、政策和治理结构等正式制度差异（Knack and Keefer，1995）。在地区层面，"腐败透明度感知指数"（CPI）作为国际测度指标较为常见（Arin et al.，2009）。而在国内，最常用的测度方法是樊纲编制的《中国市场化指数：各地区市场化相对进程报告》历年数据（陈凌和王昊，2013；陈志勇和陈思霞，2014；刘慧龙和吴联生，2014；赵云辉等，2019）。正式制度的实施和执行依赖于相关部门的保障，包括法律法规、政策规定以及正式契约等形式。本章研究的正式制度主要是指政府对企业面临的外部治理、企业面临的外部监督及企业的内部治理安排，即从宏观、中观、微观三个层面对正式制度进行分析（贾凡胜等，2017）。

为测度中国不同地区间的制度差异，现有研究大多采用王小鲁等（2018）编制的市场化指数，其中各地区的市场化程度指标包括五个维度。《中国分省份市场化指数报告（2021）》发布了 2016～2019 年各省份市场化的整体指数,并且对各子指数进行了排序,但因为该指数的基期是 2016 年,因而无法与 2008～2016 年的指数相关指标对比分析。本章在对 2016～2019 年各地区的市场化总指数和各细分指标进行分析之后,发现各地区的排名基本没有发生变化,而且大多数学者也都认为,在短时间内制度是较为稳定的(夏立军和陈信元,2015;何丹等,2018)。因此,本章将 2017～2019 年各省份的市场化总指数以及子指数的排名设置为与 2016 年相同,由此获得了上市企业 2009～2019 年制造业企业所处地区的正式制度变量。在此基础上,本章采用马连福等(2015)的方法,选取了 2020～2021 年各年份的平均增长率为基础计算了 2020～2021 年的市场化指数。

6.2.2　正式制度平滑转移效应的检验

为了考察正式制度在企业数字化转型对生产效率影响中是否存在显著的平滑转移效应,建立如下的 PSTR 模型:

$$
\left\{
\begin{aligned}
\mathrm{TFP}_{it} = {} & \alpha_i + \beta_1 \mathrm{DT}_{it}^1 + \beta_2 \mathrm{DT}_{it}^2 + \beta_3 \mathrm{DT}_{it}^1 f(\mathrm{FI}_{it}; \gamma, c) \\
& + \beta_4 \mathrm{DT}_{it}^2 f(\mathrm{FI}_{it}; \gamma, c) + \beta_5 \mathrm{RD}_{it} + \beta_6 \mathrm{Size}_{it} \\
& + \beta_7 \mathrm{Income}_{it} + \beta_8 \mathrm{Turnover}_{it} + \varepsilon_{it}
\end{aligned}
\right.
\tag{6.11}
$$

其中,TFP_{it} 表示第 i 个制造业企业在时间 t 的全要素生产率,DT_{it}^1 表示第 i 个制造业企业在时间 t 的数字化转型水平 1,DT_{it}^2 表示第 i 个制造业企业在时间 t 的数字化转型水平 2,FI_{it} 表示第 i 个制造业企业在时间 t 的正式制度水平,RD_{it} 表示第 i 个制造业企业在时间 t 的研发投入水平,Size_{it} 表示第 i 个制造业企业在时间 t 的规模,Income_{it} 表示第 i 个制造业企业在时间 t 的收益水平,$\mathrm{Turnover}_{it}$ 表示第 i 个制造业企业在时间 t 的营运能力,α_i 表示模型中企业的个体效应,ε_{it} 表示模型的误差项,$f(\mathrm{FI}_{it}; \gamma, c)$ 表示平滑转移函数。

对于正式制度水平,参考已有文献的相关衡量指标(廖开容和陈爽英,2011;贾凡胜等,2017;李俊青和苗二森,2018),本章分别从三个角度进行衡量。对于宏观层面,本章利用维护市场的法治环境和知识产权保护代表企业的外部治理环境(FI^1)进行衡量;对于中观层面,本章选择机构投资者持股比例(FI^2)进行衡量;对于微观层面,本章选择高管持股比例(FI^3)进行衡量。

为了检验正式制度在企业数字化转型对生产效率影响中是否存在显著的

平滑转移效应，本章选择宏观、中观、微观三个层面衡量企业的正式制度水平，建立如下三个 PSTR 模型：

$$
\begin{cases}
\begin{aligned}
TFP_{it} ={}& \alpha_i + \beta_1 DT_{it}^1 + \beta_2 DT_{it}^2 + \beta_3 DT_{it}^1 f(FI_{it}^1;\gamma,c) \\
& + \beta_4 DT_{it}^2 f(FI_{it}^1;\gamma,c) + \beta_5 RD_{it} + \beta_6 Size_{it} \\
& + \beta_7 Income_{it} + \beta_8 Turnover_{it} + \varepsilon_{it}
\end{aligned}
\end{cases}
\tag{6.12}
$$

$$
\begin{cases}
\begin{aligned}
TFP_{it} ={}& \alpha_i + \beta_1 DT_{it}^1 + \beta_2 DT_{it}^2 + \beta_3 DT_{it}^1 f(FI_{it}^2;\gamma,c) \\
& + \beta_4 DT_{it}^2 f(FI_{it}^2;\gamma,c) + \beta_5 RD_{it} + \beta_6 Size_{it} \\
& + \beta_7 Income_{it} + \beta_8 Turnover_{it} + \varepsilon_{it}
\end{aligned}
\end{cases}
\tag{6.13}
$$

$$
\begin{cases}
\begin{aligned}
TFP_{it} ={}& \alpha_i + \beta_1 DT_{it}^1 + \beta_2 DT_{it}^2 + \beta_3 DT_{it}^1 f(FI_{it}^3;\gamma,c) \\
& + \beta_4 DT_{it}^2 f(FI_{it}^3;\gamma,c) + \beta_5 RD_{it} + \beta_6 Size_{it} \\
& + \beta_7 Income_{it} + \beta_8 Turnover_{it} + \varepsilon_{it}
\end{aligned}
\end{cases}
\tag{6.14}
$$

对模型（6.12）至模型（6.14）设置不同的门槛参数，并对其进行非线性检验，检验结果如表6.1所示。

表 6.1　　　　　　　　　正式制度的非线性效应检验

变量	转换变量 FI¹			转换变量 FI²			转换变量 FI³		
	L = 1	L = 2	L = 3	L = 1	L = 2	L = 3	L = 1	L = 2	L = 3
LM	23.926 ***	12.525 **	15.836 **	24.844 ***	18.710 ***	11.580 **	14.474 **	13.368 **	10.928 **
LMF	6.650 ***	6.249 ***	2.846 **	7.796 ***	7.714 ***	2.260 **	6.580 ***	6.216 ***	2.573 **
LRT	7.599 ***	2.164 ***	2.132 ***	12.873 ***	6.671 ***	4.890 ***	8.313 ***	5.384 ***	4.792 ***

注：**，*** 分别表示 P<0.05，P<0.01。

从表6.1的非线性检验结果中可以看到，在门槛参数个数设定为1、2、3的情况下，当以 FI¹ 作为转换变量时，三种检验的检验结果均在5%以上的显著性水平下拒绝线性假设；在门槛参数个数设定为1、2、3的情况下，当以 FI² 作为转换变量时，三种检验的检验结果均在5%以上的显著性水平下拒绝线性假设；在门槛参数个数设定为1、2、3的情况下，当以 FI³ 作为转换变量时，三种检验的检验结果均在5%以上的显著性水平下拒绝线性假设。检验结果支持了本书第2章中理论分析的结果，正式制度在企业数字化转型对生产效率影响中存在非线性门槛作用。

接下来，本章通过无剩余异质性检验对模型（6.12）至模型（6.14）中转换函数的个数进行检验，无剩余异质性检验的结果列于表6.2中。

表 6.2　　　　　　　　　　　正式制度的无剩余异质性检验

变量	原假设 r = 1；备择假设 r = 2		
	转换变量 FI^1	转换变量 FI^2	转换变量 FI^3
LM	0.619	0.6895	0.5857
LMF	0.8621	0.5394	0.4911
LRT	0.5663	0.5859	0.4394

资料来源：笔者根据计算自行整理。

表6.2的检验结果中，以企业外部治理环境（FI^1）作为转换变量、以企业外部监督（FI^2）作为转换变量、以企业内部治理（FI^3）作为转换变量时，模型的平滑转移函数的个数为1个。最后，本章以1个平滑转移函数的设定下，计算当门槛参数个数设定为1、2、3时模型的赤池信息准则（AIC）、施瓦茨信息准则（SC）、汉南 - 奎因准则（HQ），利用信息准则的最小值确定门槛参数个数的最优选择，计算结果如表6.3所示。

表 6.3　　　　　　　　正式制度 PSTR 模型门槛参数个数的最优选择

参数	转换变量 FI^1			转换变量 FI^2			转换变量 FI^3		
	L = 1	L = 2	L = 3	L = 1	L = 2	L = 3	L = 1	L = 2	L = 3
AIC	0.1062	0.4491	0.9386	0.1177	0.2424	0.4429	0.2245	0.8652	0.7212
SC	0.1941	0.7138	0.6939	0.1626	0.5636	0.1950	0.2938	0.5304	0.3129
HQ	0.2599	0.8906	0.3937	0.2458	0.4438	0.6504	0.1016	0.7790	0.1429

资料来源：笔者根据计算自行整理。

通过三个准则结果，可以判断以企业外部治理环境（FI^1）作为转换变量、以企业外部监督（FI^2）作为转换变量、以企业内部治理（FI^3）作为转换变量时 PSTR 模型门槛参数的个数为1个。

6.2.3　正式制度门槛效应的估计

以上述 PSTR 模型相关设定检验结果为基础，对模型（6.12）至模型（6.14）进行参数估计，估计结果如表6.4所示。

表 6.4　　　　　　　　　　正式制度 PSTR 模型估计结果

参数	转换变量 FI^1	转换变量 FI^2	转换变量 FI^3
β_1	0.0017 **	0.0019 *	0.0043 ***
β_2	0.0018 **	0.0017 **	0.0027 ***
β_3	0.0031 **	0.0094 *	0.0067 ***
β_4	0.0032 ***	0.0035 *	0.0051 ***
β_5	0.0261 ***	0.0266 ***	0.0272 ***
β_6	0.7645 ***	0.7654 ***	0.7651 ***
β_7	0.0008 ***	0.0007 ***	0.0008 ***
β_8	0.8790 ***	0.8806 ***	0.8771 ***
r	0.2704	0.3014	0.3820
c	9.2400	63.9816	15.4700
AIC	0.7377	0.3913	0.9237
BIC	0.3142	0.5396	0.5232

注：*，**，*** 分别表示 $P<0.1$，$P<0.05$，$P<0.01$。

以企业外部治理环境（FI^1）作为转换变量的 PSTR 模型中，门槛参数估计值为 9.2400。当 FI^1 位于 -0.71（最小值）到门槛值 9.2400 之间时，平滑转移函数位于低区制。当 FI^1 位于门槛值 9.2400 到 16.77（最大值）之间时，平滑转移函数位于高区制。数字化转型水平 1 变量对制造业企业生产效率影响系数在加入转换区制前后的估计参数分别为 0.0017 和 0.0031，且均在 5% 的显著性水平下显著，在低区制向高区制转变的过程中，数字化转型水平 1 变量的系数估计由 0.0017 增加为 0.0048，即在外部治理环境的影响下，数字化转型水平 1 变量对企业生产效率具有更高的提升作用。数字化转型水平 2 变量对制造业企业生产效率影响系数在加入转换区制前后的估计参数分别为 0.0018 和 0.0032，且均在 5% 的显著性水平下显著，在低区制向高区制转变的过程中，数字化转型水平 2 变量的系数估计由 0.0018 增加为 0.0060，即在外部治理环境的影响下，数字化转型水平 2 变量对企业生产效率具有更高的提升作用。

外部治理环境的改善对制造业企业数字化转型效率的提升产生了积极影响。当前制造业企业数字化转型发展迅猛，数字技术的应用打破了部门间的壁垒，使得知识、数据共享变为现实，逐渐成为公共物品。然而，由于公共物品具有非排他性、非竞争性的特性，很容易产生"搭便车"的问题，阻碍制造业企业发展进程。具体来看，在正式制度尚不健全期间，知识产权、数据产权等相关法律法规制度保障相对缺乏，如治理规则、共享原则等问题都需要从法律层面加以明确，产权保护制度的缺位使得一些有机可乘的企业钻制度空白的空子，同时，数字化转型需要大量前期和期间投入，在没有很好的产权和制度保障的前提下，制造业企业数字化转型的动机尚显不足。此外，随着制造业企业数字化转型的发展，其打破了传统经济模式下知识产权的边界，使得更多的创新成果归属问题不明晰，而产权方面的不健全将影响数字经济消费市场的有序发展。缺乏产权制度的保护，数据、知识零代价获取的"搭便车"现象就会出现，制造业企业就不愿去选择数字化转型，进而数字化转型赋能制造业企业生产效率的作用难以发挥。伴随着地区产权相关的法律等正式制度的完善，数字化转型相关的数据、知识等产权得到相应的保障，同时产权清晰将有利于大大提高企业的信息透明度，帮助外界投资者更全面地了解企业的状况，有效减少外部投资者和企业之间的信息不对称性，从而有效缓解融资约束；另外，可以加强企业外部的监督机制，减少代理成本。与此同时，企业最佳的战略决策是加大长期投资来充分利用正式制度带来的红利，以实现资源的有效配置和效率的最大化。而在较完善外部治理环境阶段，企业愿意进行数字化转型的长期投入，充分利用外部市场资源，带动生产效率的持续提升。

以选择企业外部监督（FI^2）作为转换变量的 PSTR 模型中，门槛参数估计值为63.9816。当 FI^2 位于 0（最小值）到门槛值63.9816之间时，平滑转移函数位于低区制。当 FI^2 位于门槛值63.9816到168.8228（最大值）之间时，平滑转移函数位于高区制。数字化转型水平 1 变量对制造业企业生产效率影响系数在加入转换区制前后的估计参数分别为0.0019和0.0094，且均在10%的显著性水平下显著，在低区制向高区制转变的过程中，数字化转型水平 1 变量的系数估计由0.0019增加为0.0113，也就是说，在企业外部监督程度增加的影响下，数字化转型水平 1 变量对企业生产效率具有更高的提升作用。数字化转型水平 2 变量对制造业企业生产效率影响系数在加入转换区制前后的估计参数分别为0.0017和0.0035，且均在10%的显著性水平下显著，在低区制向高区制转变的过程中，数字化转型水平 2 变量的系数估计由0.0017增加为0.0052，也就是说，在企业外部监督程度增加的影响下，数字化转型水平 2 变量对企业生产效率具有更高的提升作用。

以企业内部治理（FI^3）作为转换变量的 PSTR 模型中，门槛参数估计值为15.4700。当 FI^3 位于 0（最小值）到门槛值15.4700之间时，平滑转移函数位于低区制。当 FI^3 位于门槛值63.9816到94.1200（最大值）之间时，平滑转移函数位于高区制。数字化转型水平 1 变量对制造业企业生产效率影响系数在加入转换区制前后的估计参数分别为 0.0043 和 0.0067，且均在 1% 的显著性水平下显著，在低区制向高区制转变的过程中，数字化转型水平 1 变量的系数估计由 0.0043 增加为 0.0110，也就是说，在企业内部治理强度增加的影响下，数字化转型水平 1 变量对企业生产效率具有更高的提升作用。数字化转型水平 2 变量对制造业企业生产效率影响系数在加入转换区制前后的估计参数分别为 0.0027 和 0.0051，且均在 1% 的显著性水平下显著，在低区制向高区制转变的过程中，数字化转型水平 2 变量的系数估计由 0.0027 增加为 0.0078，也就是说，在企业内部治理强度增加的影响下，数字化转型水平 2 变量对企业生产效率的提升作用得到了提高。

由此可以说明：良好的企业内部治理机制以及外部监督机制，如高管持股、机构投资者持股（梁上坤，2016）等能有效约束企业管理层的自利行为，加速制造业企业数字化转型的推进。

针对中观层面的正式制度，即企业外部监督机制。企业的机构投资者是企业外部监督管理的主要对象。有效监督假说认为，作为独立于管理层和股东之外的第三方，机构投资者在企业治理中扮演着积极的监督者角色，其可以利用自身的专业知识、信息、资金等方面来对管理者进行约束和监督，从而有效缓解股东与管理者之间的代理问题（Hartzell and Starks，2003）。随着机构投资者持股比例的提高，其对管理层的监督愈加严格，管理者的自利行为能够受到一定程度的抑制。在此种情况下，数字化转型对提高制造业企业生产效率的作用将更为显著。相反，在企业外部监督较低的时期，企业信息透明度较低，代理行为不容易被观察，此时，管理者会存在较高的机会主义行为（Lobo et al.，2017）。在此情形中，数字化转型对制造业企业生产效率的促进作用受到了代理问题的制约。

针对微观层面的正式制度，即企业内部治理机制。企业数字化转型属于公司战略，受到企业高管的决策影响，尤其是当企业高管持股情况下，伴随着企业高管持股比例的增加，高管对企业数字化转型的进展、效果的影响将会更大。当高管持股比例较低时，其更在意企业的短期效益，短视行为占主导地位。然而，数字化转型不是一蹴而就的，前期的投入比较大，很难在很短时间产生"立竿见影"的效果，因而会挤占用于实施数字化转型战略的资金。伴随着高管持股比例的增加，其越来越具有长期战略眼光，将数字化转型视为提升企业价值，企业未来发展的必经之路，因而更有动力促进企业数字化转型，进而引致生产效率的持续增加。此外，从风险的角度来看，企业数字化转型需要将生产要素与数字技术进行深度融合（吴非等，2021），融合涉及技术、产品的再造，也包括业务流程等的重塑，这将会给企业带来颠覆式的改变，同时也带来更多未知的风险（李倩茹和翟华云，2022）。在高管持股比例较低的时期，短视的高管为了获得短期稳定的业绩表现，风险承担意愿较低（何威风等，2016），往往选择保守的企业战略，因而数字化转型的倾向不强，从而进一步巩固自己的"舒适圈"。然而，随着高管持股比例的增加，企业的内部治理机制的强化，企业投资者从长期收益的角度出发，会加大企业数字化转型方面的投入。

6.3　基于非正式制度的门槛效应：地区信任的视角

6.3.1　非正式制度变量的衡量

尽管正式制度作为一项基本秩序发挥着重要作用，但其对经济行为的约束范围毕竟有限，而非正式制度（如行为准则、管理规范）却对人们的日常活动和社会交往有着更为广泛的影响（North，1990）。非正式制度同宪法和政策等正式制度在经济社会中实施所产生的效果可能不同，其往往影响着长期的经济社会变迁。孔泾源（1992）继承了诺思的观点，认为非正式制度是人类长期社会经济活动产生的，经年累月、代代传承发展而来的文化风俗，包括价值观念、道德规范、风俗习惯、思想观念等因素。根据理查德·斯科特（2010）的观点，制度主要包括"制度性""规范性""认知性"三大基本要素，而非正式制度更多地关注后两者的特征。非正式制度更趋近于企业内部集体通过谈判形成的行为准则，其本质上是一种非正式的监督机制（吉嘉伍，2007）。与正式制度相比，非正式制度包含了内涵和表现形式，它是社会结构、意识形态、文化传统和地域信任等多方面因素的综合体现（陆铭和李爽，2008；饶旭鹏和刘海霞，2012）。

在已有的研究中，学者们主要从地区环境差异及个体感知差异视角探讨非正式制度。由于观念、习俗、意识形态等非正式制度因素较为抽象且难以测量，所以有关非正式制度的研究主要集中在制度因素的表现形态上。具体而言，在地区环境差异方面，学者们对于非正式制度的衡量多从地域文化、信任程度等角度来进行。例如，陈东华等（2013）、毕茜等（2015）在衡量区域传统文化时，使用了企业注册地与企业所在地区宗教活动地点之间的距离作为衡量指标。另外，王艳和李善民（2017）、刘笑霞和李明辉（2019）、黄先海和吴屹帆（2020）等学者，基于中国综合社会调查（CGSS）数据库，结合问卷调查的相关问题构建全国各省份的社会信任指数体系。在个体感知差异方面，目前对非正式制度差异的衡量主要集中在企业的政治关联和政治参与程度等方面。陈钊等（2008）、刘慧龙等（2010）、唐松和孙铮（2014）、姚梅洁等（2019）学者将企业的董事长、总经理或实际控制人是否在政府部门工作，以及是否担任过人民代表大会或政协委员等作为衡量企业感知到非正式制度的指标。

我们通过综合传统理论和实际情况的分析，将非正式制度定义为对个人、企业等经济主体在社会交往和交易过程中施加约束并对其经济决策产生影响的组织结构安排。非正式制度的主要表现形式是信任，因为信任涵盖了非正式制度的观念、习俗和意识形态等方面。因此，基于信任的非正式制度形态，同时也是文化传统、道德规范和风俗习惯等其他非正式制度因素的综合体现。尽管除了信任之外还存在其余非正式制度，但由于数据的可获取性和代表性，本章主要研究了地区信任这一非正式制度因素。

国内学者多数采用张维迎和柯荣住（2002）的问卷调查法，以企业守信用状况为依据测度各地区的社会信任程度。然而，考虑到该套数据仅有2000年，尽管非正式制度在较长时期具有稳定性和不易变化性，但是为了研究非正式制度的动态变化，本章以《中国城市商业信用环境白皮书》的地区任环境指数用来反映社会信任在城市之间的差异性与动态性。本章借鉴钱先航和曹春芳（2013）的做法，在已有原始数据的基础上，采用现行差值法计算补充。

6.3.2 非正式制度平滑转移效应的检验

为了考察非正式制度在企业数字化转型对生产效率影响中是否存在显著的平滑转移效应，建立如下 PSTR 模型：

$$
\left\{
\begin{aligned}
\text{TFP}_{it} = {} & \alpha_i + \beta_1 \text{DT}_{it}^1 + \beta_2 \text{DT}_{it}^2 + \beta_3 \text{DT}_{it}^1 f(\text{II}_{it}; \gamma, c) \\
& + \beta_4 \text{DT}_{it}^2 f(\text{II}_{it}; \gamma, c) + \beta_5 \text{RD}_{it} + \beta_6 \text{Size}_{it} \\
& + \beta_7 \text{Income}_{it} + \beta_8 \text{Turnover}_{it} + \varepsilon_{it}
\end{aligned}
\right.
\tag{6.15}
$$

其中，TFP_{it} 表示第 i 个制造业企业在时间 t 的全要素生产率，DT_{it}^1 表示第 i 个制造业企业在时间 t 的数字化转型水平 1，DT_{it}^2 表示第 i 个制造业企业在时间 t 的数字化转型水平 2，II_{it} 表示第 i 个制造业企业在时间 t 的非正式制度水平，RD_{it} 表示第 i 个制造业企业在时间 t 的研发投入水平，$Size_{it}$ 表示第 i 个制造业企业在时间 t 的规模，$Income_{it}$ 表示第 i 个制造业企业在时间 t 的收益水平，$Turnover_{it}$ 表示第 i 个制造业企业在时间 t 的营运能力，α_i 表示模型中企业的个体效应，ε_{it} 表示模型的误差项，$f(FI_{it}; \gamma, c)$ 表示平滑转移函数。

对于企业的非正式制度水平，依照本章 6.3.1 部分的阐述，本章具体利用中国城市商业信用环境指数衡量企业的非正式制度水平，对模型（6.15）进行非线性检验，检验结果如表 6.5 所示。

表 6.5　　　　　　　　　　非正式制度非线性效应检验

项目	转换变量非正式制度 II		
	L = 1	L = 2	L = 3
LM 检验	21.3540 ***	18.7084 ***	25.1284 ***
LMF 检验	2.3246 **	2.4215 **	16.5161 ***
LRT 检验	18.1616 ***	31.9621 ***	36.4292 ***

注：**，*** 分别表示 P < 0.05，P < 0.01。

从表 6.5 的非线性检验结果中可以看到，在门槛参数个数设定为 1、2、3 的情况下，以中国城市商业信用环境指数（II）作为转换变量时，LM 检验、LMF 检验、LRT 检验的检验结果均在 5% 以上的显著性水平下拒绝线性假设。

接下来，本章通过无剩余异质性检验对模型（6.15）中转换函数的个数进行检验，无剩余异质性检验的结果列于表 6.6 中。

表 6.6　　　　　　　　　　非正式制度的无剩余异质性检验

项目	原假设 r = 1；备择假设 r = 2
LM 检验	0.3952
LMF 检验	0.3390
LRT 检验	0.2889

资料来源：笔者根据计算自行整理。

从表 6.6 的检验结果中以中国城市商业信用环境指数（II）作为转换变量时，模型的平滑转移函数的个数为 1 个。

最后，本章以 1 个平滑转移函数的设定下，计算当门槛参数个数设定为 1、2、3 时模型的三大信息准则，利用信息准则的最小值确定门槛参数个数的最优选择，计算结果如表 6.7 所示。

表 6.7　　　　　　非正式制度 PSTR 模型门槛参数个数的最优选择

变量	转换变量非正式制度 II		
	L = 1	L = 2	L = 3
AIC	0.3991	0.4549	0.4757
SC	0.3246	0.9506	0.4470
HQ	0.3187	0.6211	0.4803

资料来源：笔者根据计算自行整理。

通过三大信息准则，可以判断以中国城市商业信用环境指数（II）作为转换变量时 PSTR 模型门槛参数的个数为 1 个。

6.3.3　非正式制度门槛效应的估计

以上述 PSTR 模型相关设定检验结果为基础，对模型（6.15）进行参数估计，估计结果如表 6.8 所示。以中国城市商业信用环境指数（II）作为转换变量的 PSTR 模型中，门槛参数估计值为 78.4350。当城市商业信用环境指数（II）位于 0（最小值）到门槛值 78.4350 之间时，平滑转移函数位于低区制。当城市商业信用环境指数（II）位于门槛值 78.4350 到 90.63（最大值）之间时，平滑转移函数位于高区制。数字化转型水平 1 变量对制造业企业生产效率影响系数在加入转换区制前后的估计参数分别为 − 0.0018 和 0.0026，且均在 10% 以上的显著性水平下显著，在低区制向高区制转变的过程中，数字化转型水平 1 变量的系数估计由 − 0.0018 增加为 0.0008，也就是说，在转换变量城市商业信用环境指数（II）的影响下，数字化转型水平 1 变量对企业生产效率的影响从抑制作用转换为提升作用。数字化转型水平 2 变量对制造业企业生产效率影响系数在加入转换区制前后的估计参数分别为 0.0025 和 0.0041，且均在 10% 以上的显著性水平下显著，在低区制向高区制转变的过程中，数字化转型水平 2 变量的系数估计由 0.0025 增加为 0.0066，也就是说，在转换变量城市商业信用环境指数（II）的影响下，数字化转型水平 2 变量对企业生产效率具有更高的提升作用。

表 6.8 非正式制度 PSTR 模型估计结果

参数	转换变量非正式制度 II
β_1	− 0. 0038 **
β_2	0. 0025 **
β_3	0. 0026 *
β_4	0. 0041 *
β_5	0. 0266 ***
β_6	0. 7655 ***
β_7	0. 0008 ***
β_8	0. 8794 ***
r	0. 3021
c	78. 4350
AIC	0. 5603
BIC	0. 4306

注：* ，** ，*** 分别表示 P < 0. 1，P < 0. 05，P < 0. 01。

　　当地社会信任的提升对制造业企业数字化转型的效率提升产生了积极的影响。首先，社会信任作为一种非正式制度，可以引导经济主体按照大众普遍认可的规范准则行事，并在潜移默化中塑造其自身的价值观。在企业层面，社会信任程度的提升制约了企业管理者和雇员的行为，特别是降低了投机行为的概率。在双方交易过程中，相互之间建立了更高的信任程度（杨国超等，2019）。数字化转型作为一项风险与收益并存的战略，制造业企业在实施数字化转型战略提升生产效率水平的过程中面临着诸多因素的制约，其中就包括成本问题、决策监督效率问题等。然而，在社会信任程度较高地区，制造业企业能够降低事前收集成本与事后监督成本，减轻不同主体间的信息不对称，从而更愿意投入资源进行数字化转型，进一步提升生产效率。

　　首先，随着社会信任度的提高，制造业企业与金融机构之间的关系变得更加融洽。社会信任作为一种"软关系"，使得金融机构更加信任企业，并愿意以更低的成本和更长的周期放贷给企业，从而使融资渠道也更加顺畅（钱先航和曹春芳，2013；张敦力等，2012）。这是因为社会信任提高了主体之间的诚信意识，使得企业如果做出不道德的行为，将面临远高于眼前利益的隐性成本，从而在很大程度上降低了违约风险。在企业数字化转型时，充足的财务保障至关重要。地区社会信任的提升在很大程度上可以有效缓解企业数字化转型过程中的融资约束问题，相比社会信任低的地区，这无疑会带来更高的生产效率。

其次，相对于企业一般性的经营活动，数字化转型战略具有周期长、不确定性强、效益滞后等特点。在社会信任程度较低的时期，股东观察到企业短期内数字化转型对生产效率的提升不显著，往往将责任归咎于企业管理者的无能，从而增加了监督成本。然而，出于自身利益考虑，企业经纪人往往更倾向于规避不确定性较强的数字化转型战略等（Bernstein，2015）。随着地区社会信任的提升，社会主体更彼此相信，更愿意将精力投身于合作而非猜疑，这在提升了决策效率的同时也降低了监督成本。对于制造业企业而言，投资者能够更加客观地评价管理者的能力，将更多的决策空间留给管理者，从而提高了他们在短期内容忍风险、长期内获得更长远奖励的数字化转型战略的激励机制。

6.4　进一步讨论：正式制度与非正式制度的耦合性

制造业企业在数字化转型中所嵌入的并不只是一种制度，而是通过制度与制度之间的相互嵌入（包含正式制度之间、非正式制度之间、正式制度与非正式制度之间），它们在功能匹配和系统化程度上仍有所差别，从而产生对企业行为影响的不同关系。在这一分析过程中，制度耦合效应的分析显得尤为重要。根据上述正式制度与非正式的视角下的非线性影响检验，我们可以得出以下结论：无论是企业面临的外部治理、外部监督、内部治理及地区信任程度均存在着门槛效应。也就是说，在低区制的区间，数字化转型对制造业企业生产效率的促进效应不显著；而在高区制的区间，数字化转型均显著促进制造业企业生产效率的提升。

在制造业企业的数字化转型对生产效率的影响中，法律制度、产权保护、高管持股、机构投资者持股和地区信任程度都扮演着重要角色。同时，这些制度安排的有机结合，以实现某一特定功能和目的，并对企业主体行为产生约束。尽管各制度安排的作用范围和强制程度有所不同，但它们均对企业数字化转型从不同角度进行规范，而且作用的方向是一致的，因而存在着制度耦合的作用。

其中，正式制度与非正式制度的耦合可以在以下几个方面实现。

第一，针对正式制度在保障机制方面的欠缺，可以借助地区信任程度等非正式制度压力机制形成协同互补的局面。非正式制度可以在企业数字化转型过程中发挥信任关系维系，并产生对抵制机会主义等行为的社会压力机制，使违规的相关行为主体付出极大的代价，有时甚至超过法律制裁所导致的代价。当这些社会信任意识和法律及产权保护等相契合时，正式制度实施与非正式制度实施就会形成协同保障机制，极大地提高正式制度的实施效果。

第二，非正式制度的有限正式化。由于地区信任相关非正式制度对制造业企业数字化转型的约束是一种软约束，因而在出现重大的利益诱惑时，企业很容易突破道德底线，造成不合理的信任风险。相对而言，正式法律及产权制度保障对制造业企业数字化转型行为来说是一种硬约束，对于违反法律的行为可以借助国家强制力实施制裁，以维护社会的基本秩序，遏制危害社会的行为发生。因此，有必要将一部分非正式制度正式化，即将部分信任规则法律化，使其具有强制的约束力。

第三，正式制度与非正式制度的合理分配。中国现行法律体系已将部分"诚实守信"等国际所认可的伦理规范上升到立法层面。然而，仍存有部分违背了诚信道德并且产生重大社会影响的企业创新活动。这主要是由于缺乏法律的有效衔接，或者正式与非正式制度体系的断裂，导致无法形成促进制造业企业数字化转型的制度合力，从而加剧了信用风险。信用规范的法律化并不能完全替代信任规范的作用，对于法律等正式制度的过度依赖将会产生一些消极影响。因为地区信任程度等非正式制度本身是一种自律行为，而法律则是一种他律机制。如果用他律完全替代自律，将不利于企业长期数字化转型战略决策的开展。

6.5 本章小结

制度安排是影响经济主体行为的重要因素，其对经济主体行为产生的效应发挥着重要激励与约束作用。本章依据诺思对制度的划分，分别从制度耦合的正式制度与非正式制度的双重视角出发，研究数字化转型对制造业企业生产效率的非线性影响。与以往研究简单门槛模型不同，本章运用面板数据平滑转移模型（PSTR），实证检验正式制度与非正式制度在数字化转型影响制造业企业生产效率的过程中所发挥的转移效应特征。

首先，针对正式制度。本章从制造业企业所受到的监管法律及产权保障、企业所受到的第三方的外部监督及企业自身内部治理机制三个层次的正式制度考察。研究发现，三个层次的正式制度在数字化转型对制造业企业生产效率的影响中均存在非线性的门槛作用。在法治环境及产权保护层面、企业的外部监督层面、企业内部治理层面，从低区制向高区制转变后，数字化转型对制造业企业生产效率具有更高的提升作用。

其次，针对非正式制度。本章从制造业企业所受到的地区信任程度进行考察。研究发现，地区信任程度变量从低区制转向高区制后，数字化转型对制造业企业生产效率具有更高的提升作用。

最后，在数字化转型对制造业企业生产效率的影响过程中，正式制度与非正式制度安排是指符合制度系统中的各项制度安排为了某一特定的功能和目的进行有机结合并对企业主体行为产生约束。尽管各制度安排的作用范围、强制程度、变迁速度有所不同，但它们均对企业数字化转型从不同角度进行规范，而且作用的方向是一致的，并且具有较强的互补性，即存在着制度耦合。

第 7 章

区域制度环境差异下数字化转型的
空间效应分析

数字化转型依托互联网、大数据等信息技术的运用，实现了区域间的互联、互通和共享，打破了产业间的空间地理距离，突破了各企业因地域差异而产生的窘境，提高了区域间的经济往来。同时，数字化转型可以有效减缓地理距离造成的技术溢出衰减的现象，通过提高知识、技术与信息的使用效率，为企业生产效率产生的外溢效应提供可能。从经济地理学的角度来看，空间上的各要素之间并不是简单的单向联系，而是存在一定的空间异质性。这主要是因为数字化转型的溢出效应与其传播范围和流动速度之间存在显著的正向关系。因此，在不同的区域制度环境下，数字化转型对制造业生产效率的影响可能会表现出一定的空间异质性。本章采用面板数据空间计量模型和地理加权回归（geographically weighted regression，GWR）方法，基于不同区域制度环境视角，量化分析与检验数字化转型对制造业生产效率影响的空间溢出效应和空间异质性。本章的研究结论对于我们理解制度环境的"延续效应"在数字化转型促进制造业生产效率增长过程中起到的作用提供了新的经验研究证据。在全书的行文逻辑上，本章属于"实证分析"当中的第三部分实证分析。

7.1　数字化转型对制造业生产效率的空间溢出效应

7.1.1　区域数字化转型的测度

目前，对区域数字化转型水平的测度方法主要有两种：一种是单一指标测量方法，另一种是综合指标测量方法。单一指标测量，即将单一的指标作为地区数字化转型的衡量标准。其中，移动电话的拥有量能够在某种程度上反应地区信息化设备的配置程度，并将移动电话的普及率作为地区数字化转型水平的替代变量，用以验证数字化转型是否对地区经济增长产生积极效应（Andrianaivo and Kpodar，2011）。李向阳（2015）也采取了类似的方式，通过电话拥有量代表地区数字化转型水平研究其在农村经济发展过程中的作用。除了作为区域数字化转型的代理变量的手机和电话的数量及占比以外，网民数量及占比、互联网普及率、邮电业务量等也被学者们广泛应用（Shao et al.，2022）。例如，周勤等（2012）利用省际面板数据模型，将地区邮电业务量作为地区数字化转型水平的代理变量，研究地区数字化转型对经济增长的影响。贾军和刑乐成（2016）在已有研究的基础上，将网民用户比例作为地区数字化转型水平的指标，研究地区数字化转型对企业融资约束的影响。肖静等（2023）选取了互联网普及率作为区域数字化转型的替代变量，考察了其对绿色全要素生产率的促进作用。

随着数字经济的快速发展，互联网、大数据和5G通信技术在各个领域起到了至关重要的作用。然而，仅通过单一变量如手机用户数量或邮电业务服务来评估地区数字化转型发展水平是不准确的。近年来，国内外学者纷纷推出了一系列综合测度指标，以期对我国数字转型的发展水平作出更为精确的评价。其中，以"卢普测量法""波拉特测量法""信息指数测量法"为最早的几种测量法中的"信息指数测量法"为代表。"知识产业"这一概念是由弗里茨·马克卢普（Machlup，1962）提出的，它是基于5大类30个行业的知识产业，是最早对信息经济进行测度的范式。波拉特（Porat，1977）在弗里茨·马克卢普测度的基础上，对克拉克三期工业分类方法进行了进一步的拓展，把测度的对象扩大到了整个社会中的全部信息行业，并在1967年对美国的信息技术企业和工人进行了测度。约在1965年，有学者提出了一种由4大指标、11小指标组成的"信息指数"方法，该方法能够对一国或多国的信息化程度进行纵向和横向的测度（小松崎清介，1994）。但当时互联网尚未在全球普及，因此，该指标体系无法准确地反映该地区的信息化程度。

学者们为了更系统地评估数字化转型的程度，采用了模糊层次分析法和主成分分析法构建数字化增长指数。其中，宋周莺和刘卫东（2013）使用主成分分析方法构建了包含11项的指标体系。而俞立平（2005）则建立了一套较为详细的评价指标，由4个主要一级指标（普及度、技术应用、初级应用、高级应用），以及 8 个相关的二级指标组成，使用 AHP 方法确定各指标的权重。另外，周青等（2020）从数字接入水平、设备水平、应用水平和平台建设水平等 4 个指标来衡量区域数字化转型水平。类似地，张鹏飞和汤蕴懿（2020）也采用了相似的指标来评估数字化转型水平。考虑到指标的时效性、可量化性和可获取性等特点，本章综合了周青和张鹏飞的指标构建思路，并结合了周慧慧等（2021）相关研究，将区域制造业数字化转型划分为 4 个维度"数字化基础设施建设—数字化人才投入—创新平台建设—数字融合水平"，选取了七个指标，并采用熵值法进行测度。

国内外学者已经提出了详细的衡量指标来评估数字化转型水平。然而，伴随着数字化技术的不断演进和新技术的涌现，过去采用的单一指标体系在衡量数字化转型水平时存在一定的局限性。使用单一指标衡量反映的数字化转型水平可能导致片面性和随意性，因此，某些指标只能代表数字化转型发展的特定方面，无法全面揭示实际水平。为了更全面、更科学地评估数字化转型的程度，综合测度成为一种更好的方法，可以从不同维度全面评估数字化转型的各个方面，同时反映数字化转型的实际情况，并提供更全面的信息和洞察。

7.1.2 数字化转型对制造业生产效率影响的空间效应检验

首先采用空间邻近矩阵，计算 Moran 指数对本书第 4 章所有的 SFA 方法测算的 2011~2021 年全国 30 个省际地区制造业生产效率及其分解结果进行全局空间相关性检验，检验结果如表 7.1 所示。

表 7.1　　省际制造业生产率及分解结果的全局空间相关性检验

年份	生产率	效率变化	技术进步
2011	0.2993 ***	0.2450 ***	0.2305 ***
2012	0.2504 ***	0.2030 ***	0.2059 ***
2013	0.2633 ***	0.2651 ***	0.2234 ***
2014	0.2097 ***	0.2877 ***	0.2231 ***
2015	0.2137 ***	0.1931 ***	0.2678 ***
2016	0.2249 ***	0.2080 ***	0.2534 ***

年份	生产率	效率变化	技术进步
2017	0. 2109 ***	0. 2670 ***	0. 2372 ***
2018	0. 2777 ***	0. 2355 ***	0. 2151 ***
2019	0. 2041 ***	0. 2745 ***	0. 2897 ***
2020	0. 1910 ***	0. 2335 ***	0. 2019 ***
2021	0. 2422 ***	0. 2509 ***	0. 2227 ***

注：*** 表示 P < 0.01。

从表 7.1 中 2011~2021 年全国 30 个省际地区制造业生产效率及其分解结果的全局空间相关性检验结果可以看到，2011~2021 年全国 30 个省际地区制造业生产效率的 Moran 指数全为正值，且在 1% 的显著性水平下显著；2011~2021 年全国 30 个省际地区制造业技术效率变化的 Moran 指数全为正值，且在 1% 的显著性水平下显著；2011~2021 年全国 30 个省际地区制造业技术进步的 Moran 指数全为正值，且在 1% 的显著性水平下显著。2011~2021 年全国 30 个省际地区制造业生产率及其分解结果均存在显著的正向空间相关性，但是数字化转型对省际地区制造业生产效率的影响是否导致了地区制造业生产效率的正向空间相关性则需要进一步建立空间计量模型进行进一步的分析和验证。

针对本章实证研究的目的及前述省际地区制造业生产率及其分解结果全局空间相关性检验结果，本章建立如下的面板数据空间计量模型：

$$P_{it} = \alpha_i + \rho \sum_{j=1}^{n} w_{ij} P_{ij} + \beta_1 DT_{it} + \beta_2 GDP_{it} + \beta_3 IND_{it}$$

$$+ \beta_4 HUM_{it} + \beta_5 OPEN_{it} + \theta \sum_{j=1}^{n} w_{ij} u_{ij} + \varepsilon_{it} \qquad (7.1)$$

$$EC_{it} = \alpha_i + \rho \sum_{j=1}^{n} w_{ij} EC_{ij} + \beta_1 DT_{it} + \beta_2 GDP_{it} + \beta_3 IND_{it}$$

$$+ \beta_4 HUM_{it} + \beta_5 OPEN_{it} + \theta \sum_{j=1}^{n} w_{ij} u_{ij} + \varepsilon_{it} \qquad (7.2)$$

$$TC_{it} = \alpha_i + \rho \sum_{j=1}^{n} w_{ij} TC_{ij} + \beta_1 DT_{it} + \beta_2 GDP_{it} + \beta_3 IND_{it}$$

$$+ \beta_4 HUM_{it} + \beta_5 OPEN_{it} + \theta \sum_{j=1}^{n} w_{ij} u_{ij} + \varepsilon_{it} \qquad (7.3)$$

其中，P_{it} 表示第 i 个省际地区第 t 年制造业生产率，EC_{it} 表示第 i 个省际地区第 t 年制造业技术效率变化，TC_{it} 表示第 i 个省际地区第 t 年制造业技术进步，DT_{it} 表示第 i 个省际地区第 t 年数字化转型水平，GDP_{it} 表示第 i 个省际地区第 t 年的经济发展水平，IND_{it} 表示第 i 个省际地区第 t 年的产业结构，HUM_{it} 表示第 i 个省际地区第 t 年的人力资本水平，$OPEN_{it}$ 表示第 i 个省际地区第 t 年的对外开放程度，w_{ij} 表示空间权重矩阵的元素，ρ 和 θ 分别表示空间计量模型的空间自回归系数和空间误差系数。经济发展水平、产业结构、人力资本水平、基础设施水平、对外开放程度是模型的控制变量。对于地区经济发展水平（GDP_{it}），用地区人均国内生产总值来衡量，并且通过地区生产总值指数折算成 2011 年的不变价并进行对数化处理。对于产业结构（IND_{it}），本章以第二产业与第三产业的增加值和占 GDP 比重作为衡量指标。对于人力资本水平（HUM_{it}），本章以地区 6 岁及以上人口的平均受教育年限来度量。对外开放程度方面（GDP_{it}），本章以外商直接投资的实际使用金额作为度量指标，同时为了消除汇率和经济发展水平的影响，将当年外商直接投资实际使用金额换算为人民币，再除以当年地区生产总值对其进行衡量。控制变量的数据来源为《中国统计年鉴》《中国工业经济统计年鉴》、Wind 数据库等。表 7.2 是变量描述性统计分析结果。

表 7.2　　　　　　　　　　变量描述性统计分析

变量	均值	标准差	最大值	最小值
P	1.6010	1.8218	12.28	0.1
EC	1.9490	2.6468	18.99	0.02
TC	1.5843	1.1666	4.5	0.25
DT	29.3382	9.2918	65.7061	12.5161
GDP	10.9071	0.4218	14.0130	8.8802
IND	0.9637	0.0513	0.9973	0.7490
HUM	10.3735	1.0567	14.0942	8.0721
OPEN	0.0389	0.0299	0.1643	0.0001

资料来源：笔者根据计算自行整理。

本章利用拉格朗日乘数检验和空间 Hausman 检验，对模型中的空间效应具体体现为空间滞后或空间误差形式及个体效应表现为固定效应还是随机效应检验，检验结果如表 7.3 所示。

表 7.3　　　　　　　　　　面板数据空间计量模型设定检验

设定检验	生产率	技术效率变化	技术进步
LM（lag）	17.3966***	9.6882***	18.5727***
Robust LM（lag）	11.6169***	8.9196***	9.6193***
LM（error）	0.9255	0.5418	0.2428
Robust LM（error）	0.6762	0.2315	0.2014
空间 Hausman	28.7878***	32.2273***	36.9321***

注：*** 表示 P<0.01。

表 7.3 中面板数据空间计量模型的设定检验结果表明，以生产效率作为模型的被解释变量，空间自回归和稳健的空间自回归的拉格朗日乘数检验统计量的样本值为 17.3966 和 11.6169，在 1% 的显著性水平下显著；同时空间误差和稳健的空间误差的拉格朗日乘数检验统计量的样本值为 0.9255 和 0.6762，均未通过显著性检验。空间 Hausman 检验结果表明，模型中个体效应为固定效应。以技术效率变化作为模型的被解释变量，空间自回归和稳健的空间自回归的拉格朗日乘数检验统计量的样本值为 9.6882 和 8.9196，在 1% 的显著性水平下显著；同时空间误差和稳健的空间误差的拉格朗日乘数检验统计量的样本值为 0.5418 和 0.2315，均未通过显著性检验。空间 Hausman 检验结果显示，模型的个体效应为固定效应。以技术进步作为模型的被解释变量，空间自回归和稳健的空间自回归的拉格朗日乘数检验统计量的样本值为 18.5727 和 9.6193，在 1% 的显著性水平下显著；同时空间误差和稳健的空间误差的拉格朗日乘数检验统计量的样本值为 0.2428 和 0.2014，均未通过显著性检验。空间 Hausman 检验结果显示，模型的个体效应为固定效应。

7.1.3　区域制度环境差异下的空间溢出效应比较分析

在上述模型设计检验结论的基础上，为了分析不同区域制度环境下数字化转型对制造业生产效率的空间溢出效应，本章借鉴刘春林和田玲（2021）、毛其淋和杨晓冬（2022）的方法，利用王小鲁等（2016）对我国各省域市场化改革进展情况的评价并按照均值，将研究的我国 30 个省域划分为高水平制度环境和低水平制度环境组，划分情况如表 7.4 所示。

表 7.4　　　　　　　　　　　地区制度环境分组情况

高水平制度环境组	低水平制度环境组
上海、广东、江苏、浙江、天津、福建、山东、北京、重庆、湖北、安徽、辽宁、四川、江西、河南、湖南	陕西、吉林、河北、广西、黑龙江、山西、海南、宁夏、贵州、内蒙古、云南、甘肃、新疆、青海

资料来源：笔者根据计算自行整理。

本章构建如下的面板数据空间计量模型，对省际地区数字化转型对制造业生产效率及其分解结果的影响进行实证研究。

$$P_{it} = \alpha_i + \rho \sum_{j=1}^{n} w_{ij}P_{ij} + \beta_1 DT_{it} + \beta_2 GDP_{it} + \beta_3 IND_{it}$$
$$+ \beta_4 HUM_{it} + \beta_5 OPEN_{it} + \varepsilon_{it} \qquad (7.4)$$

$$EC_{it} = \alpha_i + \rho \sum_{j=1}^{n} w_{ij}EC_{ij} + \beta_1 DT_{it} + \beta_2 GDP_{it} + \beta_3 IND_{it}$$
$$+ \beta_4 HUM_{it} + \beta_4 HUM_{it} + \beta_5 OPEN_{it} + \varepsilon_{it} \qquad (7.5)$$

$$TC_{it} = \alpha_i + \rho \sum_{j=1}^{n} w_{ij}TC_{ij} + \beta_1 DT_{it} + \beta_2 GDP_{it} + \beta_3 IND_{it}$$
$$+ \beta_4 HUM_{it} + \beta_4 HUM_{it} + \beta_5 OPEN_{it} + \varepsilon_{it} \qquad (7.6)$$

其中，P_{it} 表示第 i 个省际地区第 t 年制造业生产效率，EC_{it} 表示第 i 个省际地区第 t 年制造业技术效率变化，TC_{it} 表示第 i 个省际地区第 t 年制造业技术进步，DT_{it} 表示第 i 个省际地区第 t 年数字化转型水平，GDP_{it} 表示第 i 个省际地区第 t 年的经济发展水平，IND_{it} 表示第 i 个省际地区第 t 年的产业结构，HUM_{it} 表示第 i 个省际地区第 t 年的人力资本水平，$OPEN_{it}$ 表示第 i 个省际地区第 t 年的对外开放程度，w_{ij} 表示空间权重矩阵的元素，ρ 表示空间计量模型的空间自回归系数。

本章利用 2011~2021 年高水平制度环境组的 17 个省域地区的面板数据，对模型（7.4）至模型（7.6）进行估计，估计结果如表 7.5 所示。

表 7.5　　　　　高水平制度环境组的空间自回归模型估计结果

变量	模型 1	模型 2	模型 3
空间自回归系数	0.0687 **	0.0225 **	0.1985 ***
DT	0.0337 ***	0.0613 ***	0.0070 ***

续表

变量	模型1	模型2	模型3
GDP	2.7595**	3.7694**	1.9129**
IND	21.0398***	37.6431***	11.1843*
HUM	0.7122**	0.4432*	0.2053***
OPEN	7.5627***	16.7371**	3.5434***
R^2	0.7003	0.8047	0.7392
对数似然值	92.3877	121.5099	89.5635

注：*，**，*** 分别表示 $P<0.1$，$P<0.05$，$P<0.01$。

在表7.5中利用高水平制度环境组进行模型的估计结果表明，模型1是以省际制造业生产效率作为模型被解释变量，从估计结果可以看到，模型中的空间自回归系数为0.0687，在5%的显著性水平下显著，说明存在数字化转型，存在显著的正向空间效应。数字化转型变量对地区制造业生产效率的影响系为0.0337，且在1%的显著性下显著。证实了数字化转型对地区生产效率具有正向的提升作用。模型2是以省际制造业技术效率变化作为模型被解释变量，从估计结果可以看到，模型中的空间自回归系数为0.0225，在5%的显著性水平下显著，说明数字化转型存在显著的正向空间效应。数字化转型变量对地区制造业技术效率变化的影响系数为0.0613，且在1%的显著性水平下显著。证实了数字化转型对地区制造业技术效率变化具有正向的提升作用。模型3是以省际制造业技术进步作为模型被解释变量，从估计结果可以看到，模型中的空间自回归系数为0.1985，且在1%的显著性水平下显著，同样证实了数字化转型显著的正向空间效应。数字化转型变量对地区制造业技术进步的影响系数为0.0070，且在1%的显著性下显著。证实了数字化转型对地区制造业技术效率变化具有正向的提升作用。从数字化转型对地区制造业生产效率、技术效率变化、技术进步的影响系数大小比较来看，数字化转型对地区制造业的技术效率变化的影响系数最大，说明数字化转型对地区制造业生产效率的影响主要体现为对技术效率变化的提升作用。

为了进一步对上述变量之间影响关系的空间溢出作用进行量化分析，本章在上述模型估计结果基础上，将高水平制度环境组的数字化转型的空间溢出效应分解为直接效应、间接效应、总效应，分解结果如表7.6所示。

表7.6　　　　高水平制度环境组的空间溢出效应的分解结果

变量	模型1			模型2			模型3		
	直接效应	间接效应	总效应	直接效应	间接效应	总效应	直接效应	间接效应	总效应
DT	0.334 ***	0.187 ***	0.522 ***	0.357 **	0.213 **	0.570 **	0.598 **	0.314 **	0.912 **
GDP	2.563 **	1.102 **	3.664 **	3.882 ***	2.256 **	6.138 **	0.914 *	0.611 **	1.525 **
IND	22.338 ***	2.097 ***	24.435 ***	39.753 ***	15.406 ***	55.159 ***	3.207 **	2.457 **	5.664 **
HUM	1.414 ***	0.676 **	2.090 **	0.505 **	0.308 **	0.812 **	0.779 **	0.285 ***	1.064 ***

注：*，**，*** 分别表示 $P<0.1$，$P<0.05$，$P<0.01$。

从表7.6中高水平制度环境组的空间溢出效应分解结果可以看到，模型1以省际制造业生产效率作为模型被解释变量，数字化转型对省际地区制造业生产效率的直接效应、间接效应、总效应分别为0.334、0.187、0.522，且在1%的显著性水平下显著，说明数字化转型对高水平制度环境地区制造业生产效率具有显著的正向影响。从直接效应和间接效应系数的估计来看，数字化转型对邻近地区制造业生产效率的提升作用是本地区提升作用的55.9%，具有显著的空间溢出影响。模型2以省际制造业技术效率变化作为模型被解释变量，数字化转型对省际地区制造业技术效率变化的直接效应、间接效应、总效应分别为0.357、0.213、0.570，且在5%的显著性水平下显著，说明数字化转型对省际地区制造业技术效率变化具有显著的正向影响。从直接效应和间接效应系数的估计来看，数字化转型对邻近地区制造业技术效率变化的提升作用是对本地区提升作用的59.6%，具有显著的空间溢出影响。模型3以省际制造业技术进步作为模型被解释变量，数字化转型对省际地区制造业技术进步的直接效应、间接效应、总效应分别为0.598、0.314、0.912，且在5%的显著性水平下显著，说明数字化转型对省际地区制造业技术进步具有显著的正向影响。从直接效应和间接效应系数的估计来看，数字化转型对邻近地区制造业技术进步的提升作用是对本地区提升作用的52.5%，具有显著的空间溢出影响。

本章利用2011～2021年低水平制度环境组的13个省域地区的面板数据，对模型（7.4）至模型（7.6）进行估计，估计结果如表7.7所示。

表7.7　　　　低水平制度环境组的空间自回归模型估计结果

变量	模型1	模型2	模型3
空间自回归系数	0.0312 **	0.0587 **	0.0877 ***
DT	0.0146 ***	0.0380 ***	0.0022 ***

变量	模型 1	模型 2	模型 3
GDP	1. 5591 *	2. 5757 **	0. 8953 **
IND	17. 7980 **	23. 3226 ***	7. 5368 **
HUM	0. 5004 *	0. 1096 **	0. 0851 *
OPEN	6. 1693 **	13. 5055 **	1. 1439 **
R^2	0. 5463	0. 5794	0. 5335
对数似然值	72. 3718	64. 1295	60. 5146

注: *, **, *** 分别表示 P<0.1, P<0.05, P<0.01。

表 7.7 中利用低水平制度环境组进行模型的估计结果表明，模型 1 是以省际制造业生产效率作为模型被解释变量，从估计结果可以看到，模型中的空间自回归系数为 0.0312，在 5% 的显著性水平下显著，说明数字化转型具有正向的空间效应。数字化转型变量对地区制造业生产效率的影响系数为 0.0146，且在 1% 的显著性水平下显著。证实了数字化转型对地区生产效率具有正向的提升作用。模型 2 是以省际制造业技术效率变化作为模型被解释变量，从估计结果可以看到，模型中的空间自回归系数为 0.0587，在 5% 的显著性水平下显著，说明数字化转型具有正向的空间效应。数字化转型变量对地区制造业技术效率变化的影响系数为 0.0380，且在 1% 的显著性水平下显著。证实了数字化转型对地区制造业技术效率变化具有正向的提升作用。模型 3 是以省际制造业技术进步作为模型被解释变量，从估计结果可以看到，模型中的空间自回归系数为 0.0877，在 1% 的显著性水平下显著，说明数字化转型具有正向的空间效应。数字化转型变量对地区制造业技术进步的影响系数为 0.0022，且在 1% 的显著性水平下显著。证实了数字化转型对地区制造业技术效率变化具有正向的提升作用。从数字化转型对地区制造业生产率、技术效率变化、技术进步的影响系数大小比较来看，数字化转型对地区制造业的技术效率变化的影响系数最大，说明数字化转型对地区制造业生产效率的影响主要体现在对技术效率变化的提升作用。

低水平制度环境组的数字化转型的空间溢出效应分解为直接效应、间接效应、总效应，分解结果如表 7.8 所示。

表7.8 低水平制度环境组的空间溢出效应的分解结果

变量	模型1			模型2			模型3		
	直接效应	间接效应	总效应	直接效应	间接效应	总效应	直接效应	间接效应	总效应
DT	0.011 ***	0.001 ***	0.012 ***	0.043 ***	0.011 ***	0.054 ***	0.036 ***	0.022 **	0.058 ***
GDP	1.339 **	0.790 **	2.129 **	3.014 ***	1.426 ***	4.440 ***	0.024 ***	0.013 **	0.037 *
IND	20.534 ***	11.379 ***	31.913 ***	39.365 ***	15.182 ***	54.547 ***	2.875 ***	1.507 ***	4.382 **
HUM	0.130 **	0.084 **	0.214 **	0.125 **	0.078 **	0.203 **	0.063 **	0.037 **	0.100 *
OPEN	6.382 **	3.483 **	9.865 **	15.443 ***	7.721 ***	23.164 ***	4.961 ***	6.097 **	11.057 **

注：*，**，*** 分别表示 $P<0.1$，$P<0.05$，$P<0.01$。

从表7.8中空间溢出效应的分解结果可以看到，模型1以省际制造业生产效率作为模型被解释变量，数字化转型对省际地区制造业生产效率的直接效应、间接效应、总效应分别为0.011、0.001、0.012，且在1%的显著性水平下显著，说明数字化转型对高水平制度环境地区制造业生产效率具有显著的正向影响。从直接效应和间接效应系数的估计来看，数字化转型对邻近地区制造业生产效率的提升作用是本地区提升作用的9.09%，具有显著的空间溢出影响。模型2以省际制造业技术效率变化作为模型被解释变量，数字化转型对省际地区制造业技术效率变化的直接效应、间接效应、总效应分别为0.043、0.011、0.054，且在1%的显著性水平下显著，说明数字化转型对省际地区制造业技术效率变化具有显著的正向影响。从直接效应和间接效应系数的估计来看，数字化转型对邻近地区制造业技术效率变化的提升作用是对本地区提升作用的25.6%，具有显著的空间溢出影响。模型3以省际制造业技术进步作为模型被解释变量，数字化转型对省际地区制造业技术进步的直接效应、间接效应、总效应分别为0.036、0.022、0.058，且在5%的显著性水平下显著，说明数字化转型对省际地区制造业技术进步具有显著的正向影响。从直接效应和间接效应系数的估计来看，数字化转型对邻近地区制造业技术进步的提升作用是对本地区提升作用的61.6%，具有显著的空间溢出影响。

7.2 数字化转型对制造业企业生产效率的空间异质性分析

7.2.1 空间地理加权回归的设定

为了刻画空间异质性影响，地理加权回归模型（geographically weighted regression，GWR）的提出改进了空间拓展模型（Fotheringham et al.，1998）。地理加权回归模型通过将全域参数转变为局域参数，扩展了传统的全域回归模型，因此，模型可以改成如下形式：

$$Y_i = \beta_0(\mu_i, \nu_i) + \sum_k \beta_k(\mu_i, \nu_i) X_{ik} + \varepsilon_i \tag{7.7}$$

其中，(μ_i, ν_i) 表示空间单元 i 的坐标，$\beta_k(\mu_i, \nu_i)$ 表示连续函数方程 $\beta_k(\mu_i, \nu_i)$ 在空间单元 i 的参数。地理加权回归模型是基于传统标准回归模型的扩展，检验出局域异质性特征而非全域固定系数。基于"邻近的事物比较远的事物更加相像"的原理，GWR 与传统 OLS 估计固定参数不同的是，在估计中增加了按照邻近原则进行加权方式计算局部的权重指数 W_{ij}，利用 W_{ij} 对估计参数进行校正的加权最小二乘的估计方法即体现了 GWR 的基本估计思想。利用地理权重矩阵，使式（7.8）最小化，即可得 GWR 模型的参数估计结果。而体现局部异质性特征的 GWR 估计方法，能对局域的 $\beta_k(\mu_i, \nu_i)$ 进行分别估计。给定 j，最小化。

$$\sum_{i=1}^n W_{ij}\left[Y_i - \hat{\beta}_0(\mu_i, \nu_i) - \sum_k \hat{\beta}_k(\mu_i, \nu_i) X_{ik}\right]^2 \tag{7.8}$$

可以得到模型系数估计为：

$$\hat{\beta}(\mu_i, \nu_i) = [X^T W_i X]^{-1} X^T W_i Y \tag{7.9}$$

其中，W_i 表示对角矩阵，对角元素为局域的地理加权权重指数，反映了空间单元 i 的观测值参数的重要性。

一般可以用三种常见方式计算地理权重，分别为指数距离权重值 $\left(W_{ij} = \exp\left(-\dfrac{d_{ij}}{h}\right)\right)$、高斯距离权重值（$W_{ij} = e^{-(d_{ij}/h)^2}$）和三次方距离权重

值 $\left(W_{ij} = \left(1 - \left(-\dfrac{d_{ij}}{h} \right)^3 \right)^3 \right)$。其中，$d_{ij}$ 表示第 i 个区域和 j 区域间的欧几里得距离，h 表示窗宽，一般情况下当距离增加，W_{ij} 权重减少，即距离越近权值越大，距离越远权值越小。窗宽 h 一般用交叉确认法（cross-validation）确定。

空间模型兼具了空间滞后项和自变量的变系数特征的模型，即空间变系数地理加权回归模型，一般表达式为：

$$Y_i = \rho \sum_j W_{ij} Y_j + \sum_{k=1}^{K} \beta_k (\mu_i, \nu_i) X_{ik} + \varepsilon_i \tag{7.10}$$

其中，WY 的第 i 个元素为 $\sum_j W_{ij} Y_j$，$M = [X_1^T \beta(\mu_i, \nu_i), X_2^T \beta(\mu_i, \nu_i), \cdots, X_n^T \beta(\mu_i, \nu_i)]$，系数 ρ 是稳定不变的，而自变量的系数 $\beta(\mu_i, \nu_i)$ 是变动的。则原方程可简化为：

$$Y = \rho WY + M + \varepsilon \tag{7.11}$$

对于方程（7.11）有两种不同的估计方法：局部似然估计方法和两步估计方法。

7.2.1.1　局部似然估计方法

将（7.11）变成 $\varepsilon = (I - \rho W)Y - M$，似然函数可记为：

$$L(Y \mid \beta(\mu_i, \nu_i), \rho, \sigma^2) = -\frac{n}{2} \ln(2\pi\sigma^2) - \frac{1}{2\sigma^2}(Y - \rho WY - M)^T (Y - \rho WY - M)$$
$$+ \ln |I_n - \rho W| \tag{7.12}$$

变系数 $\beta(\mu_i, \nu_i)$ 对应的似然函数为：

$$L(\beta(\mu_i, \nu_i)) = -\frac{1}{2\sigma^2}(Y - \rho WY - M)^T W_i(\mu_i, \nu_i)(Y - \rho WY - M)$$
$$- \frac{n}{2} \ln(2\pi\sigma^2) + \ln |I_n - \rho W| \tag{7.13}$$

则由 $\dfrac{\partial L(\beta(\mu_i, \nu_i))}{\partial \beta(\mu_i, \nu_i)} = 0$，得出 $\beta(\mu_i, \nu_i) = (X^T W_i X)^{-1} X^T W_i (Y - \rho WY)$，以此 M 的估计值为：

$$\hat{M} = S(Y - \rho WY) \tag{7.14}$$

其中，

$$
S = \begin{bmatrix} X_1^T (X^T W_1(\mu_1, \nu_1) X)^{-1} X^T W_1(\mu_1, \nu_1) \\ \vdots \\ X_n^T (X^T W_n(\mu_n, \nu_n) X)^{-1} X^T W_n(\mu_n, \nu_n) \end{bmatrix}
$$

将估计值代入似然函数（7.13）中整理可得：

$$
L(\beta(\mu_i, \nu_i)) = -\frac{1}{2\sigma^2}(e - \rho e_L)^T (e - \rho e_L) - \frac{n}{2}\ln(2\pi\sigma^2) + \ln|I_n - \rho W|
$$

(7.15)

其中，$e = Y - SY$ 是地理加权拟合 $Y = M + \varepsilon$ 所得残差，$e_L = WY - SWY$ 是模型 $Y_L = WY = M + \varepsilon$ 的拟合残差，最小化似然函数，计算出 $\hat{\sigma}^2 = \dfrac{(e - \rho e_L)^T (e - \rho e_L)}{n}$。将其代入式（7.15），得到只有未知参数 ρ 的似然函数：

$$
L(Y|\rho) = C - \frac{n}{2}(e - \rho e_L)^T (e - \rho e_L) + \ln|I_n - \rho W| \quad (7.16)
$$

利用优化算法将其最大化可得到 ρ 的估计。于是利用所求的参数值最终估计出变系数 $\hat{\beta}(\mu_i, \nu_i) = (X^T W_i X)^{-1} X^T W_i (Y - \hat{\rho} WY)$ 和 $\hat{\sigma}^2$ 的估计值。

7.2.1.2 两步估计法

对原方程，假定 ρ 给定，将模型转化为 $Y^* = M + \varepsilon$，其中 $Y^* = Y - \rho WY$，利用局部加权估计方法可得 $\hat{M} = S(Y - \rho WY)$，将 M 代入模型中，整理可得：

$$
(I_n - S)Y = \rho(I_n - S)WY + \varepsilon \quad (7.17)
$$

根据式（7.17）可求得 ρ 的最小二乘估计值为：

$$
\hat{\rho} = [Y^T W^T (I_n - S)^T (I_n - S) WY]^{-1} Y^T W^T (I_n - S)^T (I_n - S) Y \quad (7.18)
$$

原模型的似然函数为：

$$
L(Y|\rho, \sigma^2) = -\frac{1}{2\sigma^2}(e - \rho e_L)^T (e - \rho e_L) - \frac{n}{2}\ln(2\pi\sigma^2)
$$
$$
+ \ln|I_n - \rho W| + \ln|I_n - S| \quad (7.19)
$$

7.2.2　区域制度环境差异下的空间异质性分析

为了分析数字化转型对制造业生产效率的空间异质性特征，本章建立如下的 GWR 模型：

$$P_{it} = \beta_0(\mu_i,\nu_i) + \beta_1(\mu_i,\nu_i)DT_{it} + \beta_2(\mu_i,\nu_i)GDP_{it}$$
$$+ \beta_3(\mu_i,\nu_i)IND_{it} + \beta_4(\mu_i,\nu_i)HUM_{it}$$
$$+ \beta_5(\mu_i,\nu_i)OPEN_{it} + \varepsilon_{it} \tag{7.20}$$

利用 2011~2021 年中国 30 个省级地区的面板数据，选取 Gauss 核函数作为空间权函数，并利用 CV 方法确定了核函数中的最优窗宽系数，进行 GWR 模型的估计，估计结果如表 7.9 所示。

表 7.9　　　　　　　　不同制度环境组 GWR 模型估计结果

	地区	截距	DT	GDP	IND	HUM	OPEN
高水平制度环境组	上海	1.1714 ***	0.647 ***	1.4072 ***	11.381 ***	0.221 ***	6.922 ***
	广东	1.2571 ***	0.722 ***	1.6445 **	16.758 ***	0.437 ***	4.520 ***
	江苏	2.9419 ***	0.667 ***	1.9091 **	15.765 ***	0.328 ***	7.789 ***
	浙江	2.2160 ***	0.605 ***	1.5253 ***	18.196 ***	0.614 ***	6.096 ***
	天津	1.1017 ***	0.456 ***	1.9531 ***	16.583 ***	0.524 ***	4.391 *
	福建	1.7650 ***	0.568 ***	1.5993 ***	12.53 ***	0.701 ***	6.111 ***
	山东	2.4696 ***	0.592 ***	1.7958 ***	18.982 **	0.543 ***	5.786 ***
	北京	4.9037 ***	0.791 ***	1.0856 ***	18.253 ***	0.885 ***	9.238 ***
	重庆	1.6872 ***	0.529 ***	1.6473 ***	14.602 ***	0.848 ***	6.125 ***
	湖北	1.8031 ***	0.509 ***	1.2825 ***	16.37 ***	0.436 ***	4.626 ***
	安徽	2.6175 ***	0.381 ***	1.7857 ***	14.464 ***	0.814 **	6.375 ***
	辽宁	3.3704 ***	0.554 ***	1.2007 ***	15.199 ***	0.577 ***	6.059 ***
	四川	2.7612 **	0.561 ***	1.2795 ***	13.472 **	0.895 ***	5.529 ***
	江西	1.3477 ***	0.351 **	1.9378 ***	17.121 ***	0.589 **	6.729 ***
	河南	1.6063 **	0.563 ***	1.8889 ***	12.952 ***	0.331 ***	9.584 ***
	湖南	1.6867 **	0.531 ***	1.7052 **	12.939 ***	0.394 ***	3.098 ***

地区		截距	DT	GDP	IND	HUM	OPEN
低水平制度环境组	陕西	2.8281 ***	0.366 ***	1.3041 ***	18.978 ***	0.410 ***	7.824 ***
	吉林	2.7844 ***	0.479 ***	1.9280 ***	15.769 ***	0.740 ***	7.969 ***
	河北	2.8846 ***	0.620 ***	1.5770 ***	13.432 ***	0.184 **	4.316 ***
	广西	1.6393 ***	0.288 ***	1.3203 ***	11.958 ***	0.691 ***	3.899 ***
	黑龙江	1.5205 ***	0.407 ***	1.2514 ***	16.361 ***	0.546 **	9.431 ***
	山西	2.4578 ***	0.411 ***	1.6157 **	19.023 ***	0.490 ***	7.997 ***
	海南	1.2728 ***	0.349 ***	1.5512 ***	11.049 ***	0.158 ***	1.791 ***
	宁夏	1.1394 *	0.221 ***	1.7861 **	12.642 ***	0.302 ***	7.197 ***
	贵州	1.9744 ***	0.472 ***	1.4882 *	12.869 ***	0.585 ***	1.935 ***
	内蒙古	1.2933 ***	0.273 ***	1.8685 **	15.326 ***	0.189 ***	2.903 ***
	云南	1.1921 ***	0.422 **	1.6544 **	17.393 *	0.203 **	9.151 ***
	甘肃	1.1226 ***	0.364 **	1.9831 **	11.331 ***	0.576 ***	7.453 ***
	新疆	1.5696 ***	0.222 ***	1.7095 ***	16.314 ***	0.172 ***	9.161 ***
	青海	1.9736 ***	0.183 **	1.2923 ***	18.693 ***	0.646 *	9.278 ***

注：*，**，*** 分别表示 P < 0.1，P < 0.05，P < 0.01。

从表 7.9 中的估计结果中可以看到，在高水平制度环境组、低水平制度环境组的估计结果均表明数字化转型对地区制造业生产效率具有显著的正向影响。但从数值大小来看，数字化转型对高水平制度环境组地区制造业生产效率的影响系数要高于低水平制度环境组的相关地区。

本章认为，上述影响地区空间异质性产生的原因在于，从经济地理学的角度来看，空间中各要素的流动并非简单的单向性，它们在某种程度上存在着不同程度的异质性。因此，在区域发展不平衡和不充分条件下，数字化转型对制造业生产效率的作用具有空间异质性。

首先，从制度优势来看。在制度环境较好的地区，可以发挥其制度优势广聚高层次人力资本，加快高技术制造产业的发展，并逐步引领国内经济与国际接轨。具体措施包括地方政府相关政策的出台、数字化设备和技术的引进、数字化人才的培育等举措，以促进区域数字化转型水平的进一步提升。其中，较为典型的长三角地区、珠三角地区拥有前沿的数字技术和数字设备，以及充足的数字化人才，加之对外开放程度较高等制度优势，可以吸引更多的外资。由此，高制度环境区域实现了以数字化产业为基础，以智能制造、新兴产业为主的现代化工业格局，为数字化转型提升制造业生产效率创造了良好的物质基础。相比之下，低制度环境地区的正式制度建设尚不完善，地区信任程度等非正式制度尚不充足，其能为数字化转型提升制造业生产效率所提供的制度优势有限。

其次，从经济实力来看。高制度环境地区相较之下经济发展实力更加雄厚，例如，以"江浙沪"等为代表的地区，在产业基础、投资环境、创新能力、城市化水平和基础设施建设方面均要优于低制度环境的地区。这使得高制度环境地区存在一定的"虹吸效应"与"先发优势"，汇聚了众多高水平科技人才和高技术企业，成为人才、资源等要素的重要流入地。然而，数字化转型效应的发挥需要配适的要素基础和初始投入及后续追加等投资，并且回报周期长。因此，在经济实力更为雄厚的高制度环境地区，数字化转型能够更好地发挥提升制造业生产效率的效应。相比之下，大多数低制度环境的地区，由于区位优势和发展基础相对薄弱，数字化转型受制于经济发展条件等多种因素的限制，其作用发挥相较之下略为逊色。

最后，从集聚效应来看。从空间效应检验可知，高制度环境地区相较于低制度环境地区，区域数字化转型对制造业生产效率的促进作用及空间溢出效应更强，即不仅提升本地区的制造业生产效率，还对周边地区的制造业生产效率提升产生溢出效应。其中，北京、广东、江苏、上海等地区的数字化转型溢出效应最高，表现为地区的高技术制造业产业集聚程度也最高。一方面，高制度环境地区通过持续革新，学习和引进数字技术，建设数字化制造产业园等方式提升制造业产业数字化转型水平，进而提升制造业生产效率。另一方面，数字化转型的空间溢出效应可以增加地区间制造业的知识交流，降低沟通的交易成本，在高制度环境地区间形成一种良性的互动循环。然而，在低制度环境地区，地区间制造业互通较少，很难形成规模效应。已有的资源尚不能满足本地区的制造业企业生产力需求，并且数字化转型的溢出效应又较弱，由此带来的对周边地区的带动效果不如高制度环境地区。

7.3 本章小结

本章首先对区域层面的制造业数字化转型水平进行了测度，并通过对

2011～2021 年全国 30 个省际制造业生产率及其分解结果进行了全局空间相关性检验，发现存在正向空间相关性。其次，将地区按照制度环境差异划分为高水平制度环境组和低水平制度环境组，并采用空间自回归模型分别对这两组进行了数字化转型对制造业生产效率的空间效应检验。再次，将空间效应分解为直接效应、间接效应与总效应，研究结果表明，数字化转型对本地区的制造业生产效率及邻近地区的制造业生产效率都具有显著的正向溢出效应。最后，从区域制度环境差异的视角出发，通过建立地理加权回归模型（GWR），检验了数字化转型对制造业生产效率的空间异质性特征。研究显示，在高制度环境组的 16 个地区和低制度环境组的 14 个地区的局域回归结果中，数字化转型对各区域的制造业生产效率均有明显的促进作用，但是数字化转型对高水平制度环境组地区的制造业生产效率的影响要高于低水平制度环境组相关地区。

第 8 章

主要结论与对策建议

本章立足于制度内生性视角，从理论层面系统阐释了制造业企业数字化转型效率研究的作用机理，具体包括产权制度、制度耦合、制度环境。据此，分别阐释数字化转型影响制造业企业生产效率的直接效应、间接效应、制度加持效应、空间溢出效应的作用机理。在理论研究的基础上，本书采用实证方法检验数字化转型对不同产权制造业企业生产效率的影响、制度耦合视角下数字化转型对制造业企业生产效率的非线性影响以及区域制度环境差异下数字化转型对制造业生产效率影响的空间效应，最后得出研究结论并提出切实有效的对策建议。同时，针对本书研究的不足，对下一步的研究方向进行展望。在全书的行文逻辑上，本章对应"结论拓展"。

8.1 研究结论

本书聚焦于中国制造业，在提炼理论与剖析事实的基础上，分别从不同产权差异下数字化转型对制造业企业生产效率的影响、制度耦合视角下数字化转型对制造业企业生产效率的非线性影响、区域制度环境差异下数字化转型对制造业生产效率的空间效应出发，依据制造业与制造业企业层面的数据进行全面系统性的实证检验，得出本书的主要研究结论如下。

第一，本书以沪深 A 股上市制造业企业为研究样本，选取 2011～2021 年制造业企业的微观数据，采用面板公共因子模型、面板分位数回归模型为基准方法，从不同产权考察数字化转型对制造业企业生产效率的影响，研究结果如下。首先，数字化转型对不同所有制的制造业企业生产效率影响存在显著差异，具体体现在：数字化转型对高技术国有企业生产效率的作用要显著高于高技术民营企业；数字化转型对非高技术民营企业生产效率的作用要显著高于非高技术国有企业。其次，无论是国有制造业企业还是民营制造业企业均存在数字化转型效率影响中的生产效率异质性，具体体现在：在生产效率水平较低时，数字化转型对其生产效率的提升作用比较有限，而当生产效率水平处于中等以上的水平时，数字化转型对其生产效率作用越来越明显。最后，中介机制检验结果表明，对于高技术国有制造业企业以及高技术民营制造业企业而言，数字化转型均可以通过降低成本路径、提高创新路径、缓解融资约束路径、提升决策效率与监督有效性路径及提高人力资本水平路径促进其生产效率的提升。但对于非高技术国有制造业企业以及非高技术民营制造业企业而言则不同，其中在关于非高技术国有企业的估计结果中可以发现，数字化转型通过降低成本以及提升决策效率与监督有效性路径促进企业生产效率提升的影响机制均没有发挥作用，此外，在关于非高技术民营企业的估计结果中可以发现，数字化转型通过人力资本水平提高路径促进企业生产效率提升的影响机制并不显著。

第二，本书依据诺思对制度的划分，分别从制度耦合的正式制度与非正式制度的视角出发，研究数字化转型对制造业企业生产效率的非线性影响。不同于以往研究采用的简单门槛模型，本书运用面板数据平滑转移模型，利用连续型的平滑转移函数刻画门槛变量的影响，实证检验正式制度与非正式制度在数字化转型影响制造业企业生产效率的过程中所发挥的转移效应特征。研究结果如下。首先，针对正式制度。本书从制造业企业所受到的法律环境及产权保障、企业所受到的第三方外部监督以及企业自身内部治理机制三个层次的正式制度考察，研究发现，三个层次的正式制度在制造业企业数字化转型对生产效率的影响中均存在非线性的门槛作用。具体来看，在企业外部治理层面、企业外部监督层面、企业内部治理层面均存在由低区制向高区制转变后，数字化转型对制造业企业生产效率具有更高的提升作用。其次，针对非正式制度。本书从制造业企业所受到的地区信任程度考察，研究发现，地区信任程度变量从低区制转向高区制后，数字化转型对制造业企业生产效率具有更高的提升作用。最后，数字化转型对制造业企业生产效率的非线性效应中的正式制度与非正式制度安排，符合制度系统中的各项制度安排为了某一特定的功能和目的进行有机结合并对企业主体行为产生约束的前提，尽管各制度安排的作用范围和强制程度有所不同，但它们均对企业数字化转型从不同角度进行规范，而且作用的方向是一致的，即存在着制度耦合。

　　第三，本书首先对区域层面制造业数字化转型水平进行测度，并通过对 2011～2021 年全国 30 个省际制造业生产效率及其分解结果进行全局空间相关性检验，发现存在正向空间相关性。其次，将地区按照地区的制度环境差异划分为高水平制度环境组和低水平制度环境组，通过采用空间自回归模型分别对高水平制度环境组与低水平制度环境组进行数字化转型对制造业生产效率的空间效应检验，并将空间效应分解为直接效应、间接效应与总效应，研究结果表明，数字化转型对本地区制造业生产效率与邻近地区制造业生产效率均有显著的正向溢出效应。最后，从区域制度环境差异视角出发，通过建立地理加权回归模型检验数字化转型对制造业生产效率的空间异质性特征，高制度环境组的 16 个地区及低制度环境组的 14 个地区的局域回归结果显示，数字化转型对各区域制造业生产效率均有明显的促进作用，但是数字化转型对高水平制度环境组地区制造业生产效率的溢出效应要高于低水平制度环境组相关地区。

8.2　对策建议

8.2.1　在制造业企业数字化转型支持体系完善方面

　　第一，进一步加快制造业企业数字化转型进程。数字技术是数字化转型的核心因素，可以反映企业数字化转型水平的高低。数字技术应用是数字化转型的基础，因此，制造业企业要更加重视数字技术应用能力的学习与构建，加强数字技术在企业中的应用力度和研究深度。例如，通过采用人工智能、大数据等数字技术，特别是最近 ChatGPT 的出现，带来制造业的变革。ChatGPT 可以提供更精确、更可靠的生产数据，有助于制造业企业实现精益生产。数字化生产方式是数字化转型的关键战略，制造业企业要将智能工厂、智能制造等数字化战略作为企业发展的核心战略，加大在智能数控等方面的要素投入。业务模式转型是数字化转型的助推器，制造业企业数字化转型不仅涉及数字技术的应用与数字化生产方式的改变，更为关键的是构建数字化的业务模式，改变传统的研发与设计、生产与加工、经营与管理、销售与服务等一系列业务模式。同时，要结合企业目标，构建数字化产业链，跨越企业内外部边界，形成供应商、企业，以及消费者等上、下游的连接通道，打造数字化生态，以保障数字化转型的全面实施。

第二，考虑到不同产权类型的制造业企业数字化转型对生产效率产生的影响差异，政府在制定政策时需遵循资源禀赋原则，采取针对性的政策倾斜。特别是针对国有企业与非高技术企业，政府应给予更清晰政策导向，减少对国有企业的过度补贴，而要以市场化的方式激励并增强数字化转型的动机，使其在市场竞争中不断增强竞争力，利用市场化竞争激发国有企业数字化转型动机。对于非高技术企业，政府应给予更多的政策扶持。例如，制定相关税收优惠政策，借助税收收入减免、财政补贴等多种形式鼓励非高技术制造业企业数字化转型等。此外，政府应积极主动引导社会资本参与，拓宽融资渠道，鼓励其走多元化方式的数字化转型路径，从而更好地提高生产效率。

第三，要加强对制造业企业管理组织结构的优化，以更好地适应数字化转型的需求，缓释路径依赖带来的数字化转型阻力，最大限度地释放数字化转型对生产效率的助推作用。对于国有制造业企业而言，应完善基于数字化转型战略实施体系下的企业高管选聘与晋升制度，重视高管激励制度的建设，同时优化经纪人激励和绩效考核制度，以减少委托代理问题，成为解决数字化转型动力不足的有效途径。数字化转型作为制造业企业的重要战略，转型的成功与否在一定程度上依赖管理层的决策和管理能力，一方面要求企业管理者抓住数字化转型时机；另一方面要求企业管理者最大限度地与数字化转型相配合协调，结合企业内部客观现实、外部市场环境和自身竞争能力，从管理层面配合完成企业数字化转型并发挥其优势，以提升生产效率。

8.2.2　在数字化转型制度环境优化方面

第一，构建适宜的正式制度环境，充分发挥"有形之手"的力量。从产权保护角度来看，需要进一步健全产权保护体系并加大地区知识产权保护力度，同时完善数字化转型创新成果市场化平台。在制造业企业的数字化转型中，确保数据保护制度对法律保障至关重要。国家应采取相应措施，建立全面的数据安全保护体系。可借鉴其他国家成功经验，如美国的《小型企业数据安全保护法》，该法案提出利用 NIST 标准，使企业能应对数据攻击，并获得 NIST 提供的免费网络安全防御工具等政策福利。我国政府应尽快出台企业数据保护法律制度，为企业提供法律途径和依据。同时，可借鉴国内完备的法律法规,对盗用数据行为进行处罚,遏制不良竞争,维护市场秩序。通过法治化手段保护企业合法权益,鼓励充分利用数字化转型红利,并为制造业提供制度保障。

从制造业企业的外部监管与治理层面来看,知识产权保护的具体实施需要加强不同部门之间的联动合作。政府管理部门如证监会、国资委等与社会各界应形成合力,建立多方共治的体系,坚持制度优先和问题导向,持续加强对制造业企业全链条的监管。利用数字化转型的信息优势和网络效应,充分发挥数字化转型在信息改善、管理者行为监管和外部利益相关方关注方面的作用。一方面,需要增强制造业企业内部控制意识和能力,提升内部控制的内生动力。企业应加强内部控制体系的建设,确保知识产权的保护和合规运营。这可以通过加强员工培训和意识教育,建立健全的信息管理制度,加强技术保护措施等方式来实现。另一方面,在传统监管体系下,应加强社会媒体关注,加强企业的外部监督。通过社会媒体等渠道对制造业企业的经营行为进行监测和曝光,促使企业更加重视内部治理和高质量发展。同时,加强外部利益相关方的参与和监督,包括行业协会、消费者组织、投资者等,形成对企业的外部压力,促使企业提升内部控制和管理水平。通过内外部的结合,多方主体的共同参与,可以协同提升制造业企业的控制力量,实现数字化转型对生产效率的充分赋能。这样的综合治理模式可以提高制造业企业的合规性和竞争力,推动企业实现可持续发展。

第二,加强非正式制度的建设,充分发挥地区信任等软约束、柔激励效应。各级政府部门需要高度重视地区信任程度的提升,社会信任作为一种非正式制度,在促进制造业企业数字化转型过程中的融资、市场交易等环节发挥着重要作用,填补了目前法治体系无法涵盖的领域。要健全整个社会的宏观社会环境,建立面向国家、政府、社会、企业、个人的全面征信体系。要不断强化社会主义核心价值体系,弘扬诚实信用、惩治失信,让制造业企业普遍树立诚信经营的价值理念和企业文化,培养企业的契约精神,为制造业企业数字化转型提供更为优越的社会信任环境。

第三,基于对现有非正式制度的尊重,确保正式制度的有效提供,从而实现制度耦合。正式制度与非正式制度之间的交流与了解,以及由此而产生的良好的互动与耦合,是正式制度创新与变迁的重要因素。如果正式制度试图通过政府的强制力量来扭曲、压制非正式制度,势必会激化两者之间的矛盾,导致非正式制度产生强烈的负面抵抗,最终导致正式制度形同虚设。诺思的制度经济学理论认为，正式制度一旦脱离了非正式制度，就是"中看不中用"。因此，在制造业企业数字化转型发展的过程中，对非正式制度的关注是十分必要的。制度耦合本身就是一个寻求制度融合及利益叠加的过程。因此，在制度建设的过程中，必须要对正式制度进行优化，并确保对正式制度的有效供给。总之，制造业企业所处的地区信任环境在很长一段时间里是不可能完全消除的，各级政府要重视正式制度与非正式制度之间的交流与了解，以及由此产生的两者之间的协调互动作用，才是实现制度耦合的重要基础，同时也是推动我国制造企业实现数字化转型的有效途径。

8.2.3 在数字化转型发展空间格局强化方面

第一，各地区应根据制造业的实际情况，实施差异化数字化转型的空间发展战略。政府要构建生产要素流通的多维度空间网络，充分利用数字化转型对制造业生产效率的正向溢出效应，以高制度环境地区的先进数字技术与更完善的经营管理战略下沉至低制度环境地区，带动其制造业生产效率的提升，缩小区域之间的数字鸿沟，实现各地区实体经济空间网络层面更为紧密的联系，打破行政界限，建立梯次性效能释放的空间发展机制，从而促进各地区制造业生产效率的有效提升。具体而言，高制度环境地区的数字化转型基础较好，资金雄厚，应在原有的平台建设基础上，大力发展大数据平台、云计算平台、物联网平台，借此改善并进一步健全知识产权保护等法治环境，为引进国际先进的数字技术及应用创造有利条件。与高制度环境地区相比，低制度环境地区的数字化转型基础相对薄弱，因此，要积极承接高制度环境地区的产业转移，同时加强对高制度环境地区数字化创新成果的承接能力。例如，西部地区的四川省和重庆市相对地区其他省份的经济发展更快，数字化转型发展水平更高，因此，要发挥出其制度优势，在自身赶超中部和东部地区的同时，将发展优势辐射到周围落后地区的制造业，促进整个西部地区制造业生产效率的提升。政府要加大力度改善中西部地区制造业数字化转型的制度环境，可以通过加强产权的保护力度，细化补贴配套政策，营造出良好的数字化转型科创氛围，提高制造业企业数字化转型意愿。

第二，消除市场分割和区际制度壁垒，畅通数字化转型空间溢出渠道。当前，以电子商务为代表的消费互联网虽然拓宽了制造业市场规模并在一定程度上缓解了信息不对称，但仍难以从根本上破除行政分割和地方保护主义导致的区际制度壁垒。同时，以数字产业化催生的新兴产业大多是技术密集型制造业，而对于这类弱势新兴产业而言，各个地区都存在通过适当的地方保护与区域壁垒来支持新兴产业成长与发展的传统观念，从而导致在数字化转型背景下，市场分割程度不降反升，这对生产要素的自由流动和资源优化配置造成了很大的阻碍。因此，需要革新产业发展观念，破除由现有体制机制造成的陈规旧俗和准入门槛，畅通数字化转型的空间溢出渠道，促进数字产业市场良性竞争。同时，地方政府应着力完善产业发展的外部制度环境，大力培养和引进数字经济领域复合型人才，重视高技术人力资本建设，加强培育制造业数字化人才的力度。人力资本作为地区之间较为活跃的流动要素，政府应针对制造业层面的人才引进给予扶持，要不断健全人才评价与激励机制，大力培养数字化人才。在数字化转型的发展中，制造业企业会对一些低技术的工人造成"替换"，因此政府应该增加各类型的教育支出，让更多的工人获得更好的学习机会；尤其要将注意力放在低质量劳动力上，同时对高校数字经济学科体系进行调整和优化，培育一批能够与国际水平相匹配的高精端科研人员，促进科研人员与专业数字技术的融合，以此对先发区域的产业转移进行有效的承接。

8.2.4　在数字化转型与数字治理协调方面

在数字化转型与实体经济融合的复杂系统下，多方利益主体间的矛盾也日益突出，亟须完善数字化转型治理体系，加强数字协同治理，促进数字化转型的健康发展。

第一，加强基础设施建设支撑。数字基础设施的建设是推动工业数字化转型的重要基础和保证，政府要加大对数字基础设施的投入，利用我国的市场规模优势，引导新一代信息技术的应用，如大数据、云计算、物联网等。一方面，加快 5G 网络和人工智能等新型基础设施的建设，加速"双千兆"网络的建设，提高 IPv6 网络的服务水平，逐步形成新型的网络、计算、融合等基础设施。同时，增加智慧城市、智能制造等领域的投入，加速发展产业网络平台，为制造企业"上云"提供技术支撑。另一方面，要抓住新基建的机遇，加速人工智能、工业互联网等领域的应用，助力制造业数字化转型的进程。

第二，要深入推进数字化转型和制造业深度融合。各级政府要加强宏观调控，加强对产业数字化转型的支持，集中优势资源，推进数字化转型。同时，政府应依托地方企业、高等院校、科研院所等多种资源，强化对数字技术与工业技术融合的复合型人才的培育，构建"产—学—研"相结合的数字产业化与产业数字化发展体系，加强对关键核心技术的研究开发，争取在"卡脖子"技术上取得重大突破。制造业是实现产业数字化转型的重要载体，需要在数字技术与实体经济融合发展过程中发挥主体作用，重点龙头企业需要加强自身数字技术创新能力的提升，集聚资源大力开发工业软件、工业数据共享平台，利用其数据服务，云服务及算法等服务能力助力传统制造企业各生产环节的数字化改造和升级，提升制造业企业的数字化转型水平。

第三，强化政策驱动支持，优化数字化转型的发展环境。各地方政府需要积极响应国家数字化转型发展规划相关的引导政策，选择符合地区产业特色的数字化转型发展最优方案。政府应加快推动地区龙头企业进行数字化改造，通过税收优惠、政府补贴、技术改造贷款贴息等方式给予支持，鼓励制造业企业积极主动与大数据等信息服务平台进行合作，提高地区制造业企业的数字化转型水平，同时加快完善数字化转型市场体系，强化市场数字监管治理，确保数字化转型安全、高效发展，维护市场公平竞争秩序。

8.3 研究展望

本书对数字化转型对制造业企业生产效率影响的效应与机制等方面进行理论分析与实证检验，以期为中国各地区制造业企业把握数字化转型的发展机遇、促进生产效率的提升提供有价值的政策建议。然而，由于笔者科研能力和客观条件所限，本书的研究尚存有一些不足之处，期望在接下来的科研工作中进行深入的探索与实践。具体而言，主要集中以下三个方面。

第一，受限于工业企业数据最新只更新到 2014 年，而 2014 年以前的数据不足以涵盖足够的数字化转型的时间跨度，因此，本书选取上市制造业企业作为研究样本，未能将未上市的制造业纳入研究样本，在之后的研究中，可能会采取问卷调查与跟踪数据的方式进行样本数据的拓展与对比分析。

第二，本书在研究的正式制度与非正式制度的视角上，选择了从企业外部治理视角，即法治环境与产权保护视角；企业外部监督视角，即企业的机构投资者占比；企业内部治理视角，即高管持股比例等三个层面的正式制度，同时选择地区信任环境代表非正式制度，用以分析制度加持数字化转型对制造业企业生产效率的非线性效应。除了上述的视角外，正式制度与非正式制度仍有一些重要的视角需要给予关注，如政府与市场的关系、伦理道德等，这些也是未来继续深入研究的方向。

参考文献

[1] 毕茜, 顾立盟, 张济建. 传统文化、环境制度与企业环境信息披露 [J]. 会计研究, 2015 (3): 12-19.

[2] 蔡昉. 中国经济增长如何转向全要素生产率驱动型 [J]. 中国社会科学, 2013 (1): 56-71.

[3] 蔡跃洲, 张钧南. 信息通信技术对中国经济增长的替代效应与渗透效应 [J]. 经济研究, 2015 (12): 100-114.

[4] 茶洪旺, 陈静, 倪秀碧. 中国区域信息化发展水平及其收敛性分析 [J]. 区域经济评论, 2014 (4): 91-97.

[5] 陈丛波, 叶阿忠. 数字经济、创新能力与区域经济韧性 [J]. 统计与决策, 2021 (17): 10-15.

[6] 陈东华, 胡晓莉, 梁上坤, 等. 宗教传统与公司治理 [J]. 经济研究, 2013 (9): 71-84.

[7] 陈冬梅, 王俐珍, 陈安霓. 数字化与战略管理理论——回顾、挑战与展望 [J]. 管理世界, 2020 (5): 220-236.

[8] 陈劲, 杨文池, 于飞. 数字化转型中的生态协同创新战略——基于华为企业业务集团 (EBG) 中国区的战略研讨 [J]. 清华管理评论, 2019 (6): 22-26.

[9] 陈凌, 王昊. 家族涉入、政治联系与制度环境——以中国民营企业为例 [J]. 管理世界, 2013 (10): 130-141.

[10] 陈维涛, 严伟涛, 庄尚文. 进口贸易自由化、企业创新与全要素生产率 [J]. 世界经济研究, 2018 (8): 62-73.

[11] 陈晓东, 杨晓霞. 数字经济发展对产业结构升级的影响——基于灰色关联熵与耗散结构理论的研究 [J]. 改革, 2021 (3): 26-39.

[12] 陈岩, 张李叶子, 李飞, 张之源. 智能服务对数字化时代企业创新的影响 [J]. 科研管理, 2020 (9): 51-64.

[13] 陈煜波, 马晔风. 数字人才——中国经济数字化转型的核心驱动力 [J]. 清华管理评论, 2018 (Z1): 30 - 40.

[14] 陈钊, 陆铭, 何俊志. 权势与企业家参政议政 [J]. 世界经济, 2008 (6): 39 - 49.

[15] 陈志祥, 迟家昱. 制造业升级转型模式、路径与管理变革——基于信息技术与运作管理的探讨 [J]. 中山大学学报 (社会科学版), 2016 (4): 180 - 191.

[16] 陈志勇, 陈思霞. 制度环境、地方政府投资冲动与财政预算软约束 [J]. 经济研究, 2014 (3): 76 - 87.

[17] 陈中飞, 江康奇. 数字金融发展与企业全要素生产率 [J]. 经济学动态, 2021 (10): 82 - 99.

[18] 程立茹. 互联网经济下企业价值网络创新研究 [J]. 中国工业经济, 2013 (9): 82 - 94.

[19] 戴魁早. 中国高技术产业研发投入对生产率的影响 [J]. 研究与发展管理, 2011 (4): 66 - 74.

[20] 戴翔, 金碚. 产品内分工、制度质量与出口技术复杂度 [J]. 经济研究, 2014 (7): 4 - 17.

[21] 道格拉斯·C. 诺思著. 制度、制度变迁与经济绩效 [M]. 杭行译. 上海: 格致出版社, 2008.

[22] 邓晓飞, 辛宇. 正式制度环境、地区关系文化与政治关联的主动建立 [J]. 财会月刊, 2019 (16): 104 - 112.

[23] 邓荣霖. 现代企业制度概论 [M]. 北京: 中国人民大学出版社, 1995.

[24] 董江涛. 大数据时代施工企业审计技术创新的思考 [J]. 山西财经大学学报, 2019 (S2): 60 - 62.

[25] 杜传忠, 张远. 数字经济发展对企业生产率增长的影响机制研究 [J]. 证券市场导报, 2021 (2): 41 - 51.

[26] 杜兴洋, 杨起城, 易敏. 信息通信技术对普惠金融发展的影响——基于2007—2016年省级面板数据的实证分析 [J]. 江汉论坛, 2018 (12): 38 - 47.

[27] 段敏芳, 吴俊成. 中国制造业生产率提升研究 [J]. 财贸研究, 2017 (8): 63 - 69.

[28] 范青亮，王婷．企业并购、人力资本与风险溢价——以沪深300指数成分股公司为例［J］．中国经济问题，2016（2）：82－98.

[29] 弗里茨·马克卢普．美国的知识生产与分配［M］．孙耀君译，北京：中国人民大学出版社，2007.

[30] 付晓东．数字经济：中国经济发展的新动能［J］．人民论坛，2020（21）：20－23.

[31] 谷媛媛，Jhorland Ayala - Garcia．国际人才流入对中国全要素生产率的影响研究［J］．华东经济管理，2022（2）：75－85.

[32] 郭南芸，黄典．企业创新行为、制度环境与工业全要素生产率提升［J］．首都经济贸易大学学报，2021（6）：43－58.

[33] 韩孟孟，张三峰，顾晓光．信息共享能提升企业生产率吗？——来自中国制造业企业调查数据的证据［J］．产业经济研究，2020（1）：42－56.

[34] 韩鹏飞，胡奕明．政府隐性担保一定能降低债券的融资成本吗？——关于国有企业和地方融资平台债券的实证研究［J］．金融研究，2015（3）：116－130.

[35] 何丹，汤婷，陈晓涵．制度环境、机构投资者持股与企业社会责任［J］．投资研究，2018（2）：122－146.

[36] 何帆，刘红霞．数字经济视角下实体企业数字化变革的业绩提升效应评估［J］．改革，2019（4）：137－148.

[37] 何帆，秦愿．创新驱动下实体企业数字化转型经济后果研究［J］．东北财经大学学报，2019（5）：45－52.

[38] 何威风，刘巍，黄凯莉．管理者能力与企业风险承担［J］．中国软科学，2016（5）：107－118.

[39] 何小钢，梁权熙，王善骝．信息技术、劳动力结构与企业生产率——破解"信息技术生产率悖论"之谜［J］．管理世界，2019（9）：65－80.

[40] 胡青．企业数字化转型的机制与绩效［J］．浙江学刊，2020（2）：146－154.

[41] 胡水晶．基于资源基础观的企业大数据分析技术采用意愿影响因素研究［J］．情报科学，2016（5）：148－152.

[42] 胡书东．经济发展中的中央与地方关系——中国财政制度变迁研究［M］．上海：上海人民出版社，2001.

[43] 黄键斌，宋铁波，姚浩．智能制造政策能否提升企业全要素生产

率？ [J]．科学学研究，2022 (3)：433 – 442.

[44] 黄节根，吉祥熙，李元旭．数字化水平对企业创新绩效的影响研究——来自沪深 A 股上市公司的经验证据 [J]．江西社会科学，2021 (5)：61 – 72.

[45] 黄群慧，余泳泽，张松林．互联网发展与制造业生产率提升：内在机制与中国经验 [J]．中国工业经济，2019 (8)：5 – 23.

[46] 黄少安．关于制度变迁的三个假说及其验证 [J]．中国社会科学，2000 (4)：37 – 49.

[47] 黄少安，刘海英．制度变迁的强制性与诱致性——兼对新制度经济学和林毅夫先生所做区分评析 [J]．经济学动态，1996 (4)：58 – 61.

[48] 黄先海，吴屹帆．正式制度、非正式制度质量与比较优势 [J]．国际贸易问题，2020 (3)：1 – 21.

[49] 惠炜，韩先锋．生产性服务业集聚促进了地区劳动生产率吗？ [J]．数量经济技术经济研究，2016 (10)：37 – 56.

[50] 吉嘉伍．新制度政治学中的正式和非正式制度 [J]．社会科学研究，2007 (5)：50 – 53.

[51] 贾凡胜，张一林，李广众．非正式制度的有限激励作用：基于地区信任环境对高管薪酬激励影响的实证研究 [J]．南开管理评论，2017 (6)：116 – 128.

[52] 贾军，邢乐成．信息通信技术与中小企业融资约束——基于金融制度边界的分析框架 [J]．中国经济问题，2016 (3)：123 – 135.

[53] 蒋长流，江成涛．数字普惠金融能否促进地区经济高质量发展？——基于 258 个城市的经验证据 [J]．湖南科技大学学报（社会科学版），2020 (3)：75 – 84.

[54] 荆文君，孙宝文．数字经济促进经济高质量发展：一个理论分析框架 [J]．经济学家，2020 (10)：24 – 34.

[55] 鞠晓生，卢荻，虞义华．融资约束、营运资本管理与企业创新可持续性 [J]．经济研究，2013 (1)：4 – 16.

[56] 孔泾源．中国经济生活中的非正式制度安排 [J]．经济研究，1992 (7)：70 – 80.

[57] 雷晓丽．数字金融、技术创新与流通产业绿色全要素生产率 [J]．商业经济研究，2022 (22)：15 – 18.

[58] 李斌，彭星，欧阳铭珂．环境规制、绿色全要素生产率与中国工业发展方式转变——基于36个工业行业数据的实证研究 [J]．中国工业经济，2013 (4)：56 – 68.

[59] 李继学，高照军．信息技术投资与企业绩效的关系研究——制度理论与社会网络视角 [J]．科学学与科学技术管理，2013 (8)：111 – 119.

[60] 李京文，钟学义．中国生产率分析前沿 [M]．北京：社会科学文献出版社，2007.

[61] 李军．全要素生产率经济学分析 [M]．北京：中国社会科学出版社，2021.

[62] 李俊青，苗二森．不完全契约条件下的知识产权保护与企业出口技术复杂度 [J]．中国工业经济，2018 (12)：115 – 133.

[63] 李梦娜，周云波．数字经济发展的人力资本结构效应研究 [J]．经济与管理研究，2022 (1)：23 – 38.

[64] 李琦，刘力钢，邵剑兵．数字化转型、供应链集成与企业绩效——企业家精神的调节效应 [J]．经济管理，2021 (10)：5 – 23.

[65] 李倩茹，翟华云．管理者短视主义会影响企业数字化转型吗？ [J]．财务研究，2022 (4)：92 – 104.

[66] 李向阳．信息通信技术、金融发展与农村经济增长——基于县域面板数据的经验证据 [J]．社会科学家，2015 (6)：68 – 72.

[67] 李治国，王杰．数字经济发展、数据要素配置与制造业生产率提升 [J]．经济学家，2021 (10)：41 – 50.

[68] 梁上坤．股权激励强度是否会影响公司费用黏性 [J]．世界经济，2016 (6)：168 – 192.

[69] 廖开容，陈爽英．制度环境对民营企业研发投入影响的实证研究 [J]．科学学研究，2011 (9)：1342 – 1348.

[70] 林毅夫著．新结构经济学 [M]．苏剑译．北京：北京大学出版社，2015.

[71] 刘春林，田玲．人才政策"背书"能否促进企业创新 [J]．中国工业经济，2021 (3)：156 – 173.

[72] 刘达禹，徐斌，刘金全．数字经济发展与区域经济增长——增长门槛还是增长瓶颈？[J]．西安交通大学学报（社会科学版），2021 (6)：16 – 25.

[73] 刘德胜，张玉明．技术人才驱动中小企业绩效的有效性研究 [J]．

科技与经济, 2010 (3): 7-10.

[74] 刘慧龙, 吴联生. 制度环境、所有权性质与企业实际税率 [J]. 管理世界, 2014 (4): 42-52.

[75] 刘慧龙, 张敏, 王亚平, 吴联生. 政治关联、薪酬激励与员工配置效率 [J]. 经济研究, 2010 (9): 109-121.

[76] 刘家悦, 胡颖, 李波. 人力资本、融资约束与企业全要素生产率——来自中国制造业企业的微观证据 [J]. 华东经济管理, 2020 (10): 112-119.

[77] 刘平峰, 张旺. 数字技术如何赋能制造业全要素生产率? [J]. 科学学研究, 2021 (8): 1396-1406.

[78] 刘淑春. 中国数字经济高质量发展的靶向路径与政策供给 [J]. 经济学家, 2019 (6): 52-61.

[79] 刘笑霞, 李明辉. 社会信任水平对审计定价的影响——基于CGSS数据的经验证据 [J]. 经济管理, 2019 (10): 143-161.

[80] 刘洋, 董久钰, 魏江. 数字创新管理: 理论框架与未来研究 [J]. 管理世界, 2020 (7): 198-217.

[81] 刘政, 姚雨秀, 张国胜, 匡慧姝. 企业数字化、专用知识与组织授权 [J]. 中国工业经济, 2020 (9): 156-174.

[82] 刘智勇, 李海峥, 胡永远, 李陈华. 人力资本结构高级化与经济增长——兼论东中西部地区差距的形成和缩小 [J]. 经济研究, 2018 (3): 50-63.

[83] 龙海泉, 吕本富, 彭赓, 赵天博. 基于价值创造视角的互联网企业核心资源及能力研究 [J]. 中国管理科学, 2010 (1): 161-167.

[84] 鲁晓东, 连玉君. 中国工业企业全要素生产率估计: 1999—2007 [J]. 经济学 (季刊), 2012 (2): 541-558.

[85] 陆铭, 李爽. 社会资本、非正式制度与经济发展 [J]. 管理世界, 2008 (9): 161-165.

[86] 罗党论, 唐清泉. 中国民营上市公司制度环境与绩效问题研究 [J]. 经济研究, 2009 (2): 106-118.

[87] 罗序斌. 互联网发展与制造业生产率增长——基于市场化进程的机制研究 [J]. 当代财经, 2022 (5): 113-123.

[88] 罗贞礼. 我国数字经济发展的三个基本属性 [J]. 人民论坛·学术前沿, 2020 (17): 6-12.

[89] 罗正英，张雪芬，陶凌云，仇国阳．信誉链：中小企业融资的关联策略 [J]．会计研究，2003 (7)：50-52.

[90] 罗纳德·H. 科斯著．企业、市场与法律 [M]．盛洪、陈郁译．上海：格致出版社，2014.

[91] 吕铁．传统产业数字化转型的趋向与路径 [J]．人民论坛·学术前沿，2019 (18)：13-19.

[92] 马克．波拉特．信息经济论 [M]．李必祥等译，长沙：湖南人民出版社，1987.

[93] 马克思．资本论 [M]．第1卷．北京：人民出版社，1975.

[94] 马连福，王丽丽，张琦．混合所有制的优序选择：市场的逻辑 [J]．中国工业经济，2015 (7)：5-20.

[95] 马智胜，马勇．试论正式制度和非正式制度的关系 [J]．江西社会科学，2004 (7)：121-123.

[96] 毛其淋，杨晓冬．破解中国制造业产能过剩的新路径：外资开放政策的视角 [J]．金融研究，2022 (7)：38-56.

[97] 潘毛毛，赵玉林．互联网融合、人力资本结构与制造业全要素生产率 [J]．科学学研究，2020 (12)：2171-2182.

[98] 戚聿东，蔡呈伟．数字化对制造业企业绩效的多重影响及其机理研究 [J]．学习与探索，2020 (7)：108-119.

[99] 戚聿东，杜博，温馨．国有企业数字化转型战略变革：使命嵌入与模式选择——基于3家中央企业数字化典型实践的案例研究 [J]．管理世界，2021 (11)：137-158.

[100] 戚聿东，肖旭．数字经济时代的企业管理变革 [J]．管理世界，2020 (6)：135-152.

[101] 祁春凌，邹超．东道国制度质量、制度距离与中国的对外直接投资区位 [J]．当代财经，2013 (7)：100-110.

[102] 祁怀锦，曹修琴，刘艳霞．数字经济对公司治理的影响——基于信息不对称和管理者非理性行为视角 [J]．改革，2020 (4)：50-64.

[103] 祁疏，卢洪友，吕翅怡．社会资本、制度环境与环境治理绩效——来自中国地级及以上城市的经验证据 [J]．中国人口·资源与环境，2015 (12)：45-52.

[104] 钱先航，曹春方．信用环境影响银行贷款组合吗——基于城市商

业银行的实证研究 [J]. 金融研究, 2013 (4): 57 - 70.

[105] 邱子迅, 周亚虹. 数字经济发展与地区全要素生产率——基于国家级大数据综合试验区的分析 [J]. 财经研究, 2021 (7): 4 - 17.

[106] 饶晓鹏, 刘海霞. 非正式制度与制度绩效——基于"地方性知识"的视角 [J]. 西南大学学报 (社会学科学版), 2012 (2): 139 - 144.

[107] 任保平. 新时代我国制造业高质量发展需要坚持的六大战略 [J]. 人文杂志, 2019 (7): 31 - 38.

[108] 单豪杰. 中国资本存量 K 的再估算: 1952～2006 年 [J]. 数量经济技术经济研究, 2008 (10): 17 - 31.

[109] 邵学峰, 胡明. 金融科技有助于提升企业投资效率吗?——基于中国 A 股上市企业的实证研究 [J]. 学习与实践, 2022 (3): 38 - 46.

[110] 邵学峰, 王迪. "一带一路"倡议下中日绿色能源第三方合作研究 [J]. 经济体制改革, 2020 (2): 172 - 177.

[111] 邵学峰, 赵志琦. 补贴边界、产权阈值与研发产出表现 [J]. 吉林大学学报, 2019 (2): 20 - 29.

[112] 盛洪. 外部性问题和制度创新 [J]. 管理世界, 1995 (2): 195 - 201.

[113] 申丹虹, 师王芳. 数字化转型与金融服务业企业生产率: 来自上市公司的经验证据 [J]. 调研世界, 2022 (11): 14 - 21.

[114] 沈国兵, 袁征宇. 企业互联网化对中国企业创新及出口的影响 [J]. 经济研究, 2020 (1): 33 - 48.

[115] 宋炜, 张彩红, 周勇, 董明放. 数据要素与研发决策对工业全要素生产率的影响——来自 2010—2019 年中国工业的经验证据 [J]. 科技进步与对策, 2022, 39 (2): 40 - 48.

[116] 宋周莺, 刘卫东. 中国信息化发展进程及其时空格局分析 [J]. 地理科学, 2013 (3): 257 - 265.

[117] 孙琳琳, 郑海涛, 任若恩. 信息化对中国经济增长的贡献: 行业面板数据的经验证据 [J]. 世界经济, 2012 (2): 3 - 25.

[118] 孙焱林, 马绍雄, 汪小愉. 数字经济发展不平衡抑制了经济周期协同性吗? [J]. 经济问题探索, 2022 (8): 14 - 36.

[119] 孙早, 侯玉琳. 工业智能化如何重塑劳动力就业结构 [J]. 中国工业经济, 2019 (5): 61 - 79.

[120] 孙正，陈旭东，雷鸣．"营改增"是否提升了全要素生产率？——兼论中国经济高质量增长的制度红利 [J]．南开经济研究，2020 (1)：113 - 129.

[121] 谭志东，赵洵，潘俊，谭建华．数字化转型的价值：基于企业现金持有的视角 [J]．财经研究，2022 (3)：64 - 78.

[122] 唐松，赖晓冰，黄锐．金融科技创新如何影响全要素生产率：促进还是抑制？——理论分析框架与区域实践 [J]．中国软科学，2019 (7)：134 - 144.

[123] 唐松，伍旭川，祝佳．数字金融与企业技术创新——结构特征、机制识别与金融监管下的效应差异 [J]．管理世界，2020 (5)：52 - 66.

[124] 唐松，孙铮．政治关联、高管薪酬与企业未来经营绩效 [J]．管理世界，2014 (5)：93 - 105.

[125] 万晓榆，罗焱卿．数字经济发展水平测度及其对全要素生产率的影响效应 [J]．改革，2022 (1)：101 - 118.

[126] 王才．数字化转型对企业创新绩效的作用机制研究 [J]．当代经济管理，2021 (3)：34 - 42.

[127] 王华，李扬子，曹青子，王玮．互联网金融发展的长尾效应与溢出效应分析 [J]．统计与决策，2018 (19)：172 - 174.

[128] 王吉发，郭楠，蒋亚朋．企业转型因子的识别方法研究 [J]．华东经济管理，2014 (7)：121 - 125.

[129] 王节祥，蔡宁，盛亚．龙头企业跨界创业、双平台架构与产业集群生态升级——基于江苏宜兴"环境医院"模式的案例研究 [J]．中国工业经济，2018 (2)：157 - 175.

[130] 王军，朱杰，罗茜．中国数字经济发展水平及演变测度 [J]．数量经济技术经济研究，2021 (7)：26 - 42.

[131] 王开科，吴国兵，章贵军．数字经济发展改善了生产效率吗 [J]．经济学家，2020 (10)：24 - 34.

[132] 王娜．面板数据分位数回归及其经济应用 [M]．北京：中国社会科学出版社，2021.

[133] 王涛，顾新．知识链成员间相互信任的建立与演化过程研究 [J]．科技进步与对策，2010 (14)：8 - 10.

[134] 王小鲁，樊纲，胡李鹏．中国分省份市场化指数报告 (2018) [M]．北京：社会科学文献出版社，2019.

[135] 王小鲁, 樊纲, 余静文. 中国分省份市场化指数报告 (2016) [M]. 北京: 社会科学文献出版社, 2017.

[136] 王艳, 李善民. 社会信任是否会提升企业并购绩效? [J] 管理世界, 2017 (12): 125-140.

[137] 王永贵, 汪淋淋. 传统企业数字化转型的问题及对策研究 [J]. 广西财经学院学报, 2021 (3): 37-46.

[138] W. 理查德·科斯特. 制度与组织: 思想观念与物质利益 [M]. 北京: 中国人民大学出版社, 2010.

[139] 魏婧恬, 葛鹏, 王健. 制度环境、制度依赖性与企业全要素生产率 [J]. 统计研究, 2017 (5): 38-48.

[140] 韦森. 社会秩序的经济分析导论 [M]. 上海: 上海三联书店, 2001.

[141] 文魁, 徐则荣. 制度创新理论的生成与发展 [J]. 当代经济研究, 2013 (7): 52-56.

[142] 吴非, 胡慧芷, 林慧妍, 任晓怡. 企业数字化转型与资本市场表现——来自股票流动性的经验证据 [J]. 管理世界, 2021 (7): 130-144.

[143] 吴静, 张凤, 孙翊等. 抗疫情助推我国数字化转型: 机遇与挑战 [J]. 中国科学院院刊, 2020 (35): 306-311.

[144] 吴延兵. 自主研发、技术引进与生产率——基于中国地区工业的实证研究 [J]. 经济研究, 2008 (8): 51-64.

[145] 吴延兵. 国有企业双重效率损失再研究 [J]. 当代经济科学, 2015 (1): 1-10.

[146] 夏立军, 陈信元. 市场化进程、国企改革策略与公司治理结构的内生决定 [J]. 经济研究, 2007 (7): 82-95.

[147] 肖静, 曾萍, 章雷敏. 地区数字化水平、绿色技术创新与制造业绿色转型 [J]. 华东经济管理, 2023 (1): 1-14.

[148] 肖静华, 谢康, 周先波, 等. 信息化带动工业化的发展模式 [J]. 中山大学学报 (社会科学版), 2006 (1): 98-104.

[149] 肖旭, 戚聿东. 产业数字化转型的价值维度与理论逻辑 [J]. 改革, 2019 (8): 61-70.

[150] 小松崎清介·派普. 信息化与经济发展 [M]. 李京文等译. 北京: 社会科学文献出版社, 1994.

[151] 谢康, 吴瑶, 肖静华, 廖雪华. 组织变革中的战略风险控制——

基于企业互联网转型的多案例研究 [J]. 管理世界, 2016 (2): 133 - 148.

[152] 谢康, 夏正豪, 肖静华. 大数据成为现实生产要素的企业实现机制: 产品创新视角 [J]. 中国工业经济, 2020 (5): 42 - 60.

[153] 许爱玉. 基于企业家能力的企业转型研究——以浙商为例 [J]. 管理世界, 2010 (6): 184 - 185.

[154] 许恒, 张一林, 曹雨佳. 数字经济、技术溢出与动态竞合政策 [J]. 管理世界, 2020 (11): 63 - 84.

[155] 闫超栋, 马静. 信息化、空间溢出与区域经济增长——基于空间面板回归偏微分效应分解方法的实证 [J]. 经济问题探索, 2016 (11): 67 - 75.

[156] 杨德明, 刘泳文. "互联网 +" 为什么加出了业绩 [J]. 中国工业经济, 2018 (5): 80 - 98.

[157] 杨丰来, 黄永航. 企业治理结构、信息不对称与中小企业融资 [J]. 金融研究, 2006 (5): 159 - 166.

[158] 杨国超, 盘宇章. 信任被定价了吗? ——来自债券市场的证据 [J]. 金融研究, 2019 (1): 35 - 53.

[159] 杨晶, 李哲, 康琪. 数字化转型对国家创新体系的影响与对策研究 [J]. 研究与发展管理, 2020 (6): 26 - 38.

[160] 杨路明, 施礼. "一带一路" 数字经济产业聚集发展研究 [J]. 中国流通经济, 2021 (3): 54 - 67.

[161] 杨汝岱. 中国制造业企业全要素生产率研究 [J]. 经济研究, 2015 (2): 61 - 74.

[162] 杨瑛哲, 黄光球. 技术变迁主导下企业转型评价的粗糙集方法研究 [J]. 模糊系统与数学, 2017 (3): 159 - 167.

[163] 姚梅洁, 宋增基, 张宗益. 制度负外部性与市场主体的应对——来自中国民营企业的经验证据 [J]. 管理世界, 2019 (11): 158 - 173.

[164] 叶鹰, 马费成. 数据科学兴起及其与信息科学的关联 [J]. 情报学报, 2015 (6): 575 - 580.

[165] 于斌斌. 生产性服务业集聚能提高制造业生产率吗? ——基于行业、地区和城市异质性视角的分析 [J]. 南开经济研究, 2017 (2): 112 - 132.

[166] 余典范. 成为数字强国: 企业协同数字化破解 "数字化悖论" [J]. 清华管理评论, 2021 (10): 73 - 77.

[167] 余江, 孟庆时, 张越, 等. 数字创新: 创新研究新视角的探索及

启示 [J]. 科学学研究, 2017 (7): 1103 - 1111.

[168] 俞杰, 万陈梦. 增值税留抵退税、融资约束与企业全要素生产率 [J]. 财政科学, 2022 (1): 104 - 118.

[169] 俞立平. 中国互联网发展水平测度指标体系研究 [J]. 中国流通经济, 2005 (12): 32 - 34.

[170] 约翰·康芒斯. 制度经济学 [M]. 北京: 华夏出版社, 2017.

[171] 曾德麟, 蔡家玮, 欧阳桃花. 数字化转型研究: 整合框架与未来展望 [J]. 外国经济与管理, 2021 (5): 63 - 76.

[172] 翟云, 蒋敏娟, 王伟玲. 中国数字化转型的理论阐释与运行机制 [J]. 电子政务, 2021 (6): 67 - 84.

[173] 张大鹏, 孙新波, 钱雨. 领导风格与组织创新战略导向匹配对企业转型升级的影响 [J]. 技术经济, 2017 (3): 79 - 88.

[174] 张敦力, 李四海. 社会信任、政治关系与民营企业银行贷款 [J]. 会计研究, 2012 (8): 17 - 24.

[175] 张莉, 朱光顺, 李世刚, 等. 市场环境、重点产业政策与企业生产率差异 [J]. 管理世界, 2019 (3): 114 - 126.

[176] 张维迎, 柯荣住. 信任及其解释 [J]. 经济研究, 2002 (10): 59 - 70.

[177] 张勋, 万广华, 张佳佳, 等. 数字经济、普惠金融与包容性增长 [J]. 经济研究, 2019 (8): 71 - 86.

[178] 张永恒, 王家庭. 数字经济发展是否降低了中国要素错配水平? [J]. 统计与信息论坛, 2020 (9): 62 - 71.

[179] 张永珅, 李小波, 邢铭强. 企业数字化转型与审计定价 [J]. 审计研究, 2021 (3): 62 - 71.

[180] 张蕴平, 董超, 栾菁. 数字经济推动经济高质量发展的作用机制研究——基于省级面板数据的证据 [J]. 济南大学学报 (社会科学版), 2021 (5): 99 - 115.

[181] 赵宸宇, 王文春, 李雪松. 数字化转型如何影响企业全要素生产率 [J]. 财贸经济, 2021 (7): 114 - 129.

[182] 赵家章, 池建宇. 信任、正式制度与中国对外贸易发展——来自全球 65 个国家的证据 [J]. 中国软科学, 2014 (1): 43 - 54.

[183] 赵云辉, 张哲, 冯泰文, 等. 大数据发展、制度环境与政府治理

效率 [J]. 管理世界, 2019 (11): 119 - 132.

[184] 赵振. "互联网+" 跨界经营: 创造性破坏视角 [J]. 中国工业经济, 2015 (10): 146 - 160.

[185] 郑帅, 王海军. 数字化转型何以影响枢纽企业创新绩效？——基于模块化视角的实证研究 [J]. 科研管理, 2022 (11): 73 - 82.

[186] 中国信息化百人会. 2017 年中国数字经济发展报告 [R]. www. chinainfo100. com, 2018.

[187] 周勤, 张红历, 王成璋. 我国省域信息技术发展与经济增长关系的空间异质性研究 [J]. 软科学, 2012 (11): 105 - 109.

[188] 周文辉, 王鹏程, 杨苗. 数字化赋能促进大规模定制技术创新 [J]. 科学学研究, 2018 (8): 1516 - 1523.

[189] 宗芳宇, 路江涌, 武常岐. 双边投资协定、制度环境和企业对外直接投资区位选择 [J]. 经济研究, 2012 (5): 71 - 82.

[190] 张鹏飞, 汤蕴懿. 数字化服务水平对 "一带一路" 沿线国家双边贸易的影响——基于亚洲国家的实证研究 [J]. 上海对外经贸大学学报, 2020 (3): 38 - 46.

[191] 周青, 王燕灵, 杨伟. 数字化水平对创新绩效影响的实证研究——基于浙江省 73 个县 (区、市) 的面板数据 [J]. 科研管理, 2020 (7): 120 - 129.

[192] Acemoglu D, Restrepo P. The race between man and machine: Implications of technology for growth, factor shares, and employment [J]. American Economic Review, 2018, 108 (6): 1488 - 1542.

[193] Acemoglu D, Zilibotti F. Productivity differences [J]. The Quarterly Journal of Economics, 2001, 116 (2): 563 - 606.

[194] Acemoglu Daron, Simon Johnson, James A. Robinson. The colonial origins of comparative development: An empirical investigation [J]. American Economic Review, 2001, 91 (5): 1369 - 1401.

[195] Adner R, Puranam P, Zhu F. What is different about digital strategy? From quantitative to qualitative change [J]. Strategy Science, 2019, 4 (4): 253 - 261.

[196] Aghion P, Akcigit U, Bergeaud A, et al. Innovation and top income inequality [J]. The Review of Economic Studies, 2019, 86 (1): 1 - 45.

[197] Andrianaivo M, Kpodar K R. ICT, financial inclusion, and growth: Evidence from African countries [J]. IMF Working Papers, 2011.

[198] Antonelli C, Quatraro F. The effects of biased technological changes on total factor productivity: A rejoinder and new empirical evidence [J]. The Journal of Technology Transfer, 2014, 39 (2): 281 –299.

[199] Arin K P, Chmelarova V, Feess E, Wohlschlegel A. Why are corrupt countries less successful in consolidating their budgets? [J]. Journal of Public Economics, 2009, 95 (7 –8): 521 –530.

[200] Attaran M. The impact of 5G on the evolution of intelligent automation and industry digitization [J]. Journal of Ambient Intelligence and Humanized Computing, 2021: 1 –17.

[201] Bai J, Li K. Theory and methods of panel data models with interactive effects [J]. Annals of Statistics, 2014, 42 (1): 142 –170.

[202] Bai J. Panel data models with interactive fixed effects [J]. Econometrica, 2009, 77 (4): 1229 –1279.

[203] Baltagi B H, Feng Q, Kao C. A lagrange multiplied test for cross-sectional dependence in a fixed effects panel data model [J]. Journal of Econometrics, 2012, 170 (1): 164 –177.

[204] Banalieva E R, Dhanaraj C. Internalization theory for the digital economy [J]. Journal of International Business Studies, 2019, 50 (8): 1372 –1387.

[205] Barefoot K, Curtis D, Jolliff W, et al. Defining and measuring the digital economy [J]. US Department of Commerce Bureau of Economic Analysis, Washington, DC, 2018, 15.

[206] Barney J B. How a firm's capabilities affect boundary decisions [J]. MIT Sloan Management Review, 1999, 40 (3): 137.

[207] Basu S, Fernald J. Information and communications technology as a general-purpose technology: Evidence from US industry data [J]. German Economic Review, 2007, 8 (2): 146 –173.

[208] Bayo-Moriones A, Billón M, Lera-López F. Perceived performance effects of ICT in manufacturing SMEs [J]. Industrial Management & Data Systems, 2013, 113 (1): 117 –135.

[209] Bernstein S. Does going public affect innovation? [J]. The Journal of

Finance, 2015, 70 (4): 1365 –1403.

[210] Bertani F, Ponta L, Raberto M, Teglio A, Cincotti S. The complexity of the intangible digital economy: An agent-based model [J]. Journal of Business Research, 2021 (129): 527 –540.

[211] Bharadwaj A, El Sawy O A, Pavlou P A, et al. Digital business strategy: toward a next generation of insights [J]. MIS Quarterly, 2013: 471 –482.

[212] Bican P M, Brem A. Digital business model, digital transformation, digital entrepreneurship: Is there a sustainable "digital"? [J]. Sustainability, 2020, 12 (13): 5239.

[213] Björkdahl J. Strategies for digitalization in manufacturing firms [J]. California Management Review, 2020, 62 (4): 17 –36.

[214] Bresnahan T F, Trajtenberg M. General purpose technologies 'Engines of growth'? [J]. Journal of Econometrics, 1995, 65 (1): 83 –108.

[215] Brynjolfsson E, Hitt L M. Beyond computation: Information technology, organizational transformation and business performance [J]. Journal of Economic Perspectives, 2000, 14 (4): 23 –48.

[216] Brynjolfsson E, Hitt L. Paradox lost? Firm-level evidence on the returns to information systems spending [J]. Management Science, 1996, 42 (4): 541 –558.

[217] Brynjolfsson E, Mitchell T. What can machine learning Do? Workforce Implication [J]. Science, 2017, 358.

[218] Butschan J, Heidenreich S, Weber B, et al. Tackling hurdles to digital transformation-the role of competencies for successful industrial internet of things implementation [J]. International Journal of Innovation Management, 2018, 23 (4): 1 –34.

[219] Canay I A. A simple approach to quantile regression for panel data [J]. The Econometrics Journal, 2011, 14 (3): 368 –386.

[220] Cardona M M, Kretschmer T, Strobel T. ICT and Productivity: Conclusions from the empirical literature [J]. Information Economics and Policy, 2013, 25 (3): 109 –125.

[221] Cavalcante S, Kesting P, Ulhøi J. Business model dynamics and innovation: (re) establishing the missing linkages [J]. Management Decision, 2011,

49（8）: 1327 - 1342.

［222］Che Y, Zhang L. Human capital, technology adoption and firm per-formance: Impacts of China's higher education expansion in the late 1990s ［J］. The Economic Journal, 2018, 128（614）: 2282 - 2320.

［223］Chen J, Wei Z, Liu J, et al. Technology sharing and competitiveness in a stackelberg model ［J］. Journal of Competitiveness, 2021, 13（3）: 5 - 20.

［224］Chen Y S, Shin C Y, Chang C S. Explore the new relationship between patents and market value: A panel smooth transition regression approach ［J］. Sciento-metrics, 2014, 98（3）: 1145 - 1159.

［225］Chen Y, Wang L. Commentary: marketing and the sharing economy: digital economy and emerging market challenges ［J］. Journal of Marketing, 2019, 83（5）: 28 - 31.

［226］Chudik A, Pesaran M H. Common correlated effects estimation of het-erogeneous dynamic panel data models with weakly exogenous regressors ［J］. Journal of Econometrics, 2015, 188（3）: 393 - 420.

［227］Ciulli F, Kolk A. Incumbents and business model innovation for the sharing economy: Implications for sustainability ［J］. Journal of Cleaner Produc-tion, 2019, 214: 995 - 1010.

［228］Coase R H. The nature of the firm ［J］. Economica, 1937, 4（16）: 38d6 - 405.

［229］Cowen T. The Great Stagnation: How America ate all the low-hanging fruit of modern history got sick and will（Eventually）feel better ［M］. New York: Dutton, 2011.

［230］Dinopoulos E, Thompson P. Schumpeterian growth without scale effects ［J］. Journal of Economic Growth, 1998, 3（4）: 313 - 335.

［231］Dold L, Speck C. Resolving the productivity paradox of digitalized pro-duction ［J］. International Journal of Production Management and Engineering, 2021, 9（2）: 65 - 80.

［232］Downes L, Nunes P. Big bang disruption ［J］. Harvard Business Re-view, 2013: 44 - 56.

［233］Doz Y L, Kosonen M. Embedding strategic agility: A leadership agen-da for accelerating business model renewal ［J］. Long Range Planning, 2010, 43

(2 -3): 370 -382.

[234] Einav L, Levin J. Economics in the age of big data [J]. Science, 2014, 346 (6210): 1243089.

[235] Eitrheim Ø, Teräsvirta T. Testing the adequacy of smooth transition autoregressive models [J]. Journal of Econometrics, 1996, 74 (1): 59 -75.

[236] Erosa A, Koreshkova T, Restuccia D. Important is human capital? A quantitative theory assessment of world income Inequality [J]. Review of Economic Studies, 2010 (4): 1421 -1449.

[237] Feng Q, Wu G L. On the reverse causality between output and infrastructure: The case of China [J]. Economic Modelling, 2018, 74 (1): 97 -104.

[238] Ferreira J J, Fernandes C L, Ferreira F F. To be or not to be digital, that is the question: Firm innovation and performance [J]. Journal of Business Research, 2019, 101 (8): 583 -590.

[239] Fitzgerald M, Kruschwitz N, Bonnet D, et al. Embracing digital technology: A new strategic imperative [J]. MIT Sloan Management Review, 2014, 55 (2): 1 -12.

[240] Fok D, van Dijk D, Franses P. A multi-level panel STAR model for US manufacturing sectors [R]. Working Paper University of Rotterdam, 2004.

[241] Fossen F M, Sorgner A. Digitalization of work and entry into entrepreneurship [J]. Journal of Business Research, 2021, 125: 548 -563.

[242] Fotheringham A S, Charlton M E, Brunsdon C. Geographically weighted regression: A natural evolution of the expansion method for spatial data analysis [J]. Environment and Planning A, 1998, 30 (11): 1905 -1927.

[243] Fouquau J, Hurlin C, Rabaud I. The Feldstein-Horioka puzzle: A panel smooth transition regression approach [J]. Economic Modelling, 2008, 25 (1): 284 -299.

[244] Fuchs C. Marx's capital in the information age [J]. Capital & Class, 2017, 41 (1): 51 -67.

[245] Galvao A F, Wang L. Efficient minimum distance estimator for quantile regression fixed effects panel data [J]. Journal of Multivariate Analysis, 2014, 133 (1): 1 -26.

[246] Galvao Jr A F. Quantile regression for dynamic panel data with fixed

effects [J]. Journal of Econometrics, 2011, 164 (1): 142 – 157.

[247] Gebauer H, Fleisch E, Lamprecht C, et al. Growth paths for overcoming the digitalization paradox [J]. Business Horizons, 2020, 63 (3): 313 – 323.

[248] Giannellis N, Koukouritakis M. Gold price and exchange rates: a panel smooth transition regression model for the G7 countries [J]. North American Journal of Economics and Finance, 2019, 49 (1): 27 – 46.

[249] Giannetti M, Liao G M, Yu X Y. The brain gain of corporate boards: Evidence from China [J]. The Journal of Finance, 2015, 70 (4): 1629 – 1682.

[250] Gölzer P, Fritzsche A. Data-driven operations management: Organisational implications of the digital transformation in industrial practice [J]. Production Planning & Control, 2017, 28 (16): 1332 – 1343.

[251] Gonzalez A, Terasvirta T, van Dijk D. Panel smooth transition regression model [R]. Working Paper Series in Economics and Finance, 604, 2005.

[252] Graetz G, Michaels G. Is modern technology responsible for jobless recoveries? [J]. American Economic Review, 2017, 107 (5): 168 – 73.

[253] Granger C W J, Terasvirta T. Modelling nonlinear economic relationships [M]. Oxford: Oxford University Press, 1993.

[254] Grifell-Tatje E, Lovell C A K, Sickles R C. The oxford handbook of productivity analysis [M]. Oxford: Oxford University Press, 2018.

[255] Griffith R, Redding S, Reenen J V. Mapping the two faces of R&D: Productivity growth in a panel of OECD industries [J]. Review of Economics and Statistics, 2004, 86 (4): 883 – 895.

[256] Grossman G M, Helpman E. Quality ladders in the theory of growth [J]. The Review of Economic Studies, 1991, 58 (1): 43 – 61.

[257] Güler M, Büyüközkan G. Analysis of digital transformation strategies with an integrated fuzzy AHP-axiomatic design methodology [J]. IFAC-Papers OnLine, 2019, 52 (13): 1186 – 1191.

[258] Hadlock C J, Pierce J R. New evidence on measuring financial constraints: Moving beyond the KZ index [J]. The Review of Financial Studies, 2010, 23 (5): 1909 – 1940.

[259] Hansen B. Threshold effects in non-dynamic panels: Estimation, testing and inference [J]. Journal of Econometrics, 1999, 93 (1): 345 – 368.

[260] Hansen R, Sia S K. Hummel's digital transformation toward omnichannel retailing: Key lessons learned [J]. MIS Quarterly Excytive, 2015, 14 (2): 51 –66.

[261] Harding M, Lamarche C. A quantile regression approach for estimating panel data models using instrumental variables [J]. Economics Letters, 2009, 104 (3): 133 –135.

[262] Hartzell J C, Starks L T. Institutional investors and executive compensation [J]. The Journal of Finance, 2003, 58 (6): 2351 –2374.

[263] Hess T, Matt C, Benlian A, et al. Options for formulating a digital transformation strategy [J]. MIS Quarterly Executive, 2016, 15 (2): 123 –139.

[264] Hinings B, Gegenhuber T, Greenwood R. Digital innovation and transformation: An institutional perspective [J]. Information and Organization, 2018, 28 (1): 52 –61.

[265] Horváth D, Szabó R Z. Driving forces and barriers of Industry 4. 0: Do multinational and small and medium-sized companies have equal opportunities? [J]. Technological Forecasting and Social Change, 2019, 119 –132.

[266] Hsiao C. Panel models with interactive effects [J]. Journal of Econometrics, 2018, 206 (3): 645 –673.

[267] Iansiti M, Lakhani K R. Competing in the age of AI: Strategy and leadership when algorithms and networks run the world [M]. Harvard Business Press, 2020.

[268] Jorgenson D W, Ho M S, Stiroh K J. A retrospective look at the US productivity growth resurgence [J]. Journal of Economic Perspectives, 2008, 22 (1): 3 –24.

[269] Kale P, Singh H, Perlmutter H. Learning and protection of proprietary assets in strategic alliances: Building relational capital [J]. Strategic Management Journal, 2000, 21 (3): 217 –237.

[270] Karhade P, Dong J Q. Innovation outcomes of digitally enabled collaborative problemistic search capability [J]. MIS Quarterly, 2021, 45 (2): 693 –718.

[271] Kaufmann D, Kraay A, Mastruzzi M. The worldwide governance indicators: Methodology and analytical issues [J]. Hague Journal on the Rule of Law, 2011, 3 (2): 220 –246.

[272] Kleis L, Chwelos P, Ramirez R V, et al. Information technology and intangible output: The impact of IT investment on innovation productivity [J]. Information Systems Research, 2012, 23 (1): 42 –59.

[273] Knack S, Keefer P. Institutions and economic performance: Cross-Country tests using alternative institutional indicators [J]. MPRA Paper, 1995, 7 (3): 207 –227.

[274] Koenker R. Quantile regression for longitudinal data [J]. Journal of Multivariate, 2004, 91 (1): 1 –17.

[275] Kuester S, Konya-Baumbach E, Schuhmacher M C. Get the show on the road: Go-to-market strategies for e-innovations of strat-ups [J]. Journal of Business Research, 2018, 83: 63 –81.

[276] Kuznets P W. Review: Growth and modernization in Korea [J]. Pacific Affairs, 1981, 54 (2): 302 –310.

[277] Lee J, Bagheri B, Kao H A. A cyber-physical systems architecture for industry 4. 0-based manufacturing systems [J]. Manufacturing Letters, 2015, 3: 18 –23.

[278] Lee S, Kim M S, Park Y. ICT Co-evolution and Korean ICT strategy—An analysis based on patent data [J]. Telecommunications Policy, 2009, 33 (5 –6): 253 –271.

[279] Legner C, Eymann T, Hess T, et al. Digitalization: Opportunity and challenge for the business and information systems engineering community [J]. Business & Information Systems Engineering, 2017, 59 (4): 301 –308.

[280] LeSage J P, Fischer M M, Scherngell T. Knowledge spillovers across Europe: Evidence from a poisson spatial interaction model with spatial effects [J]. Papers in Regional Science, 2007, 86 (3): 393 –421.

[281] Levinsohn J, Petrin A. Estimating production functions using inputs to control for unobservables [J]. Reviews of Economic Studies, 2003, 70 (1): 317 –341.

[282] Lewis G B, Cho Y J. The aging of the state government workforce: Trends and implications [J]. The American Review of Public Administration, 2011, 41 (1): 48 –60.

[283] Li F. The digital transformation of business models in the creative in-

dustries: A holistic framework and emerging trends [J]. Technovation, 2020, 92: 102012.

[284] Li L, Su F, Zhang W. Digital transformation by SME entrepreneurs: A capability perspective [J]. Information Systems Journal, 2018, 28 (6): 1129 – 1157.

[285] Li Z, Chen L, Dong H. What are bitcoin market reactions to its-related events? [J]. International Review of Economics & Finance, 2021, 73: 1 – 10.

[286] Lin W T, Shao B B M. The business value of information technology and inputs substitution: The productivity paradox revisited [J]. Decision Support Systems, 2006, 42 (2): 493 – 507.

[287] Lindenberg S. Governance seen from a framing point of view: the employment relationship and relational signaling [J]. The trust in organizations: Empirical studies of the determinants and the processes of trust development, 2003: 37 – 57.

[288] Liu H, Ke W, Wei K K, et al. The impact of IT capabilities on firm performance: The mediating roles of absorptive capacity and supply chain agility [J]. Decision Support Systems, 2013, 54 (3): 1452 – 1462.

[289] Llopis-Albert C, Rubio F, Valero F. Impact of digital transformation on the automotive industry [J]. Technological Forecasting and Social Change, 2021, 162: 120343.

[290] Lobo G, Wang C, Yu X, et al. Material weakness in internal controls and stock price crash risk [J]. Journal of Accounting, Auditing & Finance, 2020, 35 (1): 106 – 138.

[291] Loebbecke C, Picot A. Reflection on societal and business model transformation arising from digitization and big data analytics: A research agenda [J]. Journal of Strategic Information Systems, 2015, 24 (3): 149 – 157.

[292] Loebbecke C, Picot A. Reflections on societal and business model transformation arising from digitization and big data analytics: A research agenda [J]. Journal of Strategic Information Systems, 2015, 24 (3): 149 – 157.

[293] Loonam J, Eaves S, Kumar V, et al. Towards digital transformation: Lessons from traditional organizations [J]. Strategic Change, 2018, 27 (2): 101 – 109.

[294] Lyytinen K, Yoo Y, Boland Jr R J. Digital product innovation within four classes of innovation networks [J]. Information Systems Journal, 2016, 26 (1): 47-75.

[295] Machlup F. The production and distribution of knowledge in the United States [M]. New Jersey: Princeton University Press, 1962: 169-258.

[296] Marschark J, Andrews W. Random simultaneous equations and the theory of production [J]. Econometrica, 1944, 12 (3): 143-205.

[297] Matt C, Hess T, Benlian A. Digital transformation strategies [J]. Business & Information Systems Engineering, 2015, 57 (5): 339-343.

[298] Melitz M J, Ottaviano G I P. Market Size, trade, and productivity [J]. The Review of Economic Studies, 2008, 75 (1): 295-316.

[299] McAfee A, Brynjolfsson E, Davenport T H, et al. Big data: the management revolution [J]. Harvard Business Review, 2012, 90 (10): 60-68.

[300] Melitz M J. The impact of trade on intra-industry reallocations and aggregate industry productivity [J]. Econometrica, 2003, 71 (6): 1695-1725.

[301] Michael R, Romana R, Müller Christiana, et al. Digitalization and its influence on business model innovation [J]. Journal of Manufacturing Technology Management, 2018, 30 (8): 1143-1160.

[302] Miller P, Wilsdon J. Digital futures—an agenda for a sustainable digital economy [J]. Corporate Environmental Strategy, 2001, 8 (3): 0-280.

[303] Mithas S, Tafti A, Bardhan I, et al. Information technology and firm profitability: Mechanisms and empirical evidence [J]. MIS Quarterly, 2012: 205-224.

[304] Mittal N, Nault B R. Research note—investments in information technology: Indirect effects and information technology intensity [J]. Information Systems Research, 2009, 20 (1): 140-154.

[305] Mundlak Y. Empirical production function free of management bias [J]. Journal of Farm Economics, 1961, 43 (1): 44-56.

[306] Nadkarni S, Pan L, Chen T. Only timeline will tell: Temporal framing of competitive announcements and rivals' responses [J]. Academy of Management Journal, 2019, 62 (1): 117-143.

[307] Nahapiet J, Ghoshal S. Social capital, intellectual capital, and the

organizational advantage [J]. Academy of Management Review, 1998, 23 (2):
242 – 266.

[308] Nambisan S, Lyytinen K, Majchrzak A, et al. Digital Innovation
Management: Reinventing innovation management research in a digital world [J].
MIS Quarterly, 2017, 41 (1): 223 – 238.

[309] Nambisan S. Digital entrepreneurship: Toward a digital technology per-
spective of entrepreneurship [J]. Entrepreneurship theory and practice, 2017,
41 (6): 1029 – 1055.

[310] Nerlove M. Estimation and Identification of Cobb-Douglas Production
Functions [M]. Chicago, Rand McNally, 1965.

[311] Nishimizu M, Page J M. Total factor productivity growth, technical
progress and technical efficiency change: Dimensions of productivity change in Yu-
goslavia, 1965 – 1978 [J]. Economic Journal, 1982, 92 (3): 920 – 936.

[312] North D C. Institutions, institutional change and economic performance
[M]. Cambridge University Press, 1990: 51 – 55.

[313] Nwankpa J K, Roumani Y, Datta P. Process innovation in the digital
age of business: the role of digital business intensity and knowledge management
[J]. Journal of Knowledge Management, 2021, 26 (5): 1319 – 1341.

[314] Olley, S, Pakes A. The dynamics of Productivity in the telecommuni-
cations equipment industry [J]. Econometrica, 1996, 64 (6): 1263 – 1297.

[315] Parda V, Oghzai P, Cedergren S. A study of how ICT capabilities can
influence dynamic capabilities [J]. Journal of Enterprise Information Management,
2016, 29 (2): 179 – 201.

[316] Park S R, Choi D Y, Hong P. Club convergence and factors of digital
divide across countries [J]. Technological Forecasting and Social Change, 2015,
96: 92 – 100.

[317] Paunov C, Rollo V. Has the internet fostered inclusive innovation in
the developing world? [J]. World Development, 2016, 78: 587 – 609.

[318] Pedersen M R, Nalpantidis L, Andersen R S, et al. Robot skills for
manufacturing: From concept to industrial deployment [J]. Robotics and Computer-
Integrated Manufacturing, 2016, 37: 282 – 291.

[319] Peppard J. The conundrum of IT management [J]. European Journal

of Information Systems, 2007, 16 (4): 336 – 345.

[320] Pershina R, Soppe B, Thune T M. Bridging analog and digital expertise: Cross-domain collaboration and boundary-spanning tools in the creation of digital innovation [J]. Research Policy, 2019, 48 (9): 103819.

[321] Pesaran M H, Ullah A, Yamagata T. A bias-adjusted LM test of error cross section independence [J]. Econometrics Journal, 2008, 11 (1): 105 – 127.

[322] Pesaran M H. Estimation and inference in large heterogeneous panels with multifactor error structure [J]. Econometrica, 2006, 74 (3): 967 – 1012.

[323] Pesaran M H. General diagnostic test for cross section dependence in panels [R]. University of Cambridge, Working Paper, 2004.

[324] Pesaran M H. Testing weak cross-sectional dependence in large panels [J]. Econometric Reviews, 2015, 34 (4): 1089 – 1117.

[325] Pieri F, Vecchi M, Venturini F. Modelling the joint impact of R&D and ICT on productivity: A frontier analysis approach [J]. Research Policy, 2018, 47 (9): 1842 – 1852.

[326] Pisano P, Pironti M, Rieple A. Identify innovative business models: Can innovative business models enable players to react to ongoing or unpredictable trends? [J]. Entrepreneurship Research Journal, 2015, 5 (3): 181 – 199.

[327] Porat M U, Rubin M R. The information economy [M]. Department of Commerce, Office of Telecommunications, 1997.

[328] Prahalad C K, Bettis R A. The dominant logic: A new linkage between diversity and performance [J]. Strategic Management Journal, 1986, 7 (6): 485 – 501.

[329] Rai A, Patnayakuni R, Patnayakuni N. Technology investment and business performance [J]. Communications of the ACM, 1997, 40 (7): 89 – 97.

[330] Reis J, Amorim M, Melão N, et al. Digital transformation: A literature review and guidelines for future research [C]. World Conference on Information Systems and Technologies. Springer, Cham, 2018: 411 – 421.

[331] Richter A, Heinrich P, Stocker A, Schwabe G. Digital Work Design-The Interplay of Human and Computer in Future Work Practices as An Interdisciplinary (Grand) Challenge [J]. Business Information Systems Engineering, 2018, 60: 259 – 264.

[332] Rigby D, Zook C. Open-market Innovation [J]. Harvard Business Review, 2002, 80 (10): 80 –93.

[333] Rindfleisch A. Transaction cost theory: Past, present and future [J]. AMS Review, 2020, 10 (1 –2): 85 –97.

[334] Romer P M. Endogenous technological change [J]. Journal of Political Economy, 1990, 98 (5): S71 –S102.

[335] Rothaermel F T. Incumbent's advantage through exploiting complementary assets via interfirm cooperation [J]. Strategic Management Journal, 2001, 22 (6 –7): 687 –699.

[336] Sarafidis V, Yamagata T, Robertson D. A test of cross section dependence for a linear dynamic panel model with regressors [J]. Journal of Econometrics, 2009, 148 (1): 149 –161.

[337] Schallmo D, Williams C A, Boardman L. Digital Transformation of Business Models-Best Practice, Enablers, and Roadmap [J]. International Journal of Innovation Management, 2017, 21 (8): 1740014.

[338] Schepers J, Schnell R, Vroom P. From idea to business—How Siemens bridges the innovation gap [J]. Research-Technology Management, 1999, 42 (3): 26 –31.

[339] Scherngell T, Borowiecki M, Hu Y. Effects of knowledge capital on total factor productivity in China: A spatial econometric perspective [J]. China Economic Review, 2014, 29: 82 –94.

[340] Sebastian I M, Ross J W, Beath C, et al. How big old companies navigate digital transformation [J]. MIS Quarterly Executive, 2017, 16 (3): 197 –213.

[341] Seo, D. Digital business convergence and emerging contested fields: A conceptual framework [J]. Journal of the Association for Information Systems, 2017, 18 (10): 3.

[342] Setia P, Patel P C. How information systems help create OM capabilities: Consequents and antecedents of operational absorptive capacity [J]. Journal of Operations Management, 2013, 31 (6): 409 –431.

[343] Shao X, Wang D, Li X, et al. Impact of internet technology on spatial technology heterogeneity: Openness or convergence-Evidence from provincial

data in China [J]. Transformation in Business & Economics, 2022, 21 (2):
193 – 213.

[344] Shephard R W. The Theory of cost and production functions [M].
Princeton: Princeton University Press, 1970.

[345] Shinkarenko T V, Smirnov R G, Beloshitskiy A V. Studying the
organizational structure effectiveness on the basis of internal communication analysis
[J]. Upravlenets, 2020, 11 (2): 27 – 40.

[346] Sia S K, Weill P, Zhang N. Designing a future-ready enterprise: The
digital transformation of DBS bank [J]. California Management Review, 2021, 63
(3): 35 – 57.

[347] Solow R M. Technical change and the aggregate production function
[J]. Review of Economics and Statistics, 1957, 39 (3): 312 – 320.

[348] Solow R M. We'd better watch out [M]. New York Times Book Re-
view, 1987.

[349] Song Y, Dana L P, Berger R. The entrepreneurial process and online
social networks: Forecasting survival rate [J]. Small Business Economics, 2021,
56 (3): 1171 – 1190.

[350] Straub S. Infrastructure and growth in developing countries: Recent ad-
vances and research challenges [J]. World Bank Policy Research Working Paper,
2008 (4460).

[351] Sturgeon T J. Upgrading strategies for the digital economy [J]. Global
Strategy Journal, 2021, 11 (1): 34 – 57.

[352] Tambe P, Lorin H. The productivity of information technology invest-
ments: New evidence from IT labor data [J]. Information Systems Research,
2012, 23 (1): 599 – 617.

[353] Tapscott D. The digital economy: Promise and peril in the age of net-
worked intelligence [M]. New York: McGraw-Hill. 1966.

[354] Tebaldi E, Mohan R. Institutions-augmented Solow model and club
convergence [J]. MPRA Paper, 2008, No. 10386.

[355] Thanh S D. Threshold effects of inflation on growth in the ASEAN-5
countries: A panel smooth transition regression approach [J]. Journal of Econom-
ics, Finance and Administrative Science, 2015, 20 (1): 41 – 48.

[356] Venkatraman V. The digital matrix: New rules for business transformation through technology [M]. LifeTree Media, 2017.

[357] Verhoef P C, Broekhuizen T, Bart Y, et al. Digital transformation: A multidisciplinary reflection and research agenda [J]. Journal of Business Research, 2021, 122: 889 - 901.

[358] Vial G. Understanding Digital Transformation: A Review and a Research Agenda [J]. Journal of Strategic Information Systems, 2019, 28 (2): 118 - 144.

[359] von Briel F, Davidsson P, Recker J. Digital technologies as external enablers of new venture creation in the IT hardware sector [J]. Entrepreneurship Theory and Practice, 2018, 42 (1): 47 - 69.

[360] Wang H, Feng J, Zhang H, et al. The effect of digital transformation strategy on performance: The moderating role of cognitive conflict [J]. International Journal of Conflict Management, 2020, 31 (3): 441 - 462.

[361] Watanabe C, Naveed K, Tou Y, et al. Measuring GDP in the digital economy: Increasing dependence on uncaptured GDP [J]. Technological Forecasting and Social Change, 2018, 137: 226 - 240.

[362] Wei S J, Xie Z, Zhang X. From "made in China" to "innovated in China": Necessity, prospect, and challenges [J]. Journal of Economic Perspectives, 2017, 31 (1): 49 - 70.

[363] Wernerfelt B. A resource-based view of the firm [J]. Strategic Management Journal, 1984, 5 (2): 171 - 180.

[364] Westerman G, Calméjane C, Bonnet D, Ferrais P, McAfee A. Digital Transformation: A Roadmap for Billion-Dollar Organizations [J]. MIT Center for Digital Business and Capgemini Consulting, 2011, 1: 1 - 69.

[365] Westerman, G. Your company doesn't need a digital strategy [J]. MIT Sloan Management Review, 2018, 59 (3): 1 - 5.

[366] Williamson O E. Markets and hierarchies: Analysis and antitrust implications [M]. New York: The Free Press, 1975.

[367] Yoo Y, Henfridsson O, Lyytinen K. Research commentary—the new organizing logic of digital innovation: An agenda for information systems research [J]. Information Systems Research, 2010, 21 (4): 724 - 735.

[368] Yoo Y. Computing in everyday life: A call for research on experiential computing [J]. MIS Quarterly, 2010: 213 – 231.

[369] Youssef A B, Boubaker S, Dedaj B, Carabregu-Vokshi M. Digitalization of the economy and entrepreneurship intention [J]. Technological Forecasting and Social Change, 2021, 164, 120043.

[370] Zahra S A, George G. Absorptive capacity: A review, reconceptualization, and extension [J]. Academy of Management Review, 2002, 27 (2): 185 – 203.

[371] Zaki M. Digital Transformation: Harnessing Digital Technologies for the Next Generation of Services [J]. Journal of Services Marketing, 2019, 33 (4): 429 – 435.

[372] Zhang M, Zhao X, Lyles M. Effects of absorptive capacity, trust and information systems on product innovation [J]. International Journal of Operations & Production Management, 2018, 38 (2): 493 – 512.

[373] Zhu F, Li Q, Yang S, et al. How ICT and R&D affect productivity? Firm level evidence for China [J]. Economic Research–Ekonomska Istraživanja, 2021, 34 (1): 3468 – 3486.